대학생활을 위한

학습전략 포트폴리오

LEARNING STRATEGIES PORTFOLIO

조용개 · 손연아 · 이석열
이은화 · 이희원 · 장상필

학지사

머리말

"공부 잘하는 방법은 없을까?"

학생이라면 누구나 한 번쯤 고민해 보았을 것입니다.

공부 잘하는 방법은 나에게 주어지는 것이 아니라 스스로 만들어 가면서 실천을 통해 내면화되는 과정을 거쳐야 비로소 자신만의 공부 노하우를 갖게 된다고 봅니다. 흔히들 공부에는 왕도가 없다고 합니다. 왕도가 없다는 것은 역설적으로는 방법이 없는 것이 아니라 수많은 방법이 있음을 의미합니다. 한 마디로 자신만의 독특한 학습 노하우가 바로 자신만의 공부를 위한 왕도라고 할 수 있습니다.

요즘 각 대학마다 신입생들의 기초학력 저하와 대학에서의 학습능력 부족을 크게 우려하고 있습니다. 여기에는 여러 가지 원인이 있을 수 있고 이에 따른 처방도 제시되어야 하겠지만, 무엇보다도 중요한 것은 학습자 자신이 뚜렷한 목표의식을 갖고 현재의 학습 스타일 또는 학습태도를 점검해 보는 것이 우선되어야 한다고 봅니다.

'공부를 잘한다는 것'은 원인도 결과도 아닌 '과정', 즉 현재진형행이라고 할 수 있습니다. '공부를 잘한다는 것'은 이미 공부 잘하는 능력을 타고났거나 저절로 공부 잘하는 능력이 발휘되는 것이 아니라 끊임없는 자기 계발을 통하여 학습능력을 쌓아 가는 것입니다. 공부가 피할 수 없는 것이라면 '공부하는 것' 그 자체에 목적을 두고 오히려 당당히 맞서서 즐기는 것이 현명한 방법입니다. 물론 공부가 힘들고 지겹기도 하겠지만 어차피 해야 하는 것이라면 공부하는 것을 쉽고 즐겁게 받아들이자는 것입니다.

이 책은 스스로 공부하고자 하고, 스스로 공부하는 방법을 터득하고자 하는 학생들뿐만 아니라 대학 신입생과 복학생, 편입생들에게 공부에 대한 자신감을 심어 주고자 집필되었습니다. 또한 대학 교육과정에서 정규 교과목(교양 또는 선택과목)으로 채택, 활용할 수 있도록 학습전략과 학습전략 포트폴리오 방식으로 구성되어 있습니다.

아울러 이 책은 대학의 학사일정(한 학기 16주 기준)에 따라 교수자와 학습자가 모두 활용 가능하도록 총 16장으로 구성되어 있습니다. 학기 초에 학습 스타일을 점검하고, 자기 관리를 위한 목표를 설정하며, 구체적인 학습계획을 세우고, 최적의 학습환경을 만드는 데 초점을 두었으며(1~4장), 학기 중에는 스터디그룹 운영하기, 노트 필기 전략, 리포트 작성하기, 효율적인 시간관리하기, 학습 포트폴리오 작성(개발)하기, 학습동기 높이기, 스트레스 관리하기, 프레젠테이션 기법, 영어능력 향상하기, 시험관리전략 등에 관한 내용을 다루고 있으며(5~14장), 학기 말에는 나만의 학습방법을 개발하고 알찬 방학을 설계할 수 있게 하는 데 중점을 두었습니다(15~16장). 그리고 부록으로 자기주도적 학습을 위한 e-Learning 학습전략을 다루고 있습니다.

"구슬이 서 말이라도 꿰어야 보배"듯이 이제 남은 것은 내가 언제 무엇을 어떻게 할 것인가에 달려 있다고 할 수 있습니다. 지금이라도 나의 학습 스타일을 점검해 본 다음, 구체적인 목표를 세워서 곧바로 추진력을 발휘할 수 있는 엔진을 달아 봅시다. 그리고 자신만의 학습 노하우를 개발하기 위해 기름도 치고 벨트도 점검한 후 과감하게 시동을 걸어 봅시다. 두 개의 바퀴로 부족하면 네 개의 바퀴를 달아 힘껏 달려 봅시다. 운전대를 움켜잡고 앞으로 나아가는 것은 이제 바로 여러분 자신의 몫입니다.

2010년 7월

집필자 대표 조용개 씀

이 책은 대학생들의 학습능력 향상을 위하여 각종 학습 관련 출판 서적 및 각 대학 교수학습센터(CTL)에서 개발된 학습 관련 자료와 Learning Tips 등을 일부 참조하여 집필하였습니다.

차 례

[학습전략]

[학습전략 포트폴리오]

학습전략 1

학습 스타일 점검하기

인간은 정보를 인식하기 위하여 저마다 독특한 방법을 이용한다. 또한 정보처리 방식도 나름대로 효과적인 고유한 방법이 있다.

자신의 감정상태와 적절하게 맞아떨어지는 음악, 선호하고 자주 듣게 되는 음악이 있을 것이다. 수업도 잘 받아들여지는 수업이 있고 반대로 그렇지 않은 수업이 있는데, 이는 수업의 내용뿐만 아니라 교수님의 설명방식, 수업시간대, 교실환경 등 다양한 요소가 작용하기 때문이다.

자신에게 적합한 학습태도나 방식, 즉 자신의 학습 스타일로 진행되는 수업을 듣게 되면 이해가 잘될 뿐만 아니라 이해 속도 또한 빠르다. 이처럼 학습자가 정보나 사물을 지각하고 반응하며 기억하고 이해해 나가는 고유의 방식이 있기 마련인데, 이를 학습 스타일(learning style)이라고 한다.

그러면 학습 스타일에는 어떤 유형이 있으며, 과연 나의 학습 스타일은 어떠한지 알아보도록 하자.

나는 어떤 방식으로 학습하고 있는가? 자신의 학습방식과 태도를 파악하면 효과적인 공부방법과 전략을 구상할 수 있다. 개인에 따라 학습 스타일이 다양하지만, 일반적으로 학습자의 유형은 크게 네 가지로 나눌 수 있다. 자신의 학습 스타일을 파악하고 이를 효과적으로 활용할 수 있는 방법을 찾아보도록 하자.

1 나는 어떤 학습 스타일에 속하는가?

학습상황에 따라 학생들은 각자의 고유한 학습 스타일로 공부해 나간다. 어떤 학생은 사실, 데이터 연산방식으로 공부하는 것을 좋아하고 더 잘 이해한다. 반면에 다른 학생은 개념적인 설명을 통해 이해하는 것을 더 좋아하고 더 잘 이해한다. 이에 비해 어떤 학생은 그림이나 도표와 같은 시각적 자료를 선호하고 이러한 형태의 정보를 잘 이해하는 반면에, 다른 학생은 글로 쓰인 자료나 말로 하는 언어적인 형태를 선호하기도 한다. 또 다른 학생은 친구들과 함께 의견을 교환하면서 배우는 방법을 선호하는 반면에, 조용한 가운데 혼자 하는 사색을 통해 이해하는 것을 선호하는 학생도 있다.

이러한 관점에서 Felder(1993)는 학습 스타일을 다음과 같이 다섯 가지 형태로 구분하여 설명하고 있다.

〈표 1-1〉 Felder의 학습 스타일 분류

	감성적(Sensory)	직관적(Intuitive)
Style 1 (선호하는 지각 형태)	• 감성적 정보(보고, 듣고, 만지는 것 등)에 관심을 갖는다. • 무엇이 일어나고 있는가를 본다. • 사실과 데이터에 관심을 갖는다. • 학교에서 배웠거나 책에서 배운 전형적인 방법(standard methods)으로 문제를 해결하는 것을 좋아한다.	• 직관적 정보(아이디어, 기억, 실현성 등)에 관심을 갖는다. • 의미를 찾는 것을 추구한다. • 이론과 모형에 관심을 갖는다. • 다양한 것을 좋아하며 반복적인 것을 싫어한다.

	시각적(Visual)	언어적(Verbal)
Style 2 (정보를 받아들이는 방식)	• 시각적 정보(그림, 도형, 흐름도, 개요, 도면, 지도 등)를 훨씬 효과적으로 받아들인다.	• 언어적 정보(글, 말, 대화 등)에 대해서 훨씬 효과적으로 반응한다.
	⇨ 대체로 수업에서 사용되는 강의와 교재, 칠판에 쓰인 문장이나 방정식들은 모두 언어적 정보들로 강의의 약 90%를 차지한다. 하지만 최근에는 다양한 수업매체(Audio, Video, Slide, OHP, PPT, 인터넷 등)의 활용에 의한 통합된 시청각매체(multimedia)를 통해 받아들이는 경향이 높다.	

	귀납적(Inductive)	연역적(Deductive)
Style 3 (사고를 조직화하는 과정)	• 관찰과 구체적인 데이터를 통해 공통적으로 나타나는 일반적인 원리를 이끌어 내는 사고방법을 선호한다.	• 규칙이나 원리를 통해 이에 부합되는 구체적인 현상을 이끌어 내는 사고방법을 선호한다.
	⇨ 대부분의 대학 교재나 강의 진행은 원리를 중심으로 하여 구체적인 현상을 이해하는 연역적인 접근을 하고 있다. ⇨ 학습에 대한 관심과 동기를 유발하기 위해서는 귀납적 접근, 즉 먼저 구체적인 사례나 현상에 대해 설명하고, 이를 바탕으로 개념이나 원리를 이끌어 내는 접근을 병행해야 한다.	

	활동적(Active)	성찰적(Reflective)
Style 4 (정보를 처리하는 방법)	• 다른 사람들과 말을 하거나 행동을 통해 정보를 처리한다. • 일단 행동을 시도해놓고 이 과정에서 이해한다. • 해야 할 일에 바로 달려든다. • 그룹을 이루어서 학습하는 것을 좋아한다.	• 혼자서 곰곰이 생각하면서 정보를 처리한다. • 우선 혼자서 이해한 후에 행동으로 옮긴다. • 심사숙고 없이 달려들지 않는다. • 혼자 또는 단짝과 학습하는 것을 좋아한다.

<table>
<tr><th rowspan="3">Style 5
(이해하는
과정)</th><th>연속적(Sequential)</th><th>포괄적(Global)</th></tr>
<tr><td>• 전체 내용을 이해해 나가는 과정이 연속적이고 단계적으로 진행된다.
• 부분적인 이해로도 어느 정도 학습 능력을 발휘할 수 있다.
• 체계적인 분석이나 수행 및 수렴적 사고를 잘한다.</td><td>• 전체를 통합적으로 한꺼번에 이해한다.
• 복잡한 상황에 대해서 포괄적으로 빨리 이해하는 능력을 발휘할 수 있다.
• 종합적인 사고와 창의적인 연구를 잘한다.</td></tr>
<tr><td colspan="2">⇨ 강의실에서 수행되는 대부분의 교육활동(교육과정, 교재, 교육방법, 강의진행 등)은 모두 연속적인 과정으로 이루어지는 경향이 있다.</td></tr>
</table>

2 학습 스타일에 따른 학습방법은 무엇인가?

1) Style 1: 선호하는 지각 형태의 측면에서

감성적인(Sensory) 학습 스타일이라면……

- 수업내용이 추상적이고 이론적인 것을 다루고 있다면 어떤 개념의 구체적인 예를 생각해 보거나 참고도서를 통해 찾아본다.
- 어떤 이론이나 개념이 실제로 어떻게 적용되는지 혼자 파악하기 힘들면 교수님이나 선배에게 질문하여 도움을 청한다.

직관적인(Intuitive) 학습 스타일이라면……

- 대부분의 대학수업은 직관적인 학습자에게 적합하도록 구성되지만 만약 수업에서 기본적인 공식을 외우거나 대입하는 식의 접근을 한다면 매우 지루해한다.
- 어떤 현상 또는 사실과 관련된 해석이나 이론을 찾아보거나, 교수님이나 선배에게 물어본다.
- 자세한 내용이나 반복을 싫어하기 때문에 시험이나 문제풀이에서 사소한 실수를 하기 쉽다.

- 어떤 문제나 과제에 답하기 전에 문제를 충분히 읽고 답하며 자신의 답을 확인하는 습관을 갖도록 한다.

2) Style 2: 정보를 받아들이는 방식의 측면에서

시각적인(Visual) 학습 스타일이라면……

- 대부분의 대학수업이 언어적 유형에 적합하게 진행된다는 점을 고려하여 수업 내용과 관련된 도표, 그림, 사진, 흐름도 등 시각적인 자료를 찾아보도록 한다.
- 혼자 찾기 어려우면 담당 교수님이나 선배에게 관련된 참고자료, 비디오, CD-ROM, 인터넷 사이트 등이 있는지 알아본다.
- 수업내용을 학습할 때 기본적인 개념을 도표나 흐름도로 표현하는 개념도(concept map)를 만들어 본다.
- 노트 필기를 할 때나 교재를 읽을 때 관련되는 개념, 중요도 등에 따라 다른 색으로 표시하는 것도 도움이 된다.

언어적인(Verbal) 학습 스타일이라면……

- 수업내용을 자신이 이해한 언어로 다시 요약, 정리해 본다.
- 친구들과 배운 내용을 서로 논의해 본다. 다른 사람이 이해한 것을 듣는 것도 학습에 큰 도움이 된다.

3) Style 3: 사고를 조직화하는 과정의 측면에서

귀납적인(Inductive) 학습 스타일이라면……

- 구체적인 현상에서 일반적인 원리를 도출해 내는 사고를 한다.

연역적인(Deductive) 학습 스타일이라면……

- 규칙이나 일반적인 원리로부터 구체적인 현상을 이해하면서도 귀납적 사고를 병행한다.

4) Style 4: 정보를 처리하는 방법의 측면에서

활동적인(Active) 학습 스타일이라면……

- 친구들과 그룹을 지어 공부하며 서로 배운 내용에 대해 토의해 보도록 한다.
- 시험 예상문제를 생각하여 서로 질문하고 대답해 본다.

성찰적인(Reflective) 학습 스타일이라면……

- 배울 내용을 그저 읽거나 암기만 하지 않는다.
- 배운 내용을 정리해 보고 생각나는 질문을 만들어 답해 보도록 한다.
- 읽고 이해한 것을 나름대로 요약해서 적어 본다.

5) Style 5: 이해하는 과정의 측면에서

연속적인(Sequential) 학습 스타일이라면……

- 대부분의 대학수업은 연속적인 방법으로 진행되지만 혹 연결되지 않게 진행되는 경우에는 연결고리를 찾도록 한다. 스스로 찾기 어려울 경우에는 교수님이나 친구에게 물어본다.
- 수업내용을 공부할 때 먼저 논리적인 순서에 따라 강의내용의 흐름도를 만들어 본다.
- 포괄적인 능력을 키우기 위해서는 새로운 내용을 배울 때 이미 알고 있는 것과 어떻게 관련되는지를 파악한다.

포괄적인(Global) 학습 스타일이라면……

- 구체적인 내용을 파악하기 전에 전체적인 그림을 그려 보는 것이 필요하다. 교재에서 새로운 장(chapter)을 다루게 될 때 장 전체의 흐름을 파악하기 위해 목차를 읽어 보거나 간략하게 내용을 훑어본다.
- 각 주제가 이미 알고 있는 것과 어떻게 연결되는지 파악한다.
- 전체를 파악하기 전에는 각 부분에 대한 이해가 느릴 수 있다.. 하지만 각 주제나 과목이 어떻게 연결되는지를 이해하게 되면 연속적 유형의 학습자에게는 놀라운 적용능력이 발휘될 수 있다.

Tip

나는 소극적인 학습자일까? 적극적인 학습자일까?

소극적인 학습자	적극적인 학습자
공부계획을 세우지 않는다.	최소한 1~2주간의 공부계획을 세운다.
수업을 빈번히 빼먹는다.	수업을 잘 경청한다.
수업시간에 노트 필기를 하지 않는다.	수업시간에 노트 필기를 해 둔다.
같은 실수를 반복한다.	실수에서 배운다.
도움을 요청하지 않는다.	공부를 해 나가는 데 주위의 도움을 청한다.
시험 보기 전날 밤에 공부한다.	미리 시험공부를 한다.
과제를 하지 않는다.	평소에 공부를 해 둔다.
수업 때마다 강의실 뒷자리에 앉는다.	질문을 자주 한다.
공상이나 백일몽에 잘 빠진다.	정보와 지식을 조직하고 자주 연습한다.
결석을 자주 한다.	

생각해 보기

1. 나의 학습 스타일은 어디에 해당되는가?
2. 나의 학습 스타일에 맞는 학습방법은 무엇인가?
3. 소극적인 학습자와 적극적인 학습자의 차이점은 무엇인가?

학습전략 포트폴리오 1

학습 스타일 점검하기

나의 학습 스타일을 점검해 보자. 학습 스타일에 대한 이해는 내가 어떤 방식으로 학습하고 있는가를 분석하는 데서 출발한다.

나의 학습방식을 분석해서 학습 스타일을 파악하면 효과적으로 공부하는 방법과 전략을 구상할 수 있게 된다. 아울러 학습 스타일의 강점과 약점을 판단하면 강점은 더욱 강화하고 약점은 보완할 수 있다.

자, 그렇다면 나는 과연 어떤 방식으로 학습하고 있으며, 나에게 맞는 학습 스타일은 어떠한지 점검해 보도록 하자.

1 학습 스타일 점검하기

학습 스타일에 대한 이해는 자신이 어떤 방식으로 학습하고 있는가를 분석하는 데서 출발한다. 나의 학습방식과 태도를 파악하면 효과적으로 공부하는 방법과 전략을 구상할 수 있게 된다. 자신의 학습 스타일의 강점과 약점을 파악하면 강점은 더욱 강화하고 약점은 보완할 수 있다.

아래 제시한 문항은 학습 스타일을 파악하기 위한 것이다. 각 문항의 정답과 오답은 존재하지 않는다. 자신의 경우와 일치하는 면이 있다면 ○ 표시를 하고, 자신의 경우와 맞지 않는다면 × 표시를 한다.

모든 문항들에 대해 각각 ○ 표시나 × 표시를 하고 난 후에 ○ 표시한 문항에 1점씩 부여한다. × 표시한 문항은 점수가 없다.

1. 나는 내 행동이 어떤 결과를 초래할지 깊이 생각하지 않고 곧바로 실행하는 편이다. ☐
2. 나는 문제를 풀 때 단계별로 차근차근 푼다. ☐
3. 나는 철저하게 준비해서 해결할 만한 충분한 시간이 주어지는 과제를 좋아한다. ☐
4. 나는 새로운 경험을 좋아한다. ☐
5. 나는 새로운 아이디어나 방식을 접하면 그것을 어떻게 적용해 볼지 곧바로 생각한다. ☐
6. 나는 나에게 맡겨진 일을 철저하게 완수한다는 자부심을 가지고 있다. ☐
7. 나는 자료를 신중하게 해석해서 무작정 결론을 내리지 않도록 주의한다. ☐
8. 나는 어떤 일을 결정할 때 모든 대안들을 신중하게 검토한다. ☐
9. 나는 체계적인 것을 좋아하고, 어떤 사항을 분명한 패턴에 맞추어 생각하려고 한다. ☐
10. 나는 정해진 규정을 준수한다. ☐
11. 나는 산만하고 엉성한 토론을 싫어한다. ☐
12. 나는 기존의 것과 다른 새로운 것에 도전하기를 즐긴다. ☐

---

* 이 장의 내용은 서울대학교 교수학습개발센터. 『학습법 가이드』(2005)의 내용 중에서 발췌하여 재구성하였음.

13. 나는 순간적으로 어떤 생각을 해 내지 못한다. ☐

14. 나는 가능하면 빨리 요점을 이야기하려고 한다. ☐

15. 나는 가능한 한 많은 자료를 얻으려고 노력하고, 자료가 많으면 많을수록 좋은 생각이 떠오르는 데 도움이 된다고 생각한다. ☐

16. 나는 토론을 할 때 내 의견을 내세우기에 앞서 다른 사람의 의견을 듣는 편이다. ☐

17. 나는 토론을 할 때 토론에 참여하는 사람들끼리 서로의 견해를 주고받는 장면을 보는 것을 좋아한다. ☐

18. 나는 어떤 상황을 미리 준비하기보다는 그 상황에 직면하여 대응하기를 선호한다. ☐

19. 나는 빡빡한 마감시간에 맞추기 위해 허겁지겁 작업하는 것을 좋아하지 않는다. ☐

20. 나는 다른 사람들의 생각을 실용성의 관점에서 판단하는 경향이 있다. ☐

21. 나는 완벽주의자다. ☐

22. 나는 토론을 할 때 나의 의견을 자발적으로 말한다. ☐

23. 나는 다른 사람의 논증에서 허술한 점을 발견하려고 한다. ☐

24. 나는 듣기보다는 말하기를 즐긴다. ☐

25. 나는 어떤 일을 수행하기에 앞서 우수하고 실용적인 방법을 생각해 낸다. ☐

26. 나는 보고서는 요점에 충실하고 간단명료해야 한다고 생각한다. ☐

27. 나는 핵심 주제에서 벗어나는 교수자를 좋아하지 않는다. ☐

28. 나는 보고서를 작성할 때 완성 전에 초안이나 개요를 여러 차례 써 본다. ☐

29. 나는 배운 것을 실제로 적용할 수 있는지 열심히 시험해 본다. ☐

30. 나는 논리적인 과정을 거쳐 해답에 도달하려고 노력한다. ☐

31. 나는 토론할 때 냉정하고 객관적인 편이다. ☐

32. 나는 토론할 때 소극적인 자세를 취한다. ☐

33. 나는 현재의 상황을 장기적인 안목으로 확대하여 해석할 수 있기를 원한다. ☐

34. 나는 어떤 일이 잘못되면 쉽게 회피하고자 한다. ☐

35. 나는 비현실적인 생각이나 충분히 검토되지 않은 갑작스러운 생각을 무시하는 경향이 있다. ☐

36. 나는 구체적인 목표나 제한적인 계획을 세우는 것이 너무 형식적이라고 생각한다. ☐

37. 나는 일상적이고 세부적인 일에 쉽게 싫증을 낸다. ☐

38. 나는 어떤 것의 토대가 되는 기본적인 전제나 원칙, 이론에 대해 탐구하는 것을 즐긴다. ☐

39. 나는 주관적이거나 모호한 주제들을 좋아하지 않는다. ☐

40. 나는 위기상황이 주는 흥분을 즐긴다. ☐

○ 표시된 문항을 아래의 점수표에 찾아 표시해 본 다음, 각 열의 총점(10점 만점)을 기록한다.

	학습 스타일 진단 점수표			
문항 번호	1 4 12 18 22 24 34 36 37 40	3 6 7 8 15 16 17 19 28 32	2 9 13 21 23 30 31 33 38 39	5 10 11 14 20 25 26 27 29 35
총점 (10점)				
학습자 유형	적극적인 학습자	숙고하는 학습자	논리적인 학습자	실용적인 학습자

위 열에서 가장 많은 총점을 얻은 것이 자신의 학습유형이라고 볼 수 있다. 물론 학습 스타일은 개인에 따라서 매우 다양하지만 일반적으로 학습자유형은 이처럼 크게 네 가지로 나눌 수 있다. 자신의 학습 스타일을 이해하고 이를 효과적으로 활용할 수 있는 방법을 생각해 보자. 효과적인 학습 결과를 얻기 위해서는 네 가지 유형의 강점을 고루 갖추는 것이 좋다. 점수를 많이 얻지 못한 부분이 있다면 그 이유를 생각해 보고, 각 유형의 장점을 습득할 수 있는 방안을 생각해 보자.

적극적인 학습자

적극적인 학습자는 정보를 활발하게 이용하여 새로운 것을 적극적으로 시도하며, 정보를 기억하고 이해하려는 경향이 있다. 또한 열정적이고 부지런하며, 개방적인 성향이 강하다. 이들은 일상의 문제들에 대하여 브레인스토밍(brainstorming)을 즐기고 토론이나 제안을 하거나 자신의 생각을 다른 사람들에게 설명하는 것을 좋아하기 때문에 아무런 활동 없이 강의 내내 앉아서 필기만 하는 수업상황을 힘들어 한다.

- 강점: 열정적이고 유연하다. 새로운 것을 시도해 보려는 적극성이나 새로운 상황이나 변화에 쉽게 흔들리지 않는다.
- 약점: 충분한 생각과 준비 없이 행동하려는 경향이 강하다. 새로운 시도를 많이 한다 해도 그것을 세밀하게 적용하거나 장기간 수행하는 것에는 쉽게 싫증을 느낀다. 고착화된 일상적인 업무에는 집중력을 유지하기 어렵다. 다른 사람과 함께 있는 상황에서 함부로 행동하고 말하는 경향이 있다.

숙고하는 학습자

숙고하는 학습자는 적극적인 학습자처럼 성급하게 행동으로 옮기기보다는 문제에 관하여 '우선 조용히 생각해 보자.'라고 반응하는 경향이 있다. 특히 이들은 그룹보다는 혼자 학습하는 것을 선호한다.

- 강점: 주의 깊고 사려 깊다. 방법론적이고 철저하며, 다른 사람들의 말을 잘 듣고 자료를 철저하게 수집한다. 어떤 하나의 결론에 도달하기 전에 그 문제를 여러 각도에서 조망하고 다양한 가능성을 찾아본다.
- 약점: 자신의 마음을 정리하고 어떤 일을 결정하는 데 지체하는 경향이 있다. 과도하게 조심스러워서 모험을 하지 않으려는 경향이 있기 때문에 단체활동에 직접적으로 참여하기를 꺼려한다. 자신의 의견을 내세우기에 앞서 토론하거나 남의 의견을 듣고 관찰하며, 상대적으로 소극적인 자세를 취하는 경향이 있다.

어떤 문제에 관해 심사숙고하지 않고 조급하게 행동하다 보면 문제가 생기는 경우가 발생한다. 반면에 너무 생각만 하면서 많은 시간을 보낸다면 어떤 것도 완성하지 못하는 결과를 초래하기도 한다. 그러므로 위의 두 가지 학습 스타일을 균형 있게 갖추는 것이 가장 바람직하다.

논리적인 학습자

논리적인 학습자는 정렬되고 합리적인 방식에 따라 차근차근 생각한다. 따라서 주제 전체를 이해하기 위하여 각각의 부분으로부터 일련의 단계를 거쳐 순차적으로 이해하는 경향을 보인다. 특히 분석하고 종합하는 것을 좋아하며, 명확한 이론이나 구조에 맞추어 생각하려고 한다. 이들은 어떤 현상의 원인을 파악하거나 사실을 일반적인 상황에 적용하고자 노력하기 때문에 해답을 찾을 때 한 걸음씩 국지적으로 경로를 따라 학습한다. 대부분의 대학수업은 연속적인 방법으로 진행되는데, 교수자가 주제나 단계를 뛰어넘는다면 이들은 강의를 따라가거나 기억하는 데 어려움을 느낀다.

- 강점: 합리적이고 방법론적이며, 규율에 맞추는 것을 좋아하고 객관적이다. 사물을 완전히 이해하기 위해 탐구적인 질문을 시도한다. 부분적인 정보로도 학습을 할 수 있고 분석에 강하다.
- 약점: 사물을 보는 새로운 관점을 찾아내는 데 능숙하지 못하다. 주관적인 판단이나 창의적인 생각을 꺼리는 경향이 있으며, 주관적이고 직관적인 시도에 대해서 가치를 부여하려 하지 않는다.

실용적인 학습자

실용적인 학습자는 실용적이고 현실적이다. 이들은 어떤 문제에 대한 해결방안을 찾고 결정하기를 좋아하며, 새로운 생각이나 이론, 기술이 실제로 효과를 발휘할 수 있는지 시험하는 일을 즐긴다. 일을 진척시키기를 좋아하며, 매력을 느끼는 아이디어를 재빨리 그리고 자신 있게 실행에 옮긴다. 장황한 생각이나 끝이 나지 않을 것 같은 토론은 싫어한다.

- 강점: 실용적이고 현실적이며, 사무적이고 시간을 낭비하지 않는다. 사물을 시험해 보기를 잘하며, 어떤 일의 결론을 잘 도출해 낸다.
- 약점: 이론과 기본적인 원칙들에 충분히 주의를 기울이지 않고 실용성이 명확하지 않은 일은 기피하는 경향이 있다. 여러 가지 대안을 충분히 심사숙고하지 않고 어떤 문제에 대하여 처음 떠오른 해결방법에만 집착해서 실행하려는 경향이 있다.

2 학습 스타일에 따른 특성

학습 스타일의 특성에 따라 감각적인 학습자 대 직관적인 학습자, 시각적인 학습자 대 언어적인 학습자, 귀납적 학습자 대 연역적 학습자, 총체적인 학습자 등으로 구분할 수 있다. 각각의 학습 스타일에 따른 특성을 정리해 보면 다음과 같다.

감각적인 학습자

- 시각, 촉각, 청각 등 감각정보에 집중한다.
- 무슨 일이 일어났는지를 알고자 한다.
- 사실과 데이터를 원하며, 사실을 있는 그대로 배우려는 경향을 보인다.
- 표준 방식이나 정리된 방법으로 문제를 해결하려고 하며, 귀찮은 문제나 특이하거나 놀라운 것은 별로 즐기지 않는다.
- 추상적이고 이론적인 강의보다는 학습하고 있는 내용이 어떻게 현실세계와 연결되어 있는지를 알고자 한다.
- 세세한 내용을 기억하며, 실용적이고 섬세한 경향을 보여서 실습에도 매우 강하다.

- 감각을 지나치게 강조하는 경우 기억하거나 익숙한 방법에 많이 의존하게 될 가능성이 높다.

직관적인 학습자

- 아이디어, 기억, 가능성 등 직관적 정보에 집중한다.
- 의미를 찾으려 한다.
- 이론과 모델을 원하고 문제의 가능성과 문제들 간의 관련성을 찾으려는 경향을 보인다.
- 일을 매우 빠르게 처리하고 혁신적인 경향을 보인다.
- 새로운 개념을 이해하며, 추상적인 것이나 수학적 형식을 다루는 수업을 선호한다.
- 암기 위주의 학습이나 기계적인 공식 대입이 포함된 원리 원칙대로 이루어지는 강의를 싫어한다.
- 직관을 지나치게 강조하는 경우 중요한 세부사항을 놓치거나 되풀이(완료된 해답을 검토하는)하는 것을 좋아하지 않으며, 계산이나 실습에서 부주의한 실수를 범하기 쉽다. 시험 답안을 작성하기 전에 질문 전체를 꼼꼼히 읽도록 하고 결과를 확실하게 검토하자.

시각적인 학습자

- 그림, 도표, 흐름도, 계획표, 필름, 실험을 활용하여 학습할 때 효과적이다.
- 요점을 목록으로 정리한 내용을 박스나 원으로 정리하거나 개념들 간의 연관성을 보여 주는 개념체계도 등을 활용하면 학습에 도움이 된다.

언어적인 학습자

- 자신의 표현으로 강좌자료를 요약하고 개요를 써 보거나 그룹 활동을 활용하면 효과적이다.
- 그룹 내 동료 학생의 설명을 들음으로써 자료를 이해할 수 있고 학습자 스스

로 설명하는 경우에도 학습에 많은 도움이 된다.

귀납적 학습자

- 자료를 관찰한 후에 규칙과 원리를 도출한다.
- 학습동기가 필요하다.
- 귀납적인 방법을 통해 배운다.

연역적 학습자

- 규칙과 원리를 가지고 그 결과와 현상에 적용한다.
- 탐구열이 필요하다.
- 연역적인 방법을 통해 배운다.

총체적인 학습자

- 세부사항을 완전히 파악하기 전에 과제의 커다란 그림을 그려 보고자 한다.
- 큰 덩어리로 연결된 방식을 통하여 학습하며, 통합능력이 매우 뛰어나다.
- 연속적인 사고능력이 부족하기 때문에 커다란 그림이 그려질 때까지는 학습에 심각한 어려움을 느낀다.
- 일단 큰 그림을 파악하면 복잡한 문제를 빨리 풀고 색다른 방법으로도 조합할 수 있는 능력이 있다.
- 수업내용의 전체를 개관할 수 있도록 수업 전에 미리 전체 내용을 대강 훑어두면 효과적인 학습을 수행할 수 있다.
- 처음에는 굼뜨고 빨리 이해하지 못하는 경우 학습을 포기하기도 한다.

학습전략 2

자기 관리를 위한 목표 설정하기

배가 항해를 할 때는 반드시 도착해야 할 항구가 정해져 있는 법이다. 만약 목적지 없이 폭풍 속의 바다를 헤쳐 나가는 배가 있다면 그처럼 어리석고 무모한 항해가 어디 있겠는가? 마찬가지로 공부할 때도 반드시 도달해야 할 목표가 있어야 한다.

높은 산에 오를 때 자신이 올라야 할 산의 정상이 보이는 것과 그렇지 않은 것에는 큰 차이가 있다. 비록 까마득하게 멀어 보일지라도 정상이 눈에 보이면 절로 힘이 솟는다. 하지만 목표지점이 바로 앞에 있어도 눈으로 볼 수 없다면 맥이 빠진다. 이와 마찬가지로 공부할 때도 목표를 눈에 보이도록 구체화시키면 두 배의 힘을 낼 수 있다.

또한 높은 산에 오르기 위해 여러 개의 캠프를 설치하는 이유는 아무리 유능한 산악인일지라도 단번에 정상에 오를 수 없기 때문이다. 제1캠프에서 곧바로 정상으로 향하는 것이 아니라 제1캠프에서의 목표는 제2캠프이고, 제2캠프에서 출발할 때는 제3캠프에 무사히 도착하는 것을 최우선 과제로 삼는다. 정상은 이렇게 여러 단계를 거쳐 정복되는 것이다. 마찬가지로 인생의 목표도 공부의 목표도 단계적으로 설정해야 한다.

목표를 설정하는 것은 자기 자신이 어디에 있는지, 원하는 것이 무엇인지를 확실하게 해 주며, 주의 깊게 현실과 미래를 성찰할 수 있으며, 철저한 자기 관리를 할 수 있게 해 준다. 학기가 시작되기 전에 스스로 학습에 대한 계획을 세웠다면 이미 목표의 반을 이루었다고 볼 수 있다. "시작이 반"이라고 하지 않는가?

1 좋은 목표란?

자신에게 가치가 있어야 한다

자신이 도전해 볼 만한 가치가 있는 목표를 세워야 한다.

실현가능성이 있어야 하며 현실적이어야 한다

목표는 실행에 의미가 있다. 실천 가능하고 현실적인 목표를 세워야 한다.

융통성이 있어야 한다

주변 상황은 언제든지 바뀔 수 있다. 따라서 목표를 설정할 때 예기치 못한 일이나 변화에 대비할 수 있어야 한다.

구체적이어야 한다

행동으로 옮길 수 있는 구체적인 목표를 정한다. 예를 들면, '이번 학기에 장학금을 받는다'보다는 '이번 학기에는 세 과목 이상 A^+를 받는다'와 같이 보다 명확하고 구체적이어야 한다.

2 목표는 어떻게 세워야 하는가?

목표 설정을 위해서는 자신에 대한 이해가 우선되어야 한다

목표를 정하고 행하는 주체는 자기 자신이므로 '자신에 대한 이해'를 명확히 할 필요가 있다. 내가 진정으로 원하는 것은 무엇인가? 내가 관심을 가지고 있는 목표는 나에게 어떤 것을 가져다줄 수 있는가? 목표를 실천하기 위해 나는 어떤 노력을 기울일 수 있는가? 공부가 가장 잘되는 때와 공부에 능률이 오르지 않는 때는 언제인가? 과연 내가 목표를 달성할 수 있는가?

장기 목표와 단기 목표가 병행되어야 한다

도달하는 데 다소 어렵고 시간을 필요로 하는 장기 목표와 노력하면 쉽게 달성할 수 있는 단기 목표를 함께 설정한다. 장기 목표는 다소 포괄적이어도 상관없지만 단기 목표는 구체적으로 세운다. 특히 장기 목표일 경우에는 중간 목표를 설정하는 것이 좋다.

〈표 2-1〉 장기 목표와 단기 목표

장기 목표	단기 목표
• 학교 졸업 후에 내가 하고 싶은 것은 무엇인가? 5년 후 혹은 10년 후에 어떤 일을 하기를 원하는가? • 목표를 이루기 위해 내가 해야 할 일은 무엇인가?	• 이번 학기에 하고 싶은 일은 무엇인가? • 이번 학기 시험을 위해 투자해야 할 공부시간은? • 매주 독서할 책의 분량은? 그 분량을 소화하기 위해 어느 정도의 시간이 필요한가?

목표는 명확하고 구체적이어야 한다

명확하고 구체적으로 세운 목표는 추상적이고 모호한 목표보다 실천가능성이 훨씬 높다. 목표는 긍정문으로 진술한다. '~ 하지 않기'보다는 '오늘 수업한 A과목 내용 복습하기' '내일 수업할 B과목 예습하기' 등 구체적이고 긍정적인 목표로 진술한다.

목표 성취를 위해 주변의 도움을 요청한다

나의 목표라고 해서 처음부터 끝까지 모든 것을 혼자 해야 한다는 생각을 버리고 어려움에 직면했을 때는 친구나 선배 혹은 교수님께 도움을 요청한다. 혼자 문제를 해결하기보다 주변 사람들의 도움을 받게 되면 한 걸음 아니 열 걸음 이상 앞으로 나아갈 수 있는 힘을 얻을 수 있다.

목표의 실천 정도를 평가한다

목표 달성의 정도를 중간에 평가하고 과제 완성에 필요한 시간을 잘못 계산했다면 목표를 수정하고 계획을 변경한다. 그런 다음 다시 세운 목표와 실천한 것을 최종 평가한다.

목표를 성취했다면 자신에게 보상한다

수많은 시행착오와 노력 끝에 목표에 도달한 자신에게 물질적이거나 정신적인 보상을 준다. 이는 다른 목표를 설정하고 다시 성공할 수 있도록 하는 긍정적인 자극제가 될 수 있다.

구체적인 단기 목표 설정의 예

토익점수 500점인 학생이 3개월 동안 650점에 도전할 경우

⇨ 착실히 노력하는 유형: 일반적인 목표

- 준비해 온 영어단어력을 향상시키기 위해 매일 100단어 정도를 외운다(단어의 수는 자신이 자유롭게 설정해도 좋다. 조금 벅찬 느낌으로).
- 영어단어력 향상 연습에 익숙해지면 과거시제 연습에 들어간다. CD나 테이프 등 이미 나온 책으로 시험을 치르듯 연습한다. 하루에 시험 1회분(약 120분)의 연습을 일정으로 짠다. 상황에 따라서는 주말에 몰아 공부하는 계획도 좋다.
- 단어와 문장을 많이 접한 사람이 승리한다. 토익점수 650 이상을 목표로 할 경우 듣기문제의 질문을 다 듣게 되고 독해문제에서 전혀 모르는 단어가 없을 정도로 연습하면 목표 달성은 꿈이 아니다.

• 항상 의미가 불분명한 용어나 단어는 다시 찾아보고 어휘력을 증강해 나간다.

⇨ 마지막에 전력을 다하는 유형: 고도의 집중력을 가진 사람의 예

- 과거시제 연습을 주로 한다. CD나 테이프로 시험처럼 연습한다. 하루에 시험 1회분(120분)의 연습을 일정으로 짠다. 시간을 만들기 힘들 때는 단원에 맞춰 계획을 세운다.
- 의미가 불분명한 용어나 단어는 적극적으로 찾아서 기억하고 어휘력을 강화해 간다.
- 시험 직전 열흘간의 개인적인 시간을 모두 토익 문제연습에 쏟아 붓는다. 만족할 만한 점수가 나올 때까지 연습을 계속한다.
- 시험 직전 열흘간의 여세를 몰아 실전에서도 연습할 때의 최고 득점을 노린다.

3 목표 설정을 위해 꼭 알아야 할 10가지

학습을 하는 학생 입장에서 목표란 자신의 능력에 맞는 합리적인 방법을 통해 달성 가능한 최종 종착역에 다다르기 위한 전반적인 학업능력의 향상을 의미한다. 따라서 개개인의 능력과 성향을 제대로 파악하여 적절한 목표를 세워야 한다. 목표 설정의 1차적 목적은 자신의 능력에 비해 적게 얻어지는 결과에 대한 끊임없이 반복되어 온 불만족을 치유하고, 성공적으로 학업능력을 향상시켜 만족감을 얻는 것이다.

장기 목표를 분명하게 설정한다

무엇보다도 자신이 도달해야 할 장기 목표가 분명하게 정해져 있어야 현재 어느 정도까지 와 있는지 자신의 좌표를 가늠해 볼 수 있다. 또한 설정한 목표는 합리적이고 실현 가능한 것이어야 한다. 아무리 좋은 목표라도 무리하게 설정하면 오히려 실패와 좌절로 인한 자신감 상실 등 역효과가 발생하게 된다.

장기 목표에 근거하여 단기 목표와 과제를 설정한다

장기 목표가 설정되면 이것을 근거로 단기 목표와 그에 따른 과제를 설정해야 한다.

과제를 여러 단계로 나눈다

목표를 달성하는 데 필요한 과제를 세분화하여 우선순위를 둔다.

목표 달성을 통해 얻어지는 이득에 대하여 생각해 본다

과제 이행과 단기 목표 달성 그리고 장기 목표 달성을 통해 얻을 수 있는 주요 이익과 그외 부수적으로 생길 수 있는 이득에 대해서도 생각하면서 순간마다 달성되는 성취도를 통해 할 수 있다는 자신감을 확인한다.

목표 달성의 장애요인과 이를 극복하기 위한 대책을 사전에 생각해 둔다

장애가 발생한 상태에서 미봉책보다는 유비무환의 입장에서 미리미리 그러한 장애를 피해가는 것도 시간과 노력의 낭비를 막는 차원에서 매우 바람직하다.

목표 달성에 필요한 자료나 정보를 사전에 충분히 확보한다

졸업 후 진로나 대학생활 중 학점관리와 자격증 취득을 위해 어떠한 것이 필요한지, 필요한 자료의 목록과 그것을 구할 수 있는 방법에 대하여 미리 알아둔다.

목표 달성에 대한 보상을 확실하게 한다

목표 달성에 대한 보상으로 단순한 자기 칭찬뿐만 아니라 외식 또는 영화 관람 등 평소에 하고 싶었던 것을 포함시킨다.

목표 달성 여부를 평가하는 기준을 정하여 중간 평가를 한다

일정한 간격을 두고 목표를 향한 노력을 점검할 수 있는 기준을 설정하여 목표나 과제 달성을 위해 얼마의 노력이나 시간이 더 필요한지, 어떤 어려움을 겪고 있는지 자세한 분석을 통해 문제점을 제거한다.

목표나 과제의 내용을 잘 보이는 곳에 붙여놓는다

자신의 목표가 무엇인지 지속적으로 생각하면서 잠재의식 속에 자신의 노력에 대해 긍정적으로 받아들이고 자신이 세운 목표를 당연시하도록 한다.

필요하면 계획의 일부를 수정한다

계획대로 실천하면서 처음에 세운 목표나 과제의 결과가 원래 생각했던 것보다 미흡한 경우에는 그 원인을 철저하게 규명한다. 목표에 미치지 못하는 현상이 단순한 노력 부족이 아닌 경우에는 근본적인 문제점을 살펴보고, 이를 종합하여 자신의 단기 혹은 장기 목표 내용 중 일부를 수정한다. 반대로 처음에 설정했던 목표보다 결과가 더 높게 나타날 경우에는 목표를 좀 더 상향 조정할 필요가 있다.

Tip

멋진 대학생활을 위한 7가지 목표 설정 단계

1단계: 내가 원하는 것이 무엇인지 정확하게 결정하기
2단계: 결정한 것을 분명하고 구체적으로 적어 보기
3단계: 목표가 장기적일수록 마감일을 세세하게 구분하여 정하기
4단계: 목표를 달성하는 데 필요한 모든 것을 리스트에 적기
5단계: 리스트를 가지고 플랜 만들기
6단계: 계획을 당장 행동에 옮기기
7단계: 아무리 작은 일이라도 목표대로 향하는 일을 날마다 행하기

Tip

목표 설정 전략 5가지 노하우

첫째, 글로 적어본다.
둘째, 우선순위(priority)를 정한다.
셋째, 실행 가능한 크기로 나눈다.
넷째, 시한(dead line)을 설정한다.
다섯째, 실천 여부를 체크한다.
[보너스] 목표는 SMART하게 설정하자.

- Specific(구체적)이어야 한다.
- Measurable(측정가능한) 것이어야 한다.
- Actual(실천적)이어야 한다.
- Realistic(실현가능성)이 있어야 한다.
- Timely(마감기한)이 있어야 한다.

생각해 보기

1. 나에게 좋은 목표란 어떤 것인가?
2. 나의 장기 목표와 단기 목표는 무엇인가?
3. 대학생활 중 반드시 이루어야 할 목표 세 가지를 꼽는다면?

학습전략 포트폴리오 2

자기 관리를 위한 목표 설정하기

나의 10년 후, 20년 후의 모습을 그려 보자. 그리고 머릿속에 그려 본 '나의 모습'을 현실로 만들기 위한 첫걸음을 내딛어 보자.
미래의 꿈과 희망을 이루기 위해서는 역량이 필요하다. 그 역량을 갖추기 위해서 어떤 노력을 해야 하며, 어떤 목표를 세워야 할 것인지를 생각해 보자.
이러한 과정은 막연히 생각하면서 기대를 갖는 것보다 훨씬 강력한 엔진이 될 것이다.

나의 꿈, 나의 모습

일본인들이 많이 기르는 관상어 중에 '코이'라는 잉어가 있다. 이 잉어를 작은 어항에 넣어 두면 5~8cm밖에 자라지 않는다. 그러나 아주 커다란 수족관이나 연못에 넣어두면 15~25cm까지 자란다. 그리고 강물에 방류하면 90~120cm까지도 성장한다.

꿈은 코이라는 물고기가 처한 환경과도 같다. 더 큰 꿈을 꾸면 더 크게 이룰 수 있다. 꿈의 크기는 제한받지 않는다.

성공하는 삶은 항상 커다란 꿈과 함께 시작된다. 빈털터리라 해도 주머니가 꿈으로 가득 차 있기만 하다면 그 누구보다 많은 재산을 가진 셈이다. 꿈이라는 밑천은 바닥을 드러내는 일이 없으며, 계속 도전하도록 열정을 분출하는 무한의 에너지이기 때문이다.

—카네기 명언집 중에서—

* 이 장은 김송은 에듀플렉스 교육개발연구소의 승낙을 받아 『공부 잘하고 싶으면 혼자서 공부해라—학습 매니지먼트 실전편—』(한스미디어, 2006)에서 내용을 발췌하여 대학생의 학습전략 포트폴리오 작성용으로 재구성하였음.

1 어떤 꿈을 실현시키고 싶은가?

0세	10세	20세	30세	40세	50세	60세	70세	80세	90세	100세

출생

어릴 적 나의 꿈

지금 나의 꿈

10년 후 나의 모습

20년 후 나의 모습 · · · · · · ·

나의 꿈, 미래의 나의 모습을 적어 보자.

2 나의 장단점 찾아보기

누구나 장단점을 가지고 있기 마련이다. 자기 자신에 대해 잘 알고 있다는 것은 목표를 설정할 때 매우 중요한 부분이다. 내가 가진 장점을 얼마나 잘 발휘하느냐에 따라 단점이 작게 보이기도 한다. 그리고 지금 나의 장점과 단점은 시간이 지남에 따라 또는 환경에 따라 변하기도 한다.

자신을 가장 잘 아는 사람은 자기 자신이지만 막상 장단점을 쓰려고 하면 잘 생각나지 않을 수도 있다. 편안한 마음으로 내가 적고 싶은 순서대로 생각나는 것부터 자유롭게 적어 보자.

나의 가장 큰 장점 (스스로 만족하는 점, 잘하는 것)

나의 장점	나의 단점
내가 잘하는 것, 주변에서 칭찬하는 것 중 나도 인정할 만한 것, 내가 정말 좋아하는 나의 모습	나의 부족한 점, 주변에서 이것만 고쳤으면 하는 점, 내가 생각해도 이 점만은 보완하면 좋겠다고 생각하는 점

3 나의 목표 설정하기

장기 목표 설정하기

⇨ 대(大)목표에 해당되며, 자신의 장래 목표, 졸업 후 목표, 1년 목표 혹은 한 학기 목표 등이 여기에 속한다.

단기 목표 설정하기

1.

2.

3.

⇨ 소(小)목표에 해당되며, 년, 월, 주 단위로 세울 수 있으며, 실천 가능한 구체적인 목표들이 여기에 속한다.
(단기 목표는 실천 가능한 목표를 여러 개 세울 수도 있다.)

4 도전적인 목표 블록 완성하기

목표는 도전적이어야 한다. 도전적이라는 것은 현재 상태와 목표 사이의 괴리가 커서 성취하기 힘들다는 뜻이다. 도전적인 목표가 있어야만 현재 상태를 벗어나기 위한 성취동기가 생긴다. 만약 괴리가 너무 작다면 오히려 목표로서의 가치가 떨어진다고도 말할 수 있다.

이제 현재 상태와 목표 사이의 괴리를 하나씩 메워 나가 보자. 기간에 따라 현재 상태에서 어느 정도 발전해야 목표를 성취할 수 있는지를 기록해 보자. 만약 내가 대학교 1학년을 마쳤다면 2학년 1학기부터 하나하나씩 채워 나가 보자.

이런 과정들을 마치고 나면 다음과 같은 목표 블록을 완성하게 된다. 목표 블록의 세로는 시간을, 가로는 목표들을 나타낸다. 목표 블록을 모두 채웠다면 한 학기 자신의 성취목표를 확인할 수 있을 것이다.

목표 블록은 목표를 달성하기 위해 중간중간의 과정들이 얼마나 중요한지를 나타내 준다. 만약 하나의 블록이 어긋난다면 전체 목표 블록은 쓰러지고 만다. 목표 블록은 하나라도 잘못되면 전체적인 틀이 깨질 수 있다. 목표는 과정들의 합이라고 할 수 있다.

목표 블록 완성하기

나의 꿈				
필요한 역량				
중간 목표	1.			
	2.			
	3.			
필요요건	전공	부전공/복수전공	어학	기타
	%	%	%	%
4학년 2학기	%	%	%	%
4학년 1학기	%	%	%	%
3학년 2학기	%	%	%	%
3학년 1학기	%	%	%	%
2학년 2학기	%	%	%	%
2학년 1학기	%	%	%	%
1학년 2학기	%	%	%	%
1학년 1학기	%	%	%	%
현재	%	%	%	%
구체적인 실천계획				

성취도 그래프 만들기

목표 블록을 완성했다면 목표 블록의 맨 아래쪽에 목표 달성을 위한 구체적인 실천계획을 세워야 한다. 과목별로 자신의 성취도 수준을 비교하여 전략과목(평균 백분위보다 과목별 백분위가 5% 이상 높은 과목), 평균과목(평균 백분위와 과목별 백분위가 ± 5%인 과목), 취약과목(평균 백분위보다 과목별 백분위가 5% 이상 낮은 과목)으로 구분하여 막대그래프 형식으로 과목별 백분위로 비교해 본다.

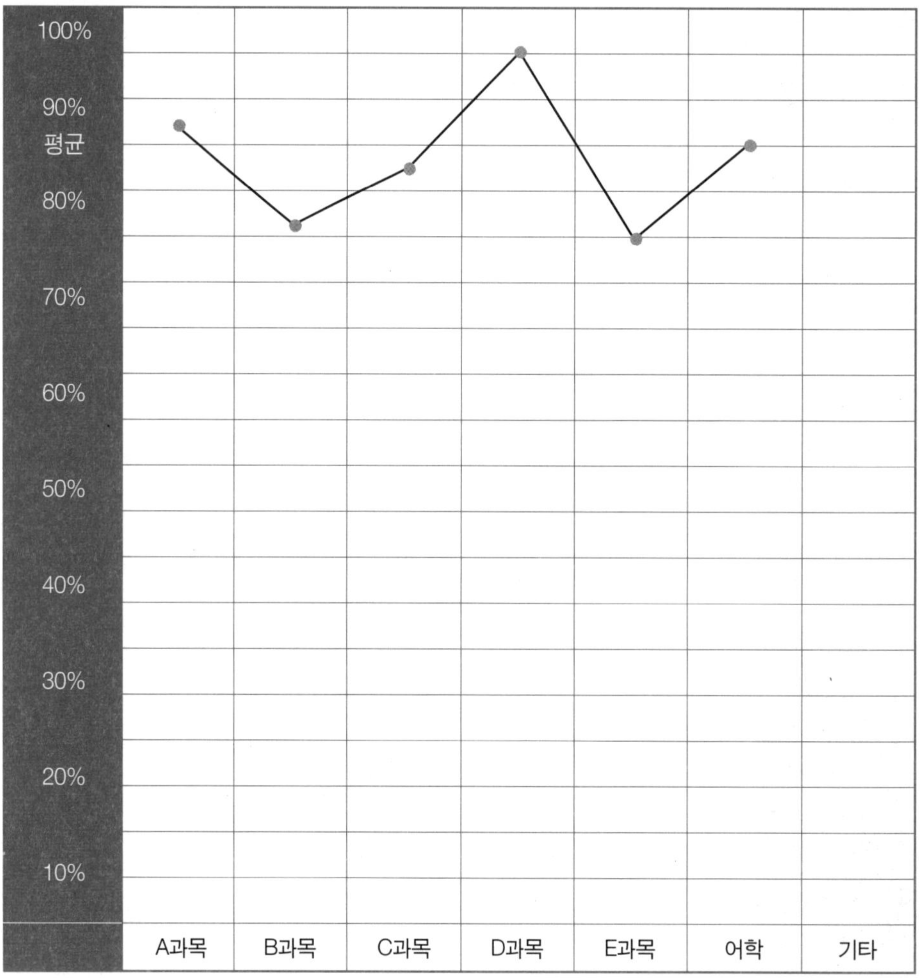

평가하기

대략적으로 자신의 현재 성적을 토대로 성취도 그래프로 그려 보면 자신이 잘하는 과목과 못하는 과목을 명확히 알 수 있다. 이 중 차후 학습계획을 세우는 데 가장 큰 영향을 미치는 것은 전략과목과 취약과목이다.

평균과목의 경우, 난이도에 따라 백분위 변화율이 작지만 전략과목과 취약과목의 경우에는 난이도에 따라 백분위의 변화가 상대적으로 심한 편이다. 따라서 실제 목표를 성취하는 데 이 두 부류의 과목이 가장 큰 영향을 미치므로 학습계획을 수립하는 데 많은 신경을 써야 한다.

전략과목이 지속적으로 비교우위에 놓이도록 하면서 취약과목을 견인하여 평균과목, 나아가 전략과목화할 수 있는 학습전략과 계획이 필요하다. 특히 취약과목을 그냥 방치해놓으면 자신의 목표 달성에 지장을 줄 뿐만 아니라 심지어 다른 과목의 성적에도 큰 지장을 주게 된다.

취약과목 극복하기

취약과목을 극복하기 위해서는 왜 취약과목이 되었는지를 분석해야 한다. 일반적으로 취약과목의 발생배경은 두 가지로 요약할 수 있다.

- 첫째, 해당 과목에 대한 흥미 부족 ⇨ 공부시간 부족 ⇨ 성적 하락 ⇨ 흥미 저하
- 둘째, 해당 과목에 대한 학습전략 부재 ⇨ 성적 하락 ⇨ 흥미 저하 ⇨ 공부시간 부족 ⇨ 성적 하락 ⇨ 흥미 저하

첫 번째의 경우, 악순환의 고리를 끊기 위해 일정 시간 이상의 공부량을 규칙적으로 가지는 것이 좋다. 해당 과목에 대해 흥미를 느끼기 위해서는 먼저 해당 과목이 어떤 내용을 전달하는지 알아야 한다. 단지 내 · 외적 요인에 의해 그 과목을 소홀히 한다면 그 과목으로 인해 언제든지 자신의 발목이 잡힐 수 있다는 것을 명심해야 한다.

두 번째의 경우, 공부량보다는 학습전략이나 공부방법에 대해 고민해야 한다. 공부방법과 관련된 서적이나 인터넷을 통해 공부방법에 대한 정보를 얻을 수도 있지만 가장 좋은 방법은 그 과목을 제일 잘하는 친구의 공부방법을 벤치마킹하는 것이다. 단, 벤치마킹은 하되 차후에 반드시 자신의 공부방법으로 만들어야 한다.

학습전략 3

나만의 학습계획 세우기

목표를 설정하여 그 목표를 달성하고자 하는 힘은 공부를 계속하려는 강한 의지와 목표 실현을 위한 계획에 있다. 목표에 따른 구체적인 계획은 길을 잃고 어딘가에서 헤매기 쉬운 자신을 인도하는 길잡이가 된다. 자신에게 맞는 계획을 세울 수 있다면 성공은 보장된 것이나 다름없다.

계획을 잘 세우기 위해서는 자신만의 목표의식을 갖는 것이 중요하다. 목표의식은 좋은 계획을 위한 밑바탕이 되며, 인생의 나침반 역할을 한다. 뚜렷한 목표의식이 있는 사람은 공부하는 동기를 얻게 되며, 이를 성취하고자 노력하게 된다. 이러한 노력은 결국 집중력을 향상시키며, 공부에 대한 열정을 더해 주게 된다.

그러면 나만의 학습계획을 세우는 데 필요한 노하우에 대해 알아보도록 하자.

목표와 마찬가지로 계획 역시 시기별로 구체화한다. 장기 계획이 없이 일일 계획만으로는 큰 숲을 보기 어렵고 장기 계획만으로는 오늘 무엇을 해야 할지 너무 모호하기 때문이다. 따라서 일반적으로 계획은 연, 월, 일순으로 구체화한다.

학사일정에 따라 계획을 세우고 그 계획을 한 주, 하루 단위로 잘라서 단기 계획을 세우게 되면 계획 실천의 성과를 바로 확인할 수 있어서 효율적이다.

1 계획은 어떻게 세워야 하는가?

자신을 냉철하게 판단한다

계획을 세울 때는 항상 자신이 할 수 있는 공부량을 고려해야 한다. 이를 위해 자신을 냉철하게 판단하고 남들과 똑같은 계획을 세워서는 안 된다. 사람마다 학습능력이 다르기 때문에 공부를 잘하는 학생의 계획을 무조건 따라 하는 것은 오히려 자신에게 역효과를 가져올 수 있다. 따라서 자신을 정확히 판단하여 자신의 학습능력을 제대로 파악해야 한다.

구체적인 계획을 세운다

장기 계획을 세우는 것도 중요하지만 단기 계획을 세우는 것은 더 중요하다. 이를 위해 일주일, 짧게는 일일계획을 구체적으로 세우는 것이 필요하다. 아침에 자투리 시간을 이용하여 오늘 하루 얼마나 어떻게 공부를 해야 할지 간단히 메모하는 것도 좋은 방법이다. 그러면 자신이 공부해야 할 분량을 우선순위에 따라 하나씩 이루어 나가는 만족감을 느끼는 재미도 있을 것이다.

계획의 우선순위를 정한다

계획을 잘 세우는 것도 중요하지만 이를 지키는 것은 더 중요하다. 계획을 세우다 보면 지키기 힘든 계획표가 만들어질 수 있기 때문에 계획에 우선순위를 정해두는 것이 필요하다. 모든 일과 계획에는 중요도에 따라 우선적으로 먼저 해야 할 순서가 있기 마련이다. 이런 우선순위에 따라 계획을 세우게 되면 실천하기가 훨씬 수월해진다.

오늘 할 일을 미루지 않는다

많은 이들은 '오늘'보다는 '내일'이라는 단어를 더 좋아한다. 하지만 이렇게 되면 내일이 일주일이 되며, 일주일이 1년이 된다. 따라서 계획을 세웠다면 지금 당장 실천하는 자세가 중요하다. 한 번 미루기 시작한 계획은 결국 지킬 수 없는 계획이 될 수 있다는 것을 잊지 말아야 한다.

2 능률적인 계획을 세우기 위한 7가지 원칙

학습계획은 학습 분량 단위로 세운다

학습계획은 분량 단위로 세우는 것이 효과적이다. 목표가 분량 단위이듯 계획 역시 분량 단위로 세우는 것이 좋다. 어느 정도 시간에 얼마만큼의 분량을 달성할 수 있는지를 가늠한 다음, 공부할 수 있는 시간을 분량 단위로 배분하도록 한다.

구체적인 계획을 세운다

계획은 실천하기 위해서 세운다. 실천하기 위해서는 실천해야 할 내용을 정확하게 정해야 한다. 지금 현재 무엇을 해야 할지 정확하게 정하지 않은 계획은 아무런 구속력을 가질 수 없으며, 오늘 할 일을 내일로 미루는 결과를 낳는다.

정해진 시간에 평가와 계획을 점검하는 습관을 들인다

지속적으로 계획을 세우고 그 과정을 평가하는 일은 많은 인내와 노력이 요구된다. 마치 밥 먹고 잠자는 일처럼, 일정한 시간에 오늘을 평가하고 내일을 계획하는 일을 습관화해야 한다.

실천 가능한 목표를 세운다

누구나 계획을 세울 때 다소 욕심을 내지만 욕심으로 세운 계획은 실천하는 데 어려움이 따르기 마련이다. 현실적으로 실천할 수 있는 분량만큼 계획하여 반드시 실천하는 것이 목표를 성취할 수 있는 지름길이다.

만약의 사태를 염두에 둔다

달성 가능하게 세운 계획도 예상치 못한 변수로 달성하지 못하는 경우가 있다. 학습특성상 계획을 미루게 되면 그만큼 달성하기가 힘들어진다. 정한 시간 내에 못한 분량을 내일이나 혹은 적어도 이번 주 내에 실천할 수 있도록 약간의 여유를 두는 것이 좋다.

융통성과 불변성을 겸비한다

계획한 것을 100% 달성하기란 힘들다. 계획을 100% 달성했다는 것은 계획을 조금 적게 세웠다는 반증이기도 하다. 따라서 계획은 어느 정도 수정할 수 있는 융통성이 있어야 한다. 단, 융통성의 정도가 목표를 훼손할 정도가 되어서는 안 된다.

취약과목과 주요 과목을 중심으로 우선순위를 정한다

취약과목과 주요 과목은 목표를 달성하는 데 가장 큰 영향을 미친다. 따라서 계획 시 취약과목과 주요 과목을 우선 배치하도록 한다. 특히 집중이 잘되는 시간에 취약과목이나 주요 과목을 우선적으로 배치하는 것이 현명하다.

3 계획 세우기 노하우

학기단위표(한 학기 달력)를 만들어 본다

한 학기를 보여 주는 표를 그려 본다. 그곳에 중요한 일정들 — 리포트 제출기한, 시험일정, 조별 모임, 조별 발표수업 등 ― 을 적어 본다. 이렇게 적어놓으면 중요한 시기가 다가올 때 올바른 계획을 세워 대처할 수 있다.

일상활동계획표를 작성한다

효과적으로 시간을 운영하기 위해서는 체계적인 계획이 필요하다. 시간계획표는 현실적이고 실제적이어야 한다. 변경할 필요가 있을 때는 충분히 융통성 있게 조정 가능해야 하고, 공부와 휴식이 적당한 균형을 이루어야 한다. 일상활동계획표를 준비할 때는 다음 단계의 순서를 따르는 것이 좋다.

- 1단계: 고정적인 시간 기록하기
  자기 스케줄을 파악하여 한 주 단위의 달력(주간계획)을 만든다. 수업, 실험실습, 아르바이트, 악기연주 등과 같은 규칙적으로 짜인 활동을 모두 적어넣는다.

- 2단계: 일상생활에 꼭 필요한 필수활동 적어 넣기
  식사, 수면 등에 필요한 시간을 충분히 그러나 지나치지 않게 적어 넣는다.

- 3단계: 복습시간 확보하기
  각 수업시간 전후에 적절한 복습시간을 마련한다. 강의식 코스(역사, 정치학 등)에 대해서는 수업 노트를 보충하고, 재수정할 수 있게 수업 직후의 시간으로 잡는다. 참여식 코스(외국어, 수학 등)에 대해서는 수업 직전에 그날의 과제를 공부하도록 시간을 마련한다.

- 4단계: 여가시간 마련하기
  데이트, TV 보는 시간 등과 같은 여가활동을 위한 시간을 둔다.

- 5단계: 예습시간 계획하기
  각 코스마다 과외시간을 충분히 둔다. 각 코스마다 배당할 시간의 양은 교재의 곤란도, 교재를 완성할 수 있는 능력, 기대하는 성적이나 학습방법의 효율성에 근거하여 결정한다. 예습시간은 주의가 산만하지 않은 조용한 시간으로 잡고 학습량을 달성할 수 있을 만큼 충분하게 한다.

4 구체적이고 효율적인 계획표 작성 노하우

결승점을 정한다(명확한 학습목표를 정한다)

목표 달성 고지를 명확히 하고 항상 그 목표를 향해 실력을 키워 가도록 계획을 세운다.

목표 실현을 위해 현재 자신에게 필요한 학습량을 확인한다

가장 중요한 부분으로 처음부터 충분한 시간을 투자하여 정보를 수집한다.

시험까지 날짜별로 짜여진 일정표를 구체적으로 작성한다

시험일까지 계산해 앞으로 얼마만큼 어느 정도 실력을 쌓아야 할지를 생각하고 구체적인 학습내용을 기입한다.

완성된 계획표를 확인한 후 필요하면 재조정한다

작성한 계획표를 하루하루 따르면서 구체적인 학습을 구상할 수 있는지 확인한다. 계획에 무리가 있다고 판단될 때는 준비기간을 두거나 부담을 줄이는 등의 방법을 찾는다.

5 계획을 세울 때 고려할 점

시간대에 따라 시간차가 생길 가능성이 많다

겨울 아침의 필기(단위시간당)는 능률이 떨어지기 쉽다.

연중행사 중 큰 행사를 고려한다

설날이나 추석 그리고 크리스마스, 생일 등은 계획 속에 일정을 잡아놓는 것이 현명하다.

무모하게 공부시간을 설정하지 않는다

수면시간을 단축해서 연속적으로 공부하는 계획은 잡지 않는다. 신체 리듬에 맞춰 공부하는 것이 집중력에도 좋고 실전돌파력에도 좋다.

Tip

알찬 하루 계획을 세우기 위한 7가지 전략

1. 자신의 스케줄을 정확히 파악하여 고정적인 모든 과제와 일정을 즉시 일정표에 적어 두라.
2. 내일 일과는 오늘 저녁에 설계하라.
3. 필요한 시간을 예상하고 한계를 정하라.
4. 일(혹은 공부)과 일(혹은 공부)의 이동시간을 여유 있게 두라.
5. 유사한 일(혹은 공부)은 비슷한 시간대에 편성하여 신체 리듬에 맞춰 유연성을 유지하라.
6. 일관되게 자신의 우선순위에 집중하라.
7. 긍정적으로 하루를 시작하고 끝마쳐라.

Tip

요일별 학습전략

월: 의미 부여하기

내가 학습해야 할 과제의 중요성을 파악해 보고, 그 과제를 끝마쳤을 때의 만족감과 기쁨을 상상해 본다.

화: 세부적으로 나누기

큰 학습과제는 작고 처리하기 쉬운 부분으로 나누고, 부분으로 나누어진 과제들을 하나씩 끝낸다는 생각을 가진다.

수: 나의 의지를 문장으로 나타내기

세부적으로 나눈 각 과제마다 자신의 의지를 기록해 둔다.

목: 자신의 의지 알리기

자신의 의지를 타인에게 알리는 것은 자신이 목표한 바를 확실하게 완수하는 데 있어 중요하다.

금: 보상을 생각해 보기

어떤 보상을 받으면 좋을지, 자신이 정당하게 보상을 얻었을 때 어떤 기분이 들지를 생각해 본다.

토: 당장 실행하기

"시작이 반"이다. 꾸물대지 말고 곧바로 실행에 옮긴다.

일: 재검토하기

목표한 바를 어느 정도 성취했는지 검토하는 기회를 가진다.

생각해 보기

1. 계획을 세울 때 가장 중요한 것은 무엇인가?
2. 평소에 어떤 계획을 세워서 공부하는가?
3. 계획대로 실천하지 못했을 경우 어떻게 하는가?

학습전략 포트폴리오 3

나만의 학습계획 세우기

누구나 공부와 관련된 학습계획을 세워 보았을 것이다. 계획표를 작성할 때는 부푼 꿈에 사로잡혀 '이제 열심히 공부해야지.'라고 결심하였을 것이다. 하지만 그것이 뜻대로 되지 않았을 때 갈등과 실망도 느꼈을 것이다.

공부를 효율적으로 하는 데 도움이 되는 방법 중의 하나는 시간을 얼마나 잘 활용하느냐 하는 것이다. 이에 따라 학업의 성패가 결정되며, 시간의 효율적 사용이 학업성적을 좌우한다.

학습계획을 잘 세워 실천한다는 것은 하나의 능력(skill)에 속한다. 어떤 면에서는 학습계획을 작성하는 것이 쉬운 것처럼 보이지만 사실 학습계획을 세워서 실천하는 것은 그리 쉬운 것만은 아니다.

그러면 구체적이고 능률적인 학습계획을 세워 보도록 하자.

1 학습전략 스케치하기

학습전략은 크게 세 가지로 구분된다. 첫째는 학습 포트폴리오이고, 둘째는 공부방법, 셋째는 이를 시기별로 어떻게 적용할 것인가에 대한 시기별 학습전략이다.

학습 포트폴리오란 어떤 부분을 어떤 교재와 강의로 공부해야 하느냐 하는 것이다. 교재나 강의 시작은 교재와 수업 그리고 노트 필기다. 만약 이것들로 부족한 부분이 있다면 참고문헌이나 자료가 포함될 수 있다.

공부방법은 말 그대로 공부를 어떻게 하느냐 하는 것이다. 공부에 투자하는 시간은 많은데 실제 성적이 잘 나오지 않는다면 대개 공부방법이 잘못된 경우가 많다. 따라서 공부방법을 변화시키려면 지금까지 해 온 자신의 잘못된 공부방법을 과감히 버리고 다른 방법을 사용하는 것이 필요하다.

시기별 학습전략은 각 시기별로 포트폴리오와 공부방법을 어떻게 적용할 것인가 하는 것이다. 6개월 정도의 시간을 두고 월별 또는 적절한 기간으로 시기를 나누고 공부방법이나 교재들을 어떻게 적용할 것인지에 대한 큰 그림을 그려야 한다. 시기별로 잘 짜인 학습전략은 큰 시각으로 그 과목에 접근할 수 있도록 해준다.

자, 그렇다면 과목별 포트폴리오 및 시기별 학습전략을 기록하는 학습전략 스케치를 만들어 보자. 거시적인 관점에서 정리해둔 학습전략 스케치는 각 과목별 계획 및 실행의 지침이 된다. 각 과목별 학습전략 스케치는 과목별 공부방법을 익힌 후에 작성해 보도록 하자.

---

* 이 장은 김송은 에듀플렉스 교육개발연구소의 승낙을 받아 『공부 잘하고 싶으면 혼자서 공부해라-학습 매니지먼트 실전편-』(한스미디어, 2006)에서 내용을 발췌하여 대학생의 학습전략 포트폴리오 작성용으로 재구성하였음.

<table>
<tr><th>예시</th><th colspan="8">시기별 학습전략 스케치하기</th></tr>
<tr><td colspan="9">×학년도 1학기</td></tr>
<tr><th rowspan="3">구분</th><th rowspan="3">과목</th><th rowspan="3">현재</th><th rowspan="3">목표</th><th rowspan="3">포트폴리오</th><th colspan="4">시기별 학습전략</th></tr>
<tr><th>3월</th><th>4월</th><th>5월</th><th>6월</th></tr>
<tr><th>중간고사 준비</th><th>중간고사</th><th>기말고사 준비</th><th>기말고사</th></tr>
<tr><td rowspan="5">교양</td><td rowspan="5">문학</td><td rowspan="5">50%</td><td rowspan="5">95%</td><td>교재</td><td rowspan="4">• 교재 예/복습
• 수업에 충실하기
• 노트 필기 철저
• 중간고사 3주 전부터 대비하기
• 참고문헌 활용하기</td><td rowspan="4">• 시험 목표: A 이상
• 노트 정리 및 요약
• 예상 시험 문제 공부
• 시험 출제 문제 Feedback</td><td rowspan="4">• 교재 예/복습
• 수업에 충실하기
• 노트 필기 철저
• 기말고사 4주 전부터 대비하기
• 참고문헌 활용하기</td><td rowspan="4">• 시험 목표: A0 이상
• 예상 시험 문제 공부
• 시험 출제 문제 Feedback</td></tr>
<tr><td>수업</td></tr>
<tr><td>노트 필기</td></tr>
<tr><td>참고 문헌 및 자료</td></tr>
<tr><td>공부방법</td><td colspan="4">• 미리 예습하기
• 수업 전후 10분씩 공부하기
• 교과서 복습 후 참고자료 보기
• 기한 내 리포트 제출하기
• 오답노트 작성하기
• 스터디그룹 활용하기</td></tr>
</table>

시기별로 학습전략을 스케치해 보자

<table>
<tr><th>실행</th><th colspan="9">시기별 학습전략 스케치하기</th></tr>
<tr><td colspan="10">학년도 학기</td></tr>
<tr><td rowspan="3">구분</td><td rowspan="3">과목</td><td rowspan="3">현재</td><td rowspan="3">목표</td><td rowspan="3">포트폴리오</td><td colspan="4">시기별 학습전략</td></tr>
<tr><td>월</td><td>월</td><td>월</td><td>월</td></tr>
<tr><td>중간고사 준비</td><td>중간고사</td><td>기말고사 준비</td><td>기말고사</td></tr>
<tr><td rowspan="5"></td><td rowspan="5"></td><td rowspan="5">%</td><td rowspan="5">%</td><td>교재</td><td rowspan="4"></td><td rowspan="4"></td><td rowspan="4"></td><td rowspan="4"></td></tr>
<tr><td>수업</td></tr>
<tr><td>노트 필기</td></tr>
<tr><td>참고 문헌 및 자료</td></tr>
<tr><td>공부방법</td><td colspan="4"></td></tr>
</table>

2 텀 스케줄 세우기

이제 2개월 단위로 텀 스케줄을 세워 보자. '텀 스케줄(term schedule)'이란 일정한 단위시간 동안 구체적인 학습계획을 세우는 것을 말한다. 텀 스케줄에는 과제와 분량 학습의 실행시기가 한눈에 시각적으로 명료하게 담겨진다.

앞서 세운 시기별 학습전략 스케치에 따라 과목별 포트폴리오에 나오는 교재와 공부할 분량을 넣고 주 단위로 나누어 계획을 세워 보자.

학기 중인 경우라면 공부할 분량이 시험범위라고 생각해도 좋다. 공부할 내용을 배치할 때는 수업진도와 시험기간 그리고 취약과목이나 전략과목 같은 요인들을 고려하여 주별로 공부해야 할 분량을 세우도록 한다.

시험계획의 경우, 주별 텀 스케줄을 사용해도 무방하지만 개인에 따라 시험에 대비하기 위해 준비기간 전체를 주간계획 없이 하루 단위로 한꺼번에 세울 수도 있다.

예시 텀 스케줄 세우기

×학년도 1학기

과목	교재	분량	3월				4월			
			1주	2주	3주	4주	5주	6주	7주	8주
A	교재	142~208	142~154	155~167	168~180	181~193	194~208	142~176	177~208	전 범위
	수업노트	수업내용	해당	해당	해당	해당	해당	해당		전 범위
	참고문헌	164~242	164~184	185~208	209~229	230~242	209~229	230~242		전 범위
	보충자료	①~④			120~132	133~142	133~142	133~162		전 범위
B	교재	122~178	122~140	141~160	161~178	122~150	152~178	122~160	161~178	전 범위
	수업노트	수업내용	해당	해당	해당	해당	해당	해당	해당	전 범위
	참고문헌	144~200	144~154	155~167	168~185	186~200	144~167	168~200		전 범위
	보충자료	①~③			84~100	100~124	전 범위			전 범위
C	교재	86~132	86~100	101~115	116~132	86~110	111~132		전 범위	전 범위
	수업노트	수업내용	해당	해당	해당	해당	해당			전 범위
	참고문헌	124~189			124~154	155~189	전 범위			전 범위
	보충자료	①~③			74~88	89~99	99~109	전 범위		전 범위
D	교재	108~165	108~124	125~142	143~150	150~165	108~142	143~165	전 범위	전 범위
	수업노트	수업내용					해당	해당	해당	전 범위
E	교재	86~128	86~98	98~110	110~128	86~106	107~128		전 범위	전 범위
	수업노트	수업내용	해당	해당	해당	해당	해당			전 범위
	보충자료	①~②			124~161	162~189	전체			전 범위
비고										

텀 스케줄을 세워 보자

실행 텀 스케줄 세우기

학년도 학기

과목	교재	분량	월				월			
			1주	2주	3주	4주	5주	6주	7주	8주
비고										

3 주간계획 세우기

일반적으로 모든 계획의 중심은 주간계획이다. 일주일 동안 어떤 일을 해낼지 계획하고 실행하는 데에 사람들은 익숙해져 있다. 주말과 휴일을 이용해 미달성된 계획을 마무리하고 다음 주의 계획을 세울 수 있다는 점은 주간계획이 계획의 중심이 될 수 있는 가장 큰 이유라고 할 수 있다.

텀 스케줄을 잘 세웠다면 텀 스케줄의 한 주간을 분리하는 것 자체로 한 주의 계획을 세울 수 있다. 주간계획에는 한 주 동안 해야 할 공부와 이를 한 주 중 언제 시행할지를 기록한다. 그리고 과제 하나하나의 성취도를 표시함으로써 주간 학습목표를 어느 정도 성취했는지 알 수 있다.

한편, 주간 Study Grade는 한 주를 어떻게 보냈는지에 대한 바로미터라고 할 수 있다. 주간계획에서 다룰 일일계획을 Study Grade로 옮겨 표시하면 한 주간의 학습만족도를 알 수 있다.

계획표에 성취도와 만족도를 표시하는 것은 매우 중요하다. 단순히 한 주간의 계획을 어느 정도 성취했는지를 표시해 보는 데서 더 나아가, 만족도와 비교해 본다면 더 완벽한 계획을 세울 수 있다. 즉, 성취도는 높지만 만족도가 낮다면 계획을 무리하게 세웠다는 것을 의미한다. 따라서 항상 성취도와 만족도를 서로 비교해서 다음 계획을 세울 때는 좀 더 체계적이고 효율적으로 세우도록 한다.

예시 주간계획 세우기

5월 9일(월) ~ 5월 15일(일)

과목	이번 주 해야 할 공부	예상 시행일							성취도
		월	화	수	목	금	토	일	
		9	10	11	12	13	14	15	
문학	교재 pp. 142－154								⊕
	수업노트								⊕
	참고 및 보충자료 ①~②								⊕
물리학	교재 pp. 131－144								⊕
	수업노트								⊕
	참고 및 보충자료 ①								⊕
비고									

주간 Study Grade								
Grade	월	화	수	목	금	토	일	만족도
A								B+
B								
C								
D								
E								
비고								

주간계획을 세워 보자

실행	주간계획 세우기								
월 일(월) ~ 월 일(일)									
과목	이번 주 해야 할 공부	예상 시행일							성취도
		월	화	수	목	금	토	일	
									⊕
									⊕
									⊕
									⊕
									⊕
									⊕
비고									

주간 Study Grade								
Grade	월	화	수	목	금	토	일	만족도
A								
B								
C								
D								
E								
비고								

4 일일계획 세우기

주간계획이 완성되면 이제 하루를 어떻게 보내야 하는지를 결정해 주는 일일계획을 작성해야 한다. 일일계획은 주간계획 중에서 해당 날짜에 해야 할 공부 분량을 옮겨 적으면 된다.

일상적이거나 고정적인 스케줄은 시간표의 계획란에 기입하고, 오늘 해야 할 공부의 우선순위와 분량을 고려하여 일일계획을 세운다. 가능하면 일일계획은 전날 저녁에 세우고, 오늘 일과를 마친 후에 학습성취도와 실행 정도를 비교하여 얼마나 실천했는지를 Self-Management란에 '목표달성률'과 'Study Grade'로 기록한다. 그런 다음 종합적으로 평가해 보고, '되돌아보기'를 통해 스스로 피드백 과정을 거친다.

일일계획을 세우다 보면 하루에 할 일들이 무척 많다는 것을 알게 된다. 계획을 세우지 않고 대충 하루를 보낼 수도 있겠지만 하루하루에 충실하지 못하면 더 큰 계획이나 목표를 세울 수 없다.

계획은 먼 것에서 가까운 것으로 세우는 것이지만, 실행은 가까운 것에서 먼 것으로 이루어져야 한다.

예시 일일계획 세우기

우선순위	오늘 해야 할 공부	성취도
1	A 과목 공부 pp. 12-36	⊕
2	A 과목 노트 정리	⊕
3	B 과목 공부 pp. 45-53	⊕
4	TOEIC 1장	⊕
5	C 과목 리포트 작성	⊕
6	D 과목 복습	⊕
7	E 과목 예습	⊕
8		⊕
9		⊕
10		⊕

Self-Management

목표달성률	Study Grade
90%	(A) · B · C · D · F

되돌아보기

✔ 생각보다 공부가 잘된 하루였다.
✔ 1교시 수업 지각 빼곤 완벽!!
✔ 과제를 생각보다 일찍 끝냄
✔ 계획 조정 필요

AM	계획	실행
	취침	
6	기상	
7	준비	
8	등교	
9	수업1	○
10	수업2	○
11	공부1	△
12	점심	

PM	계획	실행
1	휴식	
2	수업 3	○
3	수업 4	○
4	공부 2	○
5	동아리	×
6	저녁	
7	도서관	○
8	컴퓨터실	△
9	하교	
10	과제 1	○
11	과제 2	△
12	취침	

✎ 일일계획을 세워 보자

실행	일일계획 세우기

우선순위	오늘 해야 할 공부	성취도

Self-Management	
목표달성률	Study Grade
	A · B · C · D · F

되돌아보기

✔

✔

✔

✔

AM	계획	실행
	취침	
6	기상	
7	준비	
8	등교	
9		
10		
11		
12	점심	

PM	계획	실행
1	휴식	
2		
3		
4		
5		
6	저녁	
7		
8		
9	하교	
10		
11		
12	취침	

학습전략 4

최적의 학습환경 만들기

나에게 맞는 최적의 학습환경을 찾아보자.

환경이 사람에게 미치는 영향은 절대적이라고 할 수 있다. 특히 학습능률을 높이고자 할 때에는 집중하기 편한 환경을 찾아서 전념해야 한다. 집중하기 편한 장소란 주변의 잡음에 시달리지 않고 집중해서 열심히 몰입할 수 있는 공간을 말한다.

특별히 집중력이 높은 사람을 제외하고는 일상적인 생활 장소와 실제로 많은 사람들이 집중해서 공부하는 도서관이나 독서실은 학습능률에서 상당한 차이가 있다. 일반적으로 공부에 적합한 장소의 조건으로는 조용하고, 집이나 학교에서 가깝거나, 책을 펼칠 만한 여유가 있으며, 그다지 돈이 들지 않는 곳이 좋다.

사람에 따라서는 너무 조용하면 오히려 집중이 잘 안 되는 경우도 있다. 실제로 음악을 들으면서 공부하면 능률이 오르는 사람도 있다. 이와 같이 공부에 집중할 수 있는 환경은 개인마다 다르기 때문에 자신에게 가장 알맞은 환경을 찾고 만들 필요가 있다.

그렇다면 자신에게 맞는 최고의 학습환경에서 최고의 컨디션으로 학습능률을 높이는 방법을 찾아보도록 하자.

독일의 심리학자 Lewin은 그의 저서 『토플로지 심리학의 원리』에서 '생활공간'이라는 용어를 썼다. 개인의 생활공간은 자신에게 행동의 목표가 되며, 인격은 환경과의 지속적인 상호작용을 통해 성숙하며 발달한다고 했다. 그는 인간의 행동을 인격과 환경의 함수관계로 생각했으며, 환경에 따라 인간의 행동과 인격은 영향을 받기 때문에 매우 중요하다고 하였다.

집중력 또한 환경의 영향을 받는다. 그렇기 때문에 어느 장소가 자신의 공부에 도움이 될 수 있는지를 찾는 것이 무엇보다도 중요하다고 볼 수 있다.

1 좋은 학습환경이란?

방의 출입구가 시야에 들어오도록 배치한다

책상 앞에 앉았을 때 출입문이 시야에 들어오는 위치에 자리를 잡는 것이 좋다. 출입구가 뒤에 있으면 언제 누가 들어오는지 알 수 없기 때문에 산만해지기 쉽다.

직사광선이 들어오지 않도록 한다

직사광선은 집중력을 떨어뜨리고, 직접 머리에 내리쬐면 멍해지기 쉽다. 기업의 사장실 책상도 직사광선이 내리쬐는 곳에는 거의 배치하지 않는다. 방안에 직사광선이 내리쬔다면 밖에 나가 나무 그늘 아래에서 공부하는 편이 낫다.

조명은 밝게 한다

어두운 환경은 눈에 부담을 주기 때문에 공부할 때는 눈이 편하게 느낄 정도의 밝기가 좋다. 다만 차분하게 한 가지 일에 몰두할 때는 눈에 부담을 주지 않을 정도로 조금 어두운 것이 좋다.

가능한 한 TV와 침대는 눈에 보이지 않도록 한다

TV가 있으면 보고 싶어진다. TV는 서재에 배치하고, 침실에 책상을 놓아야 할 경우에는 공부 중에 산만해지지 않도록 TV뿐만 아니라 침대도 시야에 들어오지 않도록 배치한다.

책상은 넓은 것이 좋다

넓은 책상은 자신의 '기(氣)'를 전면에 펼쳐 창조적인 감성을 길러 주고 학습능률을 높이는 데 적합하다. 넓은 책상이 없을 경우에는 바닥에 방석을 깔고 앉아서 공부하는 것도 좋다. 바닥이 넓으면 책상과 같은 효과가 있다.

학습공간은 청결하게 한다

학습공간은 깨끗해야 한다. 먼지가 가득 쌓인 책상에서의 공부는 의욕과 학습능률을 떨어뜨린다. 특히 주위가 산만한 환경에서는 집중하기 힘든 만큼 공부와 관련된 물건들은 제자리를 정해 정돈해 둔다.

2 학습 장애요소 제거하기

공부하기에 적당한 장소를 물색하라

아마 도서관이 가장 좋을 듯하지만 도서관 이외에 공부하기 좋은 장소로는 학과 사무실이나 동아리방도 포함된다. 집에서는 대체로 자료를 정리한다.

유혹거리가 계속 발생하도록 놔두지 말고 미연에 방지하라

중요한 전화를 기다리는 것이 아니라면 휴대폰은 공부하는 동안 꺼두는 것이 좋다. 공부를 하다가 전화 혹은 문자 메시지로 인해 분위기를 망치는 경우가 많기 때문이다.

잠을 충분히 자고 그 다음날 최상의 컨디션으로 공부하라

사람은 하루 8~9시간 수면이 필요하다는 연구결과도 있지만 미래를 준비해야 하는 대학생들이 하루의 1/3을 잠으로 사용하는 것은 너무 아깝다. 6시간 전후로 수면을 취하면서 가능하면 일찍 자고 일찍 일어나는 습관을 지니도록 한다.

Tip

숙면을 취하는 방법

1. 자기 전에 간단한 스트레칭을 한다.
2. 적당한 양의 미지근한 우유 한 잔을 마신다(카페인이 든 음료수는 삼간다.).
3. 따뜻한 물에 몸을 담가 긴장감을 풀어 준다.
4. 조용하면서 반복적인 리듬의 음악을 들으며 잔다.
5. 올바른 잠자리 습관을 만든다.
6. 잠깐의 명상을 하도록 한다.
7. 낮잠은 될 수 있는 한 피하고 토막잠을 이용한다.
8. 방의 온도는 적당하게 유지하고 쾌적한 환경을 만든다.
9. 자신에게 알맞은 베개를 이용한다.
10. 정해진 시간에 자고 일어나도록 한다.

효율적인 학습을 위해 조용한 곳을 찾아라

집안일의 중심으로부터 떨어져서 공부할 수 있는 곳을 찾자. 주위에 산만한 환경에 있다면 학습에 집중하는 것은 거의 불가능하다. 지하실 같은 곳이 학습환경으로는 별로 좋아 보이진 않지만 조용함이 오히려 주위의 산만함을 커버해 줄 수 있다. 집에서 공부할 수 없다면 도서관이나 다른 조용한 장소에서 학습한다.

학습자 주위를 산만하게 만드는 방해요소들을 제거하라

책상을 벽과 반대쪽으로 놓고 사진, 추억거리, 장식품들을 제거하자. 그렇게 하면 학습하는 동안 주위를 산만하게 할 수 있는 친구, 가족에 대한 생각 또는 다른 잡념들에 의해 방해받지 않을 것이다.

학습만을 위한 책상을 사용하라

학습에 필요한 책상 공간을 확보하자. 책상에 컴퓨터나 음향기기 등이 함께 있다면 이미 학습을 위한 공간을 빼앗겨버린 셈이다.

만약 학습만을 위해 책상을 사용한다면 그 책상에 앉았을 때 자연스럽게 학습에 대한 생각을 하게 될 것이다.

편안한 의자에 앉아서 학습하라

가능하면 편안한 의자에 앉아서 바른 자세로 학습하자. 간혹 너무 편한 의자에 앉아서 공부하는 것은 나태한(느슨한) 학습을 유도할 수도 있다. 따라서 편안한 마음으로 공부하되, 집중할 때는 어느 정도 긴장을 하면서 올바른 자세로 학습할 필요가 있다.

절대로 침대에 누워서 학습하지 마라

침대가 눈에 띄지 않도록 하라. 책상 앞에 앉았을 때 침대가 보이면 누워서 책을 보거나 쉬고 싶은 생각이 들게 된다. 만약 침대에 누워서 학습한다면 집중하는 데 어려움을 겪을 것이고, 너무 편안한 나머지 잠들게 될 것이다.

학습할 때는 전화나 핸드폰을 차단시켜라

학습할 때는 가능한 한 외부와의 연락을 차단하자. 학습 중에 걸려오는 전화나 핸드폰은 공부의 흐름을 방해한다. 만약 전화나 핸드폰으로 인해 계속 방해를 받는다면 전화는 자동응답기로, 핸드폰은 꺼두는 것이 좋다.

학습하는 동안 텔레비전, 오디오, 라디오 등은 꺼두어라

학습에 방해되는 소음들을 차단하자. 학습의 효율을 높이기 위해 잔잔한 음악이 필요하다면 부드럽고 친숙한 음악을 듣도록 하자. 계획했던 학습을 잘 마무리하고 끝마쳤다면 이에 대한 보상으로 새로운 CD를 구입하자.

집에서는 조용할 때 학습하라

집에서 학습할 경우 조용한 시간을 활용하자. 가족이 잠들었을 때나 외출하였을 때 등 조용한 시간에 학습하면 집중력을 최고로 발휘할 수 있다.

학교에서 학습하는 것을 고려해 보라

집과 학교 중에 어느 곳이 집중이 더 잘되는지 비교한 후, 선택해서 학습하자. 만약 집에서 학습하는 데 집중할 수 없다면 학교에서 수업 시작 전이나 수업이 끝난 후 틈틈이 학습하는 것이 더 좋을 수도 있다. 또한 빈 강의실이나 도서관, 학습을 위한 자료실 등 조용한 곳을 선택하여 학습한다.

학습 중에 발생한 부가적인 문제는 주위 사람에게 도움을 청하라

학습하는 데 어려운 점이 있으면 친구나 가족에게 도움을 요청하자. 과제를 끝마치거나 시험 준비를 위해 집에서 공부할 때 집안에 해결할 일이나 문제가 발생한다면 가족에게 맡기거나 도움을 청하고 학습에만 집중할 수 있도록 한다.

Tip

최적의 학습환경을 만들기 위한 9가지 전략

1. 공부할 수 있는 규칙적인 시간을 정하자.
2. 공부할 수 있는 적합한 장소를 확보하자.
3. 일정한 장소에서 공부하자.
4. 자신이 할 수 있는 만큼의 적당한 공부의 양을 정해놓고 하자.
5. 책상 앞에 오래 앉아 있는 시간을 정하자.
6. 눈에 잘 띄는 곳에 하루에 해야 할 일들을 메모해두자.
7. 공부방 책상의 위치나 방향을 가끔 바꾸어 보자.
8. 책상 위에 공부를 위한 것을 제외하고는 모두 치우자.
9. 스터디그룹을 적극 활용하자.

생각해 보기

1. 내가 좋아하는 학습환경을 가지고 있는가?
2. 나의 학습을 방해하는 장애요소는 무엇인가?
3. 최적의 학습환경을 만들기 위해 가장 먼저 고려해야 할 것은 무엇인가?

학습전략 포트폴리오 4

최적의 학습환경 만들기

사람은 환경의 영향을 받는다. 한 연구결과에 따르면, 학업성취도가 높은 학생이 낮은 학생보다 학습환경을 구조화(시간계획, 교재 및 과제준비, 공부할 장소 지정 등)하는 데 관심이 많고 실질적으로 그 능력도 뛰어난 것으로 밝혀졌다.

이는 공부 잘하는 학생들이 공부가 더 잘되도록 하기 위한 물리적 환경 배열에 더 많은 노력을 기울인다는 뜻이다. 결국 공부가 잘되도록 하는 환경적 요인이 공부에 대한 욕구나 목표 못지않게 중요한 요소임을 시사해 준다.

따라서 최적의 학습환경에서 공부한 학생들은 그렇지 않은 학생들에 비하여 같은 노력과 시간을 투자하고도 훨씬 좋은 결과를 얻을 수 있다.

자, 이제 마음을 안정시키고 학습에 집중할 수 있는 최적의 환경을 찾아서 나만의 학습환경을 만들어 보자.

1 최적의 학습환경 찾아보기

예시 최적의 학습환경 찾기

학습환경과 관련하여 최적의 장소를 찾아본다.

(좋다-3점, 보통-2점, 별로-1점, 전혀-0점)

문항	공부장소 (주로 공부하는 장소를 적어 본다.)		
	집	도서관	기타
1. 전화기, 컴퓨터, TV와 같은 공부를 방해하는 물건들이 거의 없다.	1	3	
2. 내가 공부할 때 다른 사람들이 방해하는 일이 거의 없다.	2	3	
3. 매우 조용하며 전화소리, 음악소리, 말소리가 거의 들리지 않는다.	2	2	
4. 쉴 때와 공부할 때를 마음대로 조절할 수 있다.	2	3	
5. 이번 주에도 여기서 규칙적으로 공부했다.	1	2	
6. 이곳에서 공부할 때 잠깐만 쉬고 공부를 계속한다.	1	2	
7. 이곳에서 공부할 때 다른 사람들과 이야기하지 않는다.	1	3	
8. 이곳의 실내온도는 공부하기에 적절하다.	3	2	
9. 이곳의 의자는 공부하는 데 편안하다.	3	2	
10. 이곳의 책상은 공부하는 데 편안하다.	2	2	
11. 이곳의 조명은 공부하기에 적당하다.	3	3	
12. 이곳에는 공부나 과제와 관련 없는 물건들이 거의 없다.	0	3	
합계	21	30	

① 가장 높은 점수를 받은 장소는 어디인가? 도서관

② 가장 높은 점수를 받은 곳의 장점은?

공부를 방해하는 요인들(TV, 컴퓨터, 소음 등)이 적은 편이다. 조용하다. 언제나 원할 때 공부할 수 있다.

③ 가장 공부하기가 좋은 곳의 단점은 무엇이며, 어떻게 고칠 수 있을까?

단점	가끔 집에 있다 보면 도서관에 가는 것 자체가 싫은 날이 있다.
개선방법	집에 편하게 있다 보면 TV도 보고 싶고 해이해지는 것 같다. ⇨ 학교에서 곧바로 도서관으로 가거나, 집에 들렀다 가더라도 밥 먹고 옷 갈아입은 즉시 곧바로 도서관 가기!

실행	최적의 학습환경 찾기

학습환경과 관련하여 최적의 장소를 찾아본다.

(좋다-3점, 보통-2점, 별로-1점, 전혀-0점)

문항	공부장소 (주로 공부하는 장소를 적어 본다.)		
	집	도서관	기타
1. 전화기, 컴퓨터, TV와 같은 공부를 방해하는 물건들이 거의 없다.			
2. 내가 공부할 때 다른 사람들이 방해하는 일이 거의 없다.			
3. 매우 조용하며 전화소리, 음악소리, 말소리가 거의 들리지 않는다.			
4. 쉴 때와 공부할 때를 마음대로 조절할 수 있다.			
5. 이번 주에도 여기서 규칙적으로 공부했다.			
6. 이곳에서 공부할 때 잠깐만 쉬고 공부를 계속한다.			
7. 이곳에서 공부할 때 다른 사람들과 이야기하지 않는다.			
8. 이곳의 실내온도는 공부하기에 적절하다.			
9. 이곳의 의자는 공부하는 데 편안하다.			
10. 이곳의 책상은 공부하는 데 편안하다.			
11. 이곳의 조명은 공부하기에 적당하다.			
12. 이곳에는 공부나 과제와 관련 없는 물건들이 거의 없다.			
합계			

① 가장 높은 점수를 받은 장소는 어디인가?

② 가장 높은 점수를 받은 곳의 장점은?

③ 가장 공부하기가 좋은 곳의 단점은 무엇이며, 어떻게 고칠 수 있을까?

단점	
개선방법	

2 내가 좋아하는 학습환경 만들기

예시 내가 만드는 나의 학습환경

내가 지속적으로 공부하는 데 어려움을 겪는 이유를 생각해 보자. 그리고 어떻게 하면 이를 극복하고 열심히 할 수 있을지 생각해 보자.

지속적으로 공부하는 것이 어려운 이유		내가 생각하는 개선방법
• 무의식적으로 TV를 켜고 아무 생각 없이 본다. • 휴대폰이나 컴퓨터 메신저를 켜놓고 공부한다. • 잠이 부족해서 공부하다가 자주 졸음이 온다. • 공부를 하다가도 딴 짓을 잘한다.	⇨	• 꼭 봐야 하는 프로그램을 골라서 보도록 한다. • 휴대폰을 꺼두거나 시간을 정해놓고 컴퓨터 메신저를 주고받는다. • 컴퓨터 게임을 하느라 늦게까지 자지 않는다. • 책상이나 책꽂이를 정리해서 공부에 불필요한 것들을 없앤다.

⇨ 나의 공부 훼방꾼 BEST 3 : ① TV
② 컴퓨터
③ 휴대폰

가장 좋은 학습환경을 위한 나와의 약속!!

좋은 학습환경을 위한 나와의 약속 3가지
이것만은 반드시 지킨다!!

하나. TV는 평일에는 1시간, 주말에는 3시간 이내로 시청하기
둘. 책상 위에 공부와 관련된 것만 두고 항상 깨끗하게 정리하기
셋. 게임을 해서 내가 얻는 것은 공부할 시간 손실, 시력 저하, 집중력 감퇴!

실행	내가 만드는 나의 학습환경

내가 지속적으로 공부하는 데 어려움을 겪는 이유를 생각해 보자. 그리고 어떻게 하면 이를 극복하고 열심히 할 수 있을지 생각해 보자.

지속적으로 공부하는 것이 어려운 이유		내가 생각하는 개선방법
	⇨	

⇨ 나의 공부 훼방꾼 BEST 3 : ①
②
③

가장 좋은 학습환경을 위한 나와의 약속!!

좋은 학습환경을 위한 나와의 약속 3가지

이것만은 반드시 지킨다!!

하나.

둘.

셋.

학습전략 5

스터디그룹 운영하기

가르치는 사람에게 특별히 가르치는 전략이 필요하듯이, 배우는 사람에게도 과제를 수용하고 실행하는 데 필요한 '구체적인 전략'이 요구된다.

대학에서는 고등학교 때와는 달리 공부해야 할 내용의 깊이와 폭이 매우 깊고 넓다. 따라서 개인적으로 학습을 계획하고 진행할 때 많은 경우 쉽게 지치게 되고 또 그만큼 학습의 효과도 떨어지게 된다.

이러한 문제를 해결하기 위한 좋은 방법으로 '스터디그룹 운영'이 있다.

효과적으로 스터디그룹을 운영하여 학습능률을 높이는 다양한 방법에 대해 알아보도록 하자.

1 스터디그룹 운영의 이점

학습에 대한 동기부여를 제공한다

스터디그룹을 통해 다른 학생들과 함께 공부하면 좀 더 명확한 목적의식을 갖게 되어 학습하고자 하는 의욕을 한층 높일 수 있다.

짧은 시간에 다양한 정보에 접할 수 있다

여러 학생들이 서로 분담하여 주어진 학습주제에 대해 자료를 수집하고 정리하여 함께 나누게 되므로, 혼자 공부할 때와 비교하면 같은 시간에 몇 배의 학습효과를 얻을 수 있다.

지식을 좀 더 명확하게 정리할 수 있다

혼자서 공부할 때 자신이 공부한 내용이 명확한지에 대한 자신감을 갖지 못하는 경우가 있다. 명확하게 이해하지 못한 내용에 대해 여러 방법으로 확인하는 노력을 할 수 있으나, 그냥 지나치는 경우도 많이 있다. 그러나 스터디그룹을 통해 다른 학생들과 학습할 때는 혼자 명확하게 정리하지 못한 내용에 대해 여러 학생들이 함께 고민하고 분석하고 해결할 수 있는 이점이 있다.

'스터디그룹 효과'에 대한 면담내용[1]

혼자서 할 수 없는 것이라도 함께 하면 가능하다고 생각해요. 늘 결심을 하지만 허사가 되곤 합니다. 아마 나 자신을 이기는 일이 가장 어렵기 때문일 거예요. 하지만 스터디그룹을 운영하면 그룹멤버들과의 약속을 지켜야 한다는 사명감 때문에 적극적으로 공부할 수 있어 원하는 목표에 도달할 수 있다고 생각합니다. 또한 서로가 서로에게 선생님이 되어 줄 수 있습니다. 사실 학원이든 학교든 선생님에게 모르는 문제나 어려운 부분을 질문하기란 쉽지 않습니다. 하지만 스터디를 하게 되면 서로의 공부방법도 공유할 수 있고, 모르는 문제를 서로 해결해 나가면서 좋은 성과를 거둘 수 있습니다.

[OO대학교 4학년 OOO]

공과대학의 경우, 전공 스터디그룹을 구성하면 학습의 효과가 극대화된다고 생각합니다. 어떤 문제에 대한 이해도와 이해하는 방법은 학생마다 상이하고 그 폭도 넓습니다. 가령 문제 하나를 풀어도 그 방법은 다양할 수 있고, 적용되는 이론도 여러 가지일 수 있습니다. 스터디그룹을 통해 내가 알고 있는 것들을 친구들과 공유하면서 내 지식을 다시 한 번 확인할 수 있는 이중학습의 효과도 있다고 생각합니다.

[OO대학교 3학년 OOO]

저는 3학년 때 학과 동기들과 스터디그룹을 구성해서 공부를 했어요. 함께 공부할 교재를 정하고 일주일 동안 공부해 와서 서로 질문하고 대답하는 방식이었고, 또 함께 모여서 임용고사 관련 인터넷 강의를 듣고 토론하기도 했어요. 그런데 혼자 공부하기에 의지가 약한 1, 2학년 때 스터디그룹을 구성하면 강제성을 띠어 공부의 효과가 더욱 클 것 같아요. 저희는 스터디 구성인원이 많은 편이라 스터디 시간을 지키기 힘들었는데, 지각하거나 결석할 때에는 약간의 벌금을 내는 것도 좋은 방법이라 생각해 벌금을 걷었어요.

[OO대학교 4학년 OOO]

2 스터디그룹 구성 시 고려사항

모임 구성

구성원은 서로 신뢰할 수 있고, 책임감이 강한 학생들로 구성하는 것이 바람직하다.

1) 출처: 손연아(2009). 성공적인 대학생활을 위한 학습길잡이(2판). 단국대학교 교육개발인증원.

분위기

- 의견 제시, 토론 등의 활동에 모든 사람이 적극적으로 참여한다.
- 모임에서는 각 구성원들이 자신의 견해를 자유롭게 제시할 수 있는 민주적인 분위기가 형성되어야 한다.

공동목표

- 스터디그룹을 통해 무엇을 얻고자 하는지 공동의 학습목표를 갖도록 한다. 목표를 세울 때에는 크게 지향할 목표를 설정하고, 이를 실천하기 위한 세부적인 목표를 구체적으로 설정하는 것이 좋다.

의견교환 태도

- 자신의 의견을 간결하고 명확하게 말한다.
- 다른 사람의 의견을 경청한다. 특히 자신의 생각만을 고집하지 않도록 하며, 자신이 미처 생각하지 못한 부분을 듣게 되면 열린 태도로 받아들인다.
- 서로의 의견에 대해 분석이나 비판을 하지만 건설적인 방향이어야 한다.
- 문제에 대한 최종 결론에는 모두가 동의하도록 노력한다.

운영

- 스터디그룹 운영규칙을 명확하게 세우고, 이에 모든 구성원들이 동의하여야 한다. 그룹의 각 구성원이 돌아가면서 역할(리더, 서기 등)을 맡는다.

3 스터디그룹 운영방법

스터디그룹 구성

스터디그룹을 구성하여 그 목적을 달성하기까지는 크게 4단계(그룹 구성, 운영 논의, 진행, 평가)를 거쳐 진행되는 것이 일반적이다.

〈표 5-1〉 **스터디그룹의 운영**

단계	내용	내용 설명
그룹 구성	적절한 인원으로 구성	• 2~5명이 적절하다.
	그룹 참여자 특성 파악	• 각 사람의 학업 관련 장단점, 특성, 모임에 대한 기대사항을 서로 파악한다.
운영 논의	목표 및 산출 결과물 논의	• 그룹스터디의 전반적인 학습목표를 정한다.
	역할 결정	• 역할 분배(팀리더, 서기 등) 및 책임사항을 논의한다.
	그룹 운영원칙 결정	• 모임규칙을 어길 경우 어떻게 할 것인지 등 운영원칙을 사전에 결정(예: 시간약속이나 마감일을 어기는 경우, 맡은 부분 미완수 등)한다.
진행	세부활동 진행	• 계획한 시간에 따라 진행한다.
평가	과정 및 결과에 대한 평가	• 스터디그룹을 통해 얻고자 한 것을 얼마나 얻었는지 평가한다(예: 모임 시작시간이 조금 늦었다. 준비된 내용이 도움이 되었다. 애매했던 증명 공식이 이해되어서 좋았다. 모임의 내용이 빗나가지 않아서 좋았다 등).

스터디그룹 운영을 위한 역할분담

스터디그룹이 원활하게 진행되기 위해서는 적어도 전체 모임을 진행하는 팀리더, 모임 내용을 정리하는 서기, 적극적으로 참여하는 참여자의 세 역할이 필요하다. 참여자는 모든 사람에게 해당되나, 팀리더와 서기는 매 모임마다 각각 1인을 선정하는 것이 좋다. 역할을 특별히 고정하지 않는 이유는 모든 사람이 각각 다른 역할을 경험해 봄으로써 서로를 이해하고 협력하는 분위기를 조성하기 위해서다. 리더, 서기, 참여자는 각각 〈표 5-2〉와 같은 역할을 하게 된다.

〈표 5-2〉 **스터디그룹의 역할분담**

역할	수행사항
팀리더 (조장)	• 팀원들의 기여도를 체크하고 아이디어를 평가한다. • 정해진 시간에 따라 주제나 문제가 논의되고 모임이 진행되도록 이끌어 간다. • 막힘없이 순조롭게 토의가 진행될 수 있도록 한다. • 토의내용 및 아이디어를 요약해서 팀원들이 분명히 이해하도록 한다. • 팀 내에서 누구나 의견을 낼 수 있도록 한다. • 서로의 의견이 합의될 수 있도록 돕는다.

서기	• 모임에서 제안된 의견이나 아이디어, 결정된 것 등을 기록한다. • 제안된 안건을 요약하여 정리한다. • 지난 모임에서 기록한 것을 복사하여 다음 모임에 보여 준다. • 공동의 과제를 원활하게 진행하도록 팀리더를 도와준다.
참여자	• 모임 시작시간을 정확히 지키며 자기 몫을 준비해온다. • 모임에서는 과제에 집중한다. • 모임이 원활하게 진행될 수 있도록 협조한다. • 다른 사람들의 말을 적극적으로 들어주고 자기 의견에 대한 방어는 최소화한다. • 모임이 진행되는 동안이나 후에 과제가 공정하게 분배될 수 있도록 협조한다.

Tip

스터디그룹 운영의 성공수칙 5가지

1. 자신과 공부목표나 기대가 일치하는 친구들을 찾도록 노력한다.
2. 시간계획을 철저히 세워 일정한 간격으로 주기적으로 만나 공부할 수 있도록 한다. 장시간 단위의 빽빽한 공부보다는 짧은 시간 단위로 여러 번 공부하는 것이 효과적이다.
3. 공부할 학습내용을 항목별 목차로 정리하고, 항목별로 과제에 집중할 사람을 정하고, 그 사람이 다른 친구들을 가르치는 방식으로 운영한다. '가르치는 것'은 배우기 위한 가장 좋은 방법이다.
4. 모임에서 다루었던 학습자료나 모임일지 등은 파일로 정리하여 스터디그룹 구성원들이 공유하여 활용하는 데 용이하도록 한다.
5. 매 모임마다 공부가 끝나고 나서 '스터디그룹 운영 평가표'를 활용하여 스터디그룹 운영에 대한 평가를 하고 문제점으로 드러난 부분은 다음 모임에서 어떻게 개선할 것인지에 대해 친구들과 토의한다.

생각해보기

1. 혼자서 공부를 할 때 학습효과 향상 측면에서 어떤 어려움이 있는가?
2. 스터디그룹을 운영하기 위해 어떤 준비를 먼저 하여야 하는가?
3. 주변의 성공적인 스터디그룹 운영 사례를 찾아보자.

학습전략 포트폴리오 5

스터디그룹 운영하기

스터디그룹과 관련된 조사결과에 따르면, 학생들이 개별적으로 공부하는 것과 더불어 그룹 공부를 보완한 학생들의 경우에 성적이 더 많이 향상되었다고 한다. 스터디그룹 학습은 공부에 대한 의욕이 떨어질 때도 공부하는 것을 더 즐겁게 만들어 주어 학습동기를 다시 불러일으키는 자극제가 되곤 한다. 또한 스터디그룹 활동에 참여하여 팀워크를 수행한 경험은 대학을 졸업한 이후 성공적인 직장생활을 위한 소중한 준비가 될 수 있다.

그러면 스터디그룹 운영의 구체적인 전략에 대해 학습해 보자.

1 스터디그룹 운영을 위한 시뮬레이션

각 학문 영역에 따라 학습내용의 본질적 특성 및 구조가 다르기 때문에 스터디그룹은 매우 다양한 형태로 운영될 수 있다. 예를 들면, 수학이나 과학과목에서는 학생들과 함께 지난 시험문제들을 비롯한 다양한 예제들을 풀어 보는 문제풀이 모임 형태를 띠기도 하고, 또 다른 과목의 경우 강의시간에 새로이 소개된 개념들에 대해 깊이 있게 토의해 보는 기회를 갖기도 한다. 혹은 강의시간에 부여된 과제를 동료들과 함께 해결하기 위한 스터디그룹을 운영할 수도 있다. 교과목별, 스터디그룹 운영의 목적별로 다양한 방법으로 스터디그룹을 운영할 수 있는데, 이에 대한 실제적인 방법을 시뮬레이션을 통해 찾아보자.

스터디그룹 운영을 위한 시뮬레이션(예)

관련 교과목명	•
스터디그룹 목적	•
모임일시 및 장소	• 언제: • 어디서:

단계	내용	실제 적용방안 탐색			
그룹 구성	적절한 인원 구성 (2~5명)	이름	장점	단점	모임에 대한 기대사항
		미진	•	•	•
	그룹 참여자 특성 파악 (장단점/기대사항)	동수	•	•	•
		은미	•	•	•
운영 논의	목표 및 산출 결과물 논의 (학습목표/결과물)	학습목표:			
		기대되는 결과물:			
	역할 결정 (팀리더/서기/총무)	**이름**	**역할**	**책임사항**	
		미진	팀리더	모임 진행, 운영 평가	
		동수	서기	자료정리, 진행시간 점검, 운영 평가	
		은미	총무	연락, 장소 및 시간확정, 운영 평가	
	그룹 운영원칙 결정 (시간엄수/역할엄수)				
진행	세부 활동 진행계획 (1회 모임기준의 예)	과정	소요시간	활동 및 결과	
		오늘 모임을 통해 기대하는 결과물 공유	3분	• 쉬운 과제 3개 해결 • 어려운 과제 3개 해결	
		구체적인 스터디그룹 활동	46분	• 각 멤버들이 쉬운 문제 하나씩을 풀어 설명한다(각 4분). • 문제해결방법을 잘 아는 학생 중심으로 어려운 문제를 같이 푼다(각 17분).	
		질의응답	21분	• 스터디그룹 활동 시 해결되지 않은 내용에 대해 서로 질의응답을 한다.	
		다음 모임 상의하기	10분	• 다음 모임 주제 및 구체적인 운영방식에 대해 논의 및 합의한다.	
		오늘 스터디그룹 활동에 대한 평가	10분	• 시간계획을 좀 더 잘 지키자. • 오늘 해결해야 할 문제를 하나 해결하지 못했다.	
평가	과정 및 결과에 대한 평가계획 (전체적인 평가)	• •			

2 스터디그룹 운영을 위한 역할분담활동 평가

스터디그룹이 원활하게 진행되기 위해서는 적어도 전체 모임을 진행하는 팀리더, 모임 내용을 정리하는 서기, 적극적으로 참여하는 참여자의 세 역할이 필요하다. 팀리더, 서기, 참여자는 각각 다음과 같은 역할을 하게 된다. 다음의 체크리스트를 활용하여 스터디그룹 운영 시 분담한 각각의 역할 수행을 잘하고 있는지를 평가해 보자.

역할	평가 내용	항상 그렇다	자주 그렇다	가끔 그렇다	거의 그렇지 않다	전혀 그렇지 않다
팀리더 (조장)	• 팀원들의 기여도를 체크하고 아이디어를 평가한다.					
	• 정해진 시간에 따라 주제나 문제가 논의되고 모임이 진행되도록 이끌어 간다.					
	• 막힘없이 순조롭게 토의가 진행될 수 있도록 한다.					
	• 토의내용 및 아이디어를 요약해서 팀원들이 분명히 이해하도록 한다.					
	• 팀 내에서 누구나 의견을 낼 수 있도록 한다.					
	• 서로의 의견이 합의될 수 있도록 돕는다.					
서기	• 모임에서 제안된 의견이나 아이디어, 결정된 것 등을 기록한다.					
	• 제안된 안건을 요약하여 정리한다.					
	• 지난 모임에서 기록한 것을 복사하여 다음 모임에 보여 준다.					
	• 공동의 과제를 원활하게 진행하도록 팀리더를 도와준다.					

참여자	• 모임 시작시간을 정확히 지키며 자기 몫을 준비해 온다.					
	• 모임에서는 과제에 집중한다.					
	• 모임이 원활하게 진행될 수 있도록 협조한다.					
	• 다른 사람들의 말을 적극적으로 들어주고, 자기 의견에 대한 방어는 최소화한다.					
	• 모임이 진행되는 동안이나 후에 과제가 공정하게 분배될 수 있도록 협조한다.					

3 스터디그룹 운영의 전체적인 평가

다음은 스터디그룹이 얼마나 효율적으로 진행되는지, 어떤 부분의 개선이 필요한지 알고자 할 때 점검해 볼 수 있는 체크리스트다. 아래의 평가틀을 활용하여 스터디그룹 운영의 전체적인 평가를 실시해 보자.

평가 내용	항상 그렇다	자주 그렇다	가끔 그렇다	거의 그렇지 않다	전혀 그렇지 않다
1. 구성원을 신뢰할 수 있고 독립적이다.					
2. 구성원 모두가 맡은 것에 책임을 다한다.					
3. 모임 구성 후 각각 자신이 잘하는 부분과 그렇지 않은 부분을 말하여 서로 장단점을 이해하고 존중한다.					
4. 의견 제시, 토론 등에 모든 사람이 적극적으로 참여한다.					
5. 구성원들이 자신의 감정을 자연스럽게 표현할 수 있다.					
6. 그룹 활동을 통해 무엇을 얻고자 하는지 공동의 학습목표를 갖고 있다.					
7. 주제에서 벗어나지 않는다.					
8. 모임에서 자신의 의견을 말할 때는 핵심 내용을 간결하고 명확하게 말한다.					

9. 모임에서는 자신의 생각만을 고집하지 않으며, 열린 태도로 다른 사람의 의견을 경청한다.					
10. 자신과 다른 의견이 나올 때에는 부담 없이 이의를 제기할 수 있다.					
11. 자신이 모르는 내용이나 용어가 나오면 추가설명을 요청할 수 있다.					
12. 서로의 의견에 대해 분석이나 비판을 하지만 건설적인 방향으로 실시한다.					
13. 문제에 대한 결론에는 모두가 동의한다.					
14. 구성원이 돌아가면서 역할(팀리더, 서기)을 맡는다.					
15. 모임 때마다 그룹 운영규칙을 상기한다.					

학습전략 6

기억력 향상을 위한 노트 필기 전략

노트 필기는 수업과 자신을 연결해 주는 대화의 장이다. 아무리 머리가 좋은 학생이라도 수업시간에 한 번 들어서 모든 것을 자기 것으로 만든다는 것은 불가능하다. 그렇다고 단순히 교수님이 수업시간에 하신 말씀을 그대로 받아 적는다면 카메라나 녹음기를 쓰면 되지 굳이 힘들여서 노트를 만들 필요는 없을 것이다. 더욱이, 수업내용을 받아 적느라 정작 교수님이 말씀해 주신 내용을 이해하지 못하고 지나간다면 이보다 더 어리석은 행동은 없을 것이다.

수업을 들으면서 강의 노트를 작성한다는 것은 세 가지 행위(듣기, 쓰기, 말하기)를 동시에 해야 하는 복합적인 활동이다. 교수님에게 주목하면서 정보를 받아들여 머릿속에서 핵심 아이디어를 찾아내는 한편, 그 핵심 아이디어를 뒷받침하는 세부 정보를 나중에 읽고 이해할 수 있도록 작성해야 하는 것이다.

이러한 노트 필기 습관은 정보의 체계적인 정리와 관리능력을 길러 주어 학생신분일 때뿐만 아니라 졸업 후에도 평생학습자로서 학습활동을 하는 데 많은 도움을 준다.

그러면 노트 정리를 통해 학습내용을 완벽하게 자기 것으로 만들기 위한 전략에는 어떤 것들이 있는지 알아보도록 하자.

1 수업 단계별 노트 필기 방법

1) 수업 전

강의 듣기 좋은 자리를 선택한다

판서내용이나 교수님이 제시하는 자료가 잘 보이고 강의내용이 잘 들리는 곳을 선택한다.

수업 전에 교재를 START 기법으로 읽고 예습한다

START 기법은 연역적 논리에 따라 목차와 소제목, 키워드를 훑어가며 전체 내용을 파악하는 읽기 방법이다. 이 방법을 활용하면 강의내용을 보다 잘 이해할 수 있고, 수업에 대한 집중도가 높아져서 노트 필기를 효과적으로 할 수 있다.

빠짐없이 출석한다

결석을 하면 나중에 다른 사람에게 노트를 빌려 보게 되더라도 자신이 생각하고 정리한 것이 아니기 때문에 이해가 잘 되지 않는다.

2) 수업 중

수업 중에는 경청과 필기를 동시에 진행한다. 필기방법에는 여러 가지가 있는데, 코넬 대학의 Walter Pauk 교수는 다음과 같은 필기방법(5R)을 제시하였다.

- **Record:** 강의의 중요한 내용만을 필기한다.
- **Reduce:** 강의에서 전체적인 것과 세부적인 것을 구분하여 요약하면서 필기한다.
- **Recite:** 강의내용이 생생하게 기억될 때 노트 오른편에 남겨둔 여백에 핵심 단어나 단서를 적어놓아 복습할 때 활용한다.
- **Reflect:** 완전히 이해하기 위해서 필기내용을 곰곰이 다시 생각해 본다.
- **Review:** 기억과 암기를 위해서는 반복적인 복습이 필요하다. 이때 노트 왼편의 여백에 적어놓은 핵심 단어나 단서를 보고 오른편의 내용을 기억해 내는 방법은 매우 효과적이다.

3) 수업 후

수업이 있었던 당일에는 반드시 노트를 정리해놓아야 한다. 사람은 하루가 지나면 보고 들은 내용의 50% 이상을 잊어버린다고 한다. 기억이 생생할 때 노트를 정리해놓으면 언제든지 복습하는 데 많은 도움이 된다.

필기의 내용을 재구성한다

강의를 들으면서 필기할 때 강의내용의 전체적인 구조나 흐름을 파악하면서 기록하는 데에는 한계가 있다. 또한 교수님의 강의가 학습내용의 구조나 흐름에 따라 이루어지지 않을 때도 있다. 그러므로 수업 후에는 교수님이 제시한 강의주제에 유의하면서 빠진 부분은 보충하고 불필요한 부분은 삭제하여 필기내용을 재구성하도록 한다.

용어의 개념을 정의한다

매 강의마다 새롭거나 중요하게 등장하는 용어는 강의내용을 이해하는 데 필수적이다. 그러므로 강의내용을 생생하게 기억할 수 있을 때 그 용어의 개념을 명확히 정의하여 노트에 적어놓도록 한다.

2 나만의 노트를 개발하기 위한 방법[1)]

자신이 가장 쉽게 작성할 수 있고, 또 가장 잘 활용할 수 있는 방법으로 '나만의 노트'를 개발하여 사용하면 학습효과가 배가될 수 있다. 무엇을, 어떻게, 왜 필기할 것인가를 자신에게 묻고 그 답을 가지고 노트 정리 방법을 구상해 보면 자신만의 독특한 학습법이 담긴 노트가 탄생할 것이다. 아래에서는 자기만의 노트 필기 전략을 찾는 데 도움이 될 수 있는 '코넬(Cornell) 대학의 노트 정리 방법'을 소개하고자 한다.

---

1) 출처: 손연아(2009). 성공적인 대학생활을 위한 학습길잡이(2판). 단국대학교 교육개발인증원.

코넬식 노트 정리 방법 설명

- 노트에 세로와 가로로 줄을 그어 '단서란' '요약란' 그리고 '노트 정리란'으로 구분하여 구성한다([그림 6-1] 참조).
- 수업시간에 '노트 정리란'에 강의내용을 필기한 후, 시험공부를 하면서 '단서란'에 '노트 정리란'에 기록해 둔 내용과 관련된 질문을 만들고, '요약란'에는 해당 쪽의 내용을 한두 문장으로 요약한다.
- '단서란'의 이점: '노트 정리란'에 기록해 둔 내용과의 관련성도 선명해지고, 그 단원의 요점도 분명해진다.
- '요약란'의 이점: 우선 한쪽에 가득 정리한 노트 내용을 간략하게 요약해 줄 뿐만 아니라 복습할 때 적어 놓았던 것의 의미를 집약적으로 파악, 기억하기 쉽게 해 준다.
- 시험대비를 위한 수업내용을 총정리할 때: '노트 정리란'의 내용을 종이로 가린 후 '단서란'에 있는 주요 질문을 보면서 스스로 이에 대해 답을 해 보는 방식으로 시험공부를 해 나갈 수 있다. 이때 총정리로 '요약란'의 내용을 중심으로 시험범위 내용에 대한 전체적인 조감도를 효과적으로 그릴 수 있다.

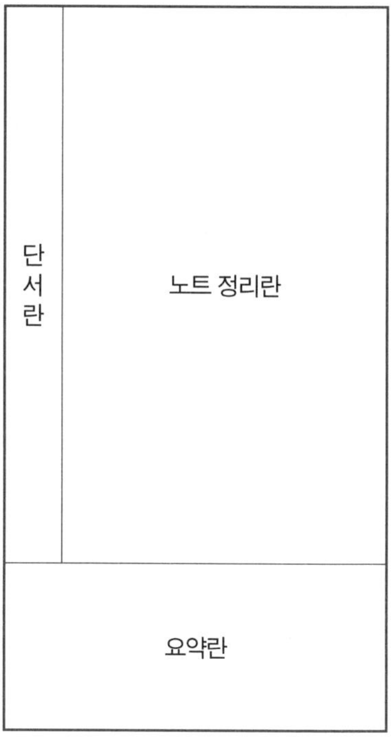

[그림 6-1] 코넬식 노트 정리 방법

코넬식 노트 정리 방법을 활용한 수업내용 정리(예시)	
단서란	노트 정리란 [청년발달심리학] 207 – ○○○ 교수– 9월 14일 (월요일)
	유사 용어의 비교
비행, 범죄, 일탈은 어떻게 다른가?	• 비행: 본래 법률적 용어이지만 심리학에서는 주로 청소년에게만 쓰는 용어다. • 범죄: 성인인 경우에 적용되는 용어다. • 일탈: 주로 사회학에서 쓰는 용어로 비슷한 개념으로 쓰이기도 한다.
	비행이론
심리학적 비행이론에는 어떤 것들이 있나?	비행이론은 거시적 관점에서 사회구조와 통제를 바탕으로 한 사회학적 이론이 주종을 이루며, 개인적 측면을 강조하는 심리학적 이론과 생물학적 이론이 존재한다.
	1. 심리학적 이론
정신지체이론이란?	(1) 정신지체이론 낮은 지능으로 인한 법규의 오해나 자신이 저지른 행동의 결과를 예측하지 못하였기 때문에 범죄를 일으키는 것으로 보는 이론이다.
성격이론이란?	(2) 성격이론 특수한 성격이 범죄 발생과 관련이 있다고 보는 이론이다. 최근에 사회문제가 되고 있는 반사회적 성격장애가 그 대표적인 예다.
정신병적 이론이란?	(3) 정신병적 이론 성격이론과 다소 중복되는 점이 있으나, 특수한 성격장애보다 그 증상이 깊은 것이 특징이다. 성욕을 풀기 위해 도둑질을 하는 도벽, 정신이상증세가 그 예다.
정신분석적 이론이란?	(4) 정신분석적 이론 어렸을 때의 죄책감 때문에 비행을 저지르는 것으로 해석 또는 본능적인 공격성을 비행의 원인으로 간주한다.
사회학습이론이란?	(5) 사회학습이론 비행을 학습되는 것으로 본다. 가령 공격행동이 모방에 의해 학습될 수 있다는 증거가 있다.
자아개념이론이란?	(6) 자아개념이론 자아개념은 생득적으로 주어진 개체의 특성을 바탕으로 환경과의 상호작용에 의하여 형성된다. 자아개념이 역기능적 역할을 하면 부적응이 촉발되어 비행을 저지르게 된다.
요약란 비행은 일탈이나 범죄와 구분되는 개념이다. 비행이론은 크게 사회학적 이론, 심리학적 이론, 생물학적 이론 등 세 가지로 나눌 수 있다. 먼저 심리학적 이론으로는 6개를 들 수 있는데, 정신지체이론, 성격이론, 정신병적 이론, 정신분석적 이론, 사회학습이론, 자아개념이론 등이 그것이다.	

3 학습능률을 높이는 10단계 노트 필기 방법

1단계: 마음에 드는 좋은 바인더를 구하라

가능한 한 첨부하거나 제거하기 손쉬운 바인더를 활용하면 헤쳐 묶기를 반복할 수 있어 좋다.

2단계: 노트 맨 위에 강좌명, 날짜, 제목, 쪽수 등을 기재한다

항상 새로운 페이지에 시작하고, 자신만의 조직체계를 만들어서 분류와 종합이 쉽도록 표시한다.

3단계: 수직으로 3등분을 한다

수직으로 3등분을 하여 강의내용은 중간 부분에 기입하며, 왼쪽엔 제목과 요약을 적고, 오른쪽엔 자신이 공부하며 보충한 부분을 적는다. 시험공부시간이 부족할 때에는 요약부분만 읽어도 강의의 흐름을 알 수 있다.

4단계: 핵심 포인트를 놓치지 않는다

필기했는데도 나중에 무슨 말인지, 뭐가 중요한지 모른다면 큰일이다. 핵심 포인트를 놓치지 않으려면 훈련이 필요하다. 강의 전에 목차와 큰제목, 소제목 등을 확인하거나 연구문제, 요약 등을 읽어둔다. 수업계획서의 주별 강의내용을 확인하는 것은 필수다. 열심히 경청하며 강의내용을 모두 적으려 하지 말고, 흐름을 파악하여 핵심 포인트라 느껴지면 그것의 개념과 세부사항과 예를 적어놓으면 복습 때 도움이 된다.

5단계: 자신만의 기호를 고안한다

예

☆	(특히 중요함)	=	(같다, ~이다)	cf	(비교)
※	(확인해야 할 점)	def	(정의)	≠	(다르다, ~아니다)
bk	(배경)	imp	(중요)	?	(의문사항)
→	(그러므로)	sig	(의미 있는)	ex	(예를 들면)
&	(그리고)	↑	(상승)	∴	(그러므로)
vs.	(~ 대)	〈 , 〉	(증가, 감소)	∵	(왜냐하면)
f	(빈도)	w/	(~와)	w/o	(~없이)

6단계: 수준별 구획을 잘 나눈다

중요개념을 정리하면서 내용을 조목별로 나눈다. 번호체계를 적절히 활용하며, 제목을 잘 붙여야 한다. 제목과 번호체계 구성능력은 전체적인 흐름의 파악과 개념들의 관계를 이해하는 데 반드시 필요한 요소다.

7단계: 교수님이 강조한 부분을 표시한다

교수님이 칠판에 적거나, 보충설명하거나, 언어적인 단서로 강조한 내용은 반드시 표시를 해 둔다. '다음 5단계는' '중요한 4가지 요인은' '결과적으로' '그러므로' 등과 같은 언어적 단서 뒤에는 강조하고자 하는 내용이 반드시 제시되기 때문에 필기에 주의를 기울여야 한다. 교수님들마다 많이 사용하는 독특한 언어적 단서를 확인해두면 편리하다.

8단계: 읽기 과제나 참고문헌은 반드시 기록해 둔다

강의 도중 교수님이 추천해 주시는 참고자료는 꼭 기록해 둔다. 관련된 자료들은 내용의 깊이 있는 이해가 필요할 경우나, 추후 관련된 리포트를 쓸 때 등 시간이 지난 후에도 매우 중요한 자료로 활용될 수 있다.

9단계: 강의가 끝난 후 30분 안에 꼭 노트를 검토한다

독일의 심리학자 Ebbinghaus의 망각곡선에 따르면, 1시간 후면 새로운 정보의 1/2 이상을 잊게 되며, 한 달 후에는 80%의 정보가 사라진다고 한다. 그러므로 강의 후 30분을 잘 활용하여 정리하는 것이 기억의 한계를 극복하는 가장 좋은 방법이다.

10단계: 전체적인 흐름을 정리하고 의문점을 해결한다

강의 후 20분 안에 재검토한 강의노트는 일주일 안에 반드시 복습해야 한다. 의문점이 있으면 다음 강의에서 교수님에게 질문하거나 참고서적을 통해 완전히 이해하도록 한다. 전체적인 개요를 체계적으로 살펴보고 재정리하며, 개념과 이론 간의 상호관련성과 의미를 이해하도록 한다.

4 노트 필기를 통한 복습효과

노트 필기의 가장 중요한 장점은 즉각적으로 복습할 수 있는 자료를 준다는 것이다. 노트 필기 내용을 매일 복습하는 것은 정보회상률이 떨어지는 것을 막아준다.

[그림 6-2]를 보면 노트 필기 내용을 복습하지 않았을 경우, 6일 후에는 들은 것의 20~25%만을 회상할 수 있다. 6개월이 지났을 때는 들은 것의 22%와 본 것의 24% 정도만을 기억할 수 있다.

그러나 5일 동안 연속해서 노트 필기 내용을 복습한다면 [그림 6-3]에서 보는 바와 같이 6일 동안 80~85%의 정확도로 정보를 회상할 수 있다. 이러한 백분율은 노트 필기하기의 중요성과 매일 복습하는 것의 중요성을 말해 주는 것이다.

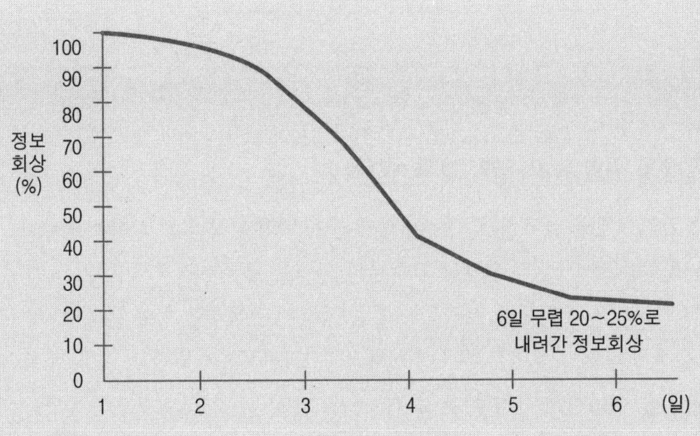

[그림 6-2] 학습곡선: 복습하지 않았을 때 읽거나 들은 정보회상률

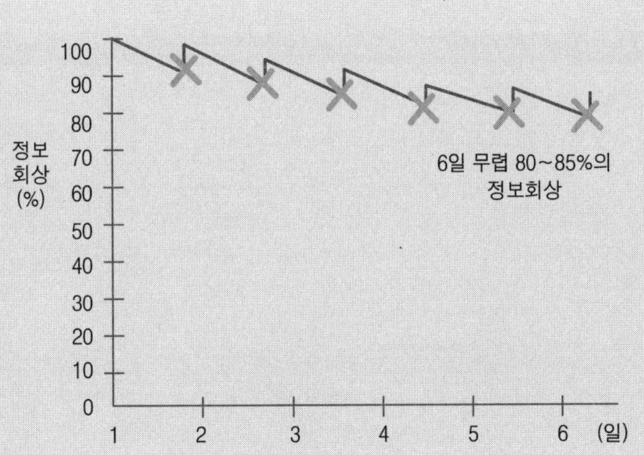

[그림 6-3] 매일 복습했을 때의 학습곡선

Tip

기억력 향상을 위한 노트 필기 전략 5가지

1. 자신의 기억력만을 믿지 말고 강의시간에 들은 내용을 반드시 기록해 둔다.
2. 강의내용에 대한 자신의 생각과 교수님의 설명을 구분하여 기록한다. 노트 한쪽에 자신의 아이디어나 의문을 적어두는 것은 강의에 주목하는 좋은 방법이다.
3. 강의 중에 교수님이 설명한 비유나 실례도 메모했다가 기록한다. 이후에 복습할 때 강의내용을 생생하게 기억할 수 있다.
4. 강의시간에 정리한 내용을 가능한 한 빨리 재정리하면서 복습한다. 바로 정리를 하지 않으면 어떤 내용이 빠졌는지 제대로 알 수 없기 때문이다.
5. 노트를 재정리할 때 교재에서 읽은 내용과 강의시간에 필기한 내용을 비교하면서 정리한다. 이때 차트, 개념도, 아이디어맵 등을 활용하여 정리하면 효과적이다.

생각해 보기

1. 예전의 나의 노트 필기 방법의 개선점은 무엇인가?
2. 이 장에 대한 학습을 마친 후, 어떤 방법으로 노트 필기하기를 원하는가?

학습전략 포트폴리오 6

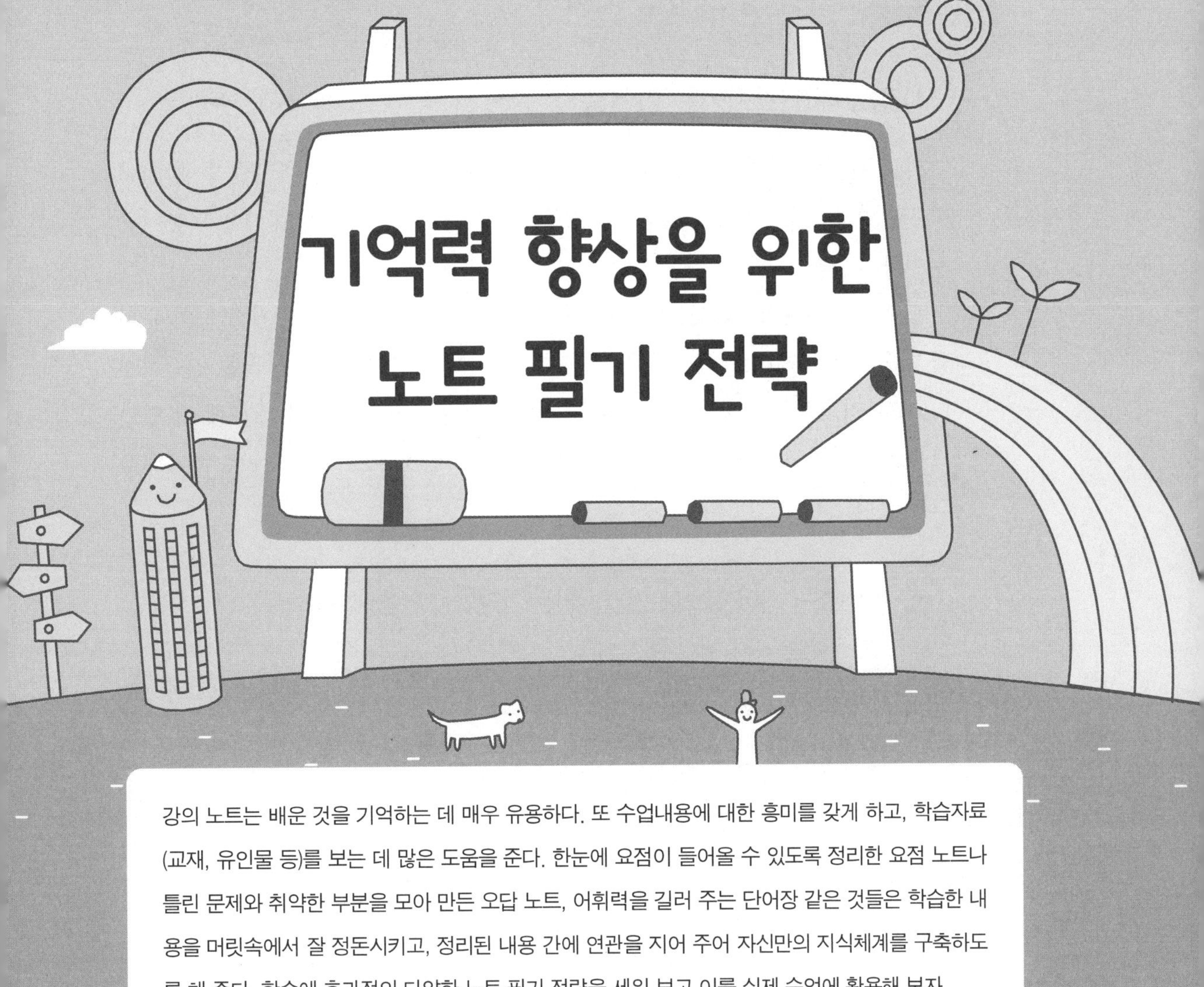

기억력 향상을 위한 노트 필기 전략

강의 노트는 배운 것을 기억하는 데 매우 유용하다. 또 수업내용에 대한 흥미를 갖게 하고, 학습자료(교재, 유인물 등)를 보는 데 많은 도움을 준다. 한눈에 요점이 들어올 수 있도록 정리한 요점 노트나 틀린 문제와 취약한 부분을 모아 만든 오답 노트, 어휘력을 길러 주는 단어장 같은 것들은 학습한 내용을 머릿속에서 잘 정돈시키고, 정리된 내용 간에 연관을 지어 주어 자신만의 지식체계를 구축하도록 해 준다. 학습에 효과적인 다양한 노트 필기 전략을 세워 보고 이를 실제 수업에 활용해 보자.

1 기억력 향상 방법 익히기

1) 장소에 연결시키는 기억술

서로 관계없는 대상들을 특정한 순서에 따라 기억해야 할 때 유용한 방법이다. 잘 알고 있는 장소의 심상에다 기억하려는 새로운 대상의 심상을 덧붙이는 것이다.

집으로 들어갈 때, 대문, 계단, 현관, 마루, 부엌, 안방, 화장실, 거실 등의 순서를 마음속에 차례대로 선명하게 떠올리고 거기에 기억하려는 대상들을 연결시킨다. 코끼리, 나무, 자동차, 강, 교회를 기억해야 한다면 코끼리가 대문에 서 있는 모습을 상상하고, 계단 옆에 나무를 상상한다. 이런 식으로 마음속으로 차례대로 그려 본다.

✎ 2인 1조가 되어 장소에 연결시키는 기억법을 연습해 보자

〈연습의 예〉 전화, 책장, TV, 컴퓨터, 싱크대를 기억해야 한다면……

〈장소에 연결시키는 기억술〉

2) 그림을 활용한 기억술

기억할 내용을 그림으로 그려 보거나 마음속에 그려 본다. 좌뇌는 언어정보를 처리하는 역할을 하고, 우뇌는 그림 같은 정보를 처리하는 역할을 한다. 언어를 그림으로 바꾸어 본다면, 여러분은 뇌의 모든 부분을 다 사용하는 셈이다.

✎ 기억할 내용을 예시로 하나 선정하고, 그림으로 그려 가면서 기억하는 것을 연습해 보자.

〈연습의 예〉 녹색식물의 광합성 과정

〈그림에 의한 기억술〉

3) 범주로 기억하는 방법

기억할 내용을 범주화시키는 것이다. 우선 내용을 훑어 보면서 내용 간의 유사점과 차이점을 나누고 내용들을 범주화하여 조직한다. 그리고 범주에 번호를 붙이고, 각 범주에 넣을 항목 수를 결정하고, 해당 내용을 넣는다. 각 범주에 들어간 항목들을 여러 번 반복해서 기억한다.

기억할 내용을 예시로 하나 선정하고, 그림으로 그려 가면서 기억하는 것을 연습해 보자.

〈연습의 예〉 자연환경과 인공환경의 비교

〈범주화에 의한 기억술〉

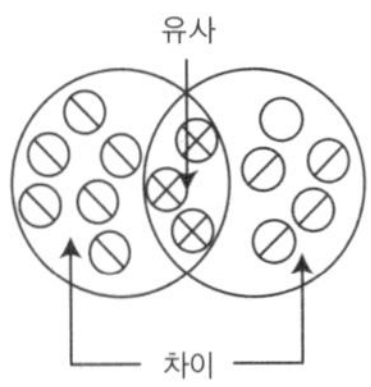

2 미국 코넬 대학의 노트 정리법을 활용하여 노트 필기하기

코넬식 노트 정리 방법을 활용한 실제 노트 필기 연습

이번 학기에 수강하는 교과목 중 하나를 선택하여 코넬식 노트 필기 방법을 활용하여 실제 연습해 보자. '노트 정리란'의 가장 위쪽에 '교과목명' '수업일시(날짜 및 요일)' '담당교수명' 등을 기입한 후, 다음의 노트 정리 양식에 따라 노트 필기 연습을 하고, 다른 학생들과 개선점을 토의해 보자.

단서란	노트 정리란 [교과목명 / 수업일시(날짜, 요일) / 담당교수명]
요약란	

3 개념도를 활용하여 내용 정리하기

교재를 읽거나 강의를 들은 후에 내용 정리하는 좋은 방법 중의 하나는 개념도(concept map)를 그리는 것이다. 개념도란 교재에서 다룬 주제, 주요 아이디어, 관련정보 등의 상호관계를 쉽게 이해할 수 있도록 시각적으로 위계적인 측면을 고려하여 그린 것을 말한다. 개념도를 활용하면 방대한 학습내용이 어떻게 조직되어 있고 관련되어 있는지 쉽게 파악할 수 있어서 좋다. 나아가 자신이 읽은 내용이나 강의내용을 자신의 시각에서 재구성한다는 면에서 능동적인 자세로 학습하게 된다.

개념도 그리는 순서

① 특정 교과목에서 하나의 주제나 개념을 선택한다.

② 교재에서 다룬 정보를 어떤 식으로 구분할지 결정한다. 즉, 시간대별 흐름을 보아야 하는지, 각 개념이나 아이디어에서 파생되는 사항들을 나눌 것인지, 각 부분을 위계적 흐름에서 보아야 하는지 등을 판단한다.

③ 별도의 종이에 주요 아이디어, 주요 제목, 용어 등을 각각 적어서 같은 영역별로 나누어 놓는다. 영역별로 구분한 것이 만족스러울 때까지 이 단계를 몇 번 반복할 수 있다.

④ 위 단계에서 구분한 것을 기초로 한 장의 종이에 개념도를 그린다. 위의 세 번째 단계가 번거롭다고 생각되는 경우, 바로 개념도를 그리면서 여러 번의 수정절차를 거칠 수 있다.

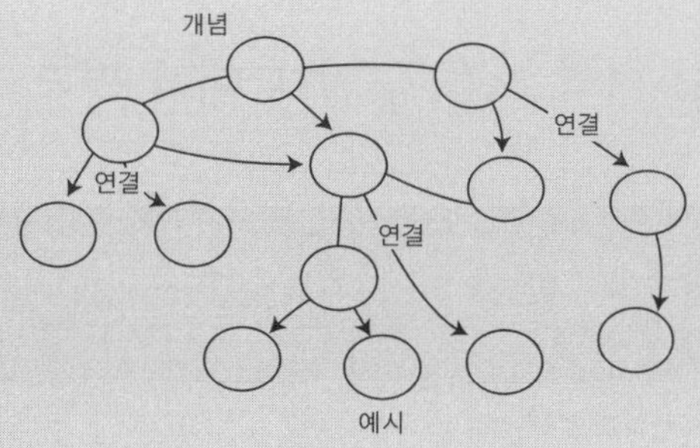

[그림 6-5] 개념도 그리는 방법(예)

학습한 내용 중에 한 가지 개념을 추출하여 개념도를 그려 보고 수정할 점을 찾아보자

〈연습의 예〉 개념 추출: 생태계의 평형

〈개념도 그리기〉

4 수업 단계별 나의 노트 필기에 대한 평가

수업 단계	평가 내용	항상 그렇다	자주 그렇다	가끔 그렇다	거의 그렇지 않다	전혀 그렇지 않다
수업 전	• 강의 듣기 좋은 자리를 선택한다.					
	• 수업 전에 교재를 START 기법으로 읽고 예습한다.					
	• 빠짐없이 출석한다.					
수업 중	• Record: 강의의 중요한 내용만을 필기한다.					
	• Reduce: 강의에서 전체적인 것과 세부적인 것을 구분하여 요약하면서 필기한다.					
	• Recite: 강의내용이 생생하게 기억될 때, 노트 오른편에 남겨둔 여백에 핵심단어나 단서를 적어놓아 복습할 때 활용한다.					
	• Reflect: 완전히 이해하기 위해서 필기 내용을 곰곰이 다시 생각해 본다.					
	• Review: 기억과 암기를 위해서는 반복적인 복습을 한다. 이때 노트 오른편의 여백에 적어놓은 핵심 단어나 단서를 보고 왼편의 내용을 기억해 내는 방법을 활용한다.					
수업 후	• 필기의 내용을 재구성한다.					
	• 용어의 개념을 정의한다.					

학습전략 7

A+ 리포트 작성하기

텔레비전과 전자매체의 만연에도 불구하고 글을 통한 의사소통은 인간사회에서 여전히 중요한 기능을 하고 있다. 글쓰기 기술은 철자법을 아는 초보적인 수준에서부터 글로써 자신의 생각을 표현하고 오랜 준비과정을 거쳐서 보고서를 작성하는 것까지를 포함한다. 이러한 글쓰기 기술의 종합적 적용 능력이 바로 리포트 작성으로 드러난다고 할 수 있다.

좋은 리포트를 작성하기 위해서는 쓰기 기술이 밑받침되어야 한다. 쓰기 기술은 학교공부나 사회생활에서 모두 필수적인 항목이다. 학교에서는 과제 작성, 학기말 보고서 작성, 서술시험, 독서감상문 작성, 영화비평문 작성 등에 필요하며, 사회생활에서는 취업을 위한 이력서 쓰기, 자기소개서, 공문 작성, 기획안 작성 등의 업무에 필요하다.

지금부터 글쓰기의 일반적 절차와 리포트 작성방법에 대해 알아보도록 하자.

고등학교와 달리 대학공부에서는 리포트가 매우 큰 비중을 차지한다. 리포트를 가리켜 대학공부의 꽃이라고 부르기도 하는 이유다. 학교공부에서뿐만 아니라 직장생활에서도 리포트 작성과 발표는 중요한 능력이다. A^+ 리포트를 위한 효과적인 전략이 있을까? 여기에서는 작성목적에 따른 리포트 유형을 알아보고, 효과적인 리포트 작성을 위한 일반적 단계와 글쓰기의 유의사항을 알아본다.

1 리포트의 유형

에세이 형식의 리포트

- 인문과학 및 사회과학 계통의 리포트
- 체제는 서론, 본론, 결론으로 구성되나 자유로운 형식 가능
- 영화비평문, 서평, 이슈에 대한 주장문

실험 및 조사보고서 형식의 리포트

- 조사 및 실험활동의 정리
- 선행 연구나 이론 및 원리 등 이론적 배경 기술 포함
- 조사 및 실험방법 기술(연구절차 및 연구대상, 연구일정 포함)
- 조사 및 실험결과 제시
- 조사 및 실험결과에 대한 자신의 해석 및 논의
- 요약 및 결론 제시

2 리포트의 목적

폭넓은 독서

학생이 한 권의 교재내용이나 교수 한 사람의 견해에 얽매이지 않도록 하기 위

해 폭넓은 독서를 유도한다.

수업내용의 보충

강의실에서 충분히 다루지 못한 문제, 다루기 어려운 문제 등에 대해 학생이 스스로 조사해 보고 다루어 볼 수 있도록 기회를 부여한다.

비판력 배양

특정 주제와 관련 있는 여러 자료를 수집, 분석, 평가하는 과정에서 비판적 사고력을 기른다.

체계적 자료정리 훈련

학생의 지식과 수집한 자료를 체계적 정리 및 반증을 갖추어 명확하고 논리적, 효율적인 방법으로 표현할 수 있는 훈련을 시킨다.

학생 반응확인 및 학생평가

수업에 대한 학생의 학습과정을 모니터하고 학생의 학업성취 정도를 확인한다.

3 리포트 작성 단계

1) 주제 정하기

지정 주제일 경우

- 교수가 요구하는 주제내용을 잘 파악해야 한다.
- 정해진 시간, 리포트의 분량, 자신의 여건 등을 충분히 고려해야 한다.

주제를 직접 결정해야 할 경우

- 해당 강좌와 관련 있는 내용 중 흥미를 가지고 있는 주제
- 미해결의 문제나 비판의 소지가 있는 주제
- 자기 능력에 알맞은 주제
- 폭이 좁고 깊이가 있는 주제
- 독창적이고 참신한 주제
- 막막하면 일단 참고문헌 검색부터 해 본다.

2) 자료수집 및 검토하기

1차 자료(직접적 자료)

- 직접적인 현장조사, 관찰, 측정, 실험 등

2차 자료(간접적 자료)

- 사전류를 이용하여 주제어에 대한 개념을 이해하고 정의한 후, 주제어를 검색어로 하여 도서관 전산망을 통해 자료를 수집하거나, 주제어와 직접 관련된 학위 논문에 있는 참고문헌을 중심으로 수집 자료에 대해 평가하면서 권위 있는 업적을 우선 선별하여 수집해야 한다.
- 단행본은 출판사, 연구논문이라면 학술지의 권위에 비추어 선별한다.
- 출판 연도를 따져 최근의 자료를 우선 수집한다(단, 해당 학문 분야의 범례가 되는 저작물은 출판 연도에 상관없이 수집해야 한다.).
- 인터넷 자료의 경우 저자의 신뢰성, 자료의 정확성을 반드시 확인해야 한다.

3) 리포트 개요(outline) 구상하기

- 표지: '보고서의 제목' '작성자(또는 작성 단체), 소속(대학, 학과, 학년, 학번)' '작성일' '담당교수 및 교과목명'
- 차례(목차): 주요 주제와 하위 주제가 시작되는 페이지 기록, 표목차, 그림

목차

- 서론부: 연구주제, 연구목적, 본문의 내용 및 범위
- 본론부: 보고서의 주요 내용
- 결론부: 전반적인 내용의 요약, 앞으로의 전망
- 부록: 덧붙이고 싶은 자료나 참고사항
- 참고문헌: 보고서를 작성할 때 인용한 문헌

4) 초고 작성하기

깨끗하게 작성하자

아무리 글이 논리정연하게 작성되어 있어도 제출된 리포트가 깨끗하지 않다면 성의가 없어 보일 수도 있다. 그리고 간혹 문서편집 툴(글자모양, 글자크기, 줄간격, 여백 등)을 지정해서 리포트를 내 주셨다면 꼭 지키도록 한다.

형식, 맞춤법, 문법 등은 정확하게 지키자

완성되어 제출되는 리포트에는 어떤 맞춤법의 오류도 있어서는 안 된다. 최근 온라인상의 용어가 일상화되면서 간혹 리포트에서조차 이모티콘 등을 사용하는 경우가 있는데, 이는 꼭 피해야 한다.

주관적이고 모호한 문장은 피하자

'~인 것 같다'나 '~일지도 모른다'는 식의 모호한 어투나 지나치게 감상적인 어투 그리고 화려한 문장 등은 객관적이고 정확한 느낌을 주지 않기 때문에 피하는 것이 좋다.

일반적인 글은 삼단구성으로 이루어진다

리포트는 서론-본론-결론으로 구성하는 것이 가장 기본적인 방법이다. 서론에는 들어가는 말이 필요하며, 본론에는 자신이 주장을 펼쳐 나가는 중심말과 함

께 그에 뒷받침되는 근거들이 제시된다. 결론에는 중심말의 요약과 자신의 견해 등 마무리하는 내용이 포함된다.

글을 인용할 때는 반드시 출처를 밝힌다

짧은 문장을 그대로 인용할 때에는 글 속에서 따옴표로 인용하고, 긴 문장을 인용할 때는 본문과 분리하여 별도의 문단으로 제시하는 것이 일반적이다. 이때 인용문은 각주 혹은 미주를 통해 인용한 출처를 밝혀주기도 한다.

리포트 구성 예시

단계	내용	
서론	• 보고서 작성의 필요성 또는 문제제기 • 보고서 작성의 목적과 방법	• 의의 또는 기대효과
본론	• 학습의 주요 내용에 대한 서술 • 학습결과 제시	• 학습내용 분석 및 해석 • 관련 표, 그림, 통계자료 제시
결론	• 내용 및 결과의 요약 • 결과에 대한 강조	• 문제점 혹은 미흡점 서술

5) 초고 검토 및 리포트 완성하기

초고 검토 순서

- 글 전체 수준: 제목의 적절성, 주제의 일관성, 글의 구성 등
- 문단 수준: 중심 생각, 문단의 길이 등
- 문장 수준: 문장의 뜻이 분명한지의 여부, 어법, 문장의 길이 등
- 단어 수준: 적절한 수준의 단어 사용, 띄어쓰기, 맞춤법 등

초고 검토에서 꼭 확인할 사항

- 논리성: 단락이 논리적으로 연결되어 있는가?
- 통일성: 한 단락은 한 가지 주제를 말하고 있는가?

- 정확성: 문제와 문장, 용어부호, 문법, 철자법 등은 올바른가?
- 객관성: 사실과 증거 등 객관적인 자료를 통해 자신의 주장을 뒷받침하고 있는가?
- 구체성: 자료 및 내용 등이 구체적으로 제시되었는가?
- 적합성: 담당교수가 제시한 작성방법, 분량 등이 적합한가?
- 명료성: 정확하고 구체적이며, 명료한 용어를 사용하고 있는가?

6) 인용, 주석, 참고문헌 정리

인용

- 리포트나 논문에서 인용이라 할 때에는 참고자료나 다른 사람이 쓴 글의 일부를 옮겨 오는 것이다. 인용의 목적은 독창적인 한 개인의 글에 객관성을 확보하는 데 있다.
- 인용 시 유의점: 인용할 만한 가치가 있는 내용, 정확한 출전, 적절한 횟수와 분량이어야 한다.
- 직접 인용: 법률 조문, 정부 시행령, 중요 포고문, 수학이나 과학에서 쓰는 공식, 필자가 표현한 대로 옮기는 것이 절대적으로 중요할 때, 어떤 특수한 생각을 특별한 방법으로 표현하였을 때, 정확한 원문을 찾아 인용해야 하며, 맞춤법, 구두점, 문단 등도 원문대로 가져와야 한다. 일부 생략할 때에는 원문의 뜻을 해치지 않는 범위에서 생략하며, 생략된 부분은 반드시 생략부호 '……'로써 나타내야 한다.
- 간접 인용: 남의 글이나 생각을 그대로 인용하지 않고, 요약하거나 의역 또는 해석하여 자신의 말로 바꿔 인용하는 것이다. 내용은 자신의 글에 자연스레 녹아들어야 하고, 인용부호를 사용하지 않으며, 주석번호를 달고 그 출처를 명시하면 된다.

주석

- 단행본: 최동원, 고시조론(서울: 삼영사, 2001, 3판), 63쪽.
- 논문: 최규수, 우리말 주제어 연구(박사학위논문, 부산대학교 대학원, 1990), 25-27쪽.
- 신문기사 및 사전류: 조선일보(1998년 10월 10일), 세계백과대사전(서울: 학원사, 1996).
- 본문주: 주석을 본문 속에 함께 쓰며 저자명과 출판 연도, 인용한 면수만 밝히고 나머지는 참고문헌에 상세하게 제시함. 이은화(2005)의 연구에 의하면……, ……을 제시한 바 있다(황순영, 2006; 강승희, 2003).
- 각주: 주석을 본문 밖, 해당 면의 하단 주석란에 다는 경우
- 미주: 주석을 논문의 각 장이나 절 또는 논문 전체의 끝에 모으는 경우

참고문헌

- 서양 자료보다 동양 자료 우선 배열
- 저자 이름의 가나다순(알파벳순) 제시. 한 저자의 글이 여럿일 경우는 발행연도순 배열
- 저서: 저자명, 서명, 발행지, 출판사, 발행연도 순
- 논문: 필자명, 논문제목, 게재지명, 권, 호수, 발행연도 순
- 번역서: 원저자명, 원서명, 발행지, 출판사, 발행연도(번역자명, 번역서명, 발행지: 출판사, 발행연도) 순

기타 표 및 그림(사진, 지도, 그래프 등)

- 표나 그림에는 반드시 제목을 붙여야 한다(보통 표제목은 표 상단에, 그림제목은 그림의 하단에 기록함).
- 본문에서 표나 그림을 포함하였을 때에는 반드시 그에 대한 설명도 포함되어야 한다.

7) 마무리하기

겉표지

- 리포트 제목과 부제 등은 눈에 확 띄게 큰 글꼴을 사용한다.
- 학교 마크나 간단한 그림을 삽입한다.
- 자신의 이름과 학번은 굵은 글꼴이나 튀는 글꼴을 사용한다.

분량

- 분량은 과제수행 성실도의 또 다른 증거다. 다른 사람의 리포트보다 1~2장 정도는 더 쓰는 것이 좋겠다.

본문 편집

- 문단정렬
- 글꼴과 크기 선택
- 여백 확인
- 머리말에는 리포트의 제목이나 문단의 제목 넣기
- 꼬리말에는 쪽번호 달기
- 표, 그림, 그래프 사용은 한눈에 전체 내용을 알아보기 쉽도록 배려한다.
- 주석이나 참고문헌을 다듬어 많은 자료를 참고하였다는 증거를 남긴다.

Tip

글쓰기의 어려움 어떻게 극복할까?

1. 몇 줄씩이라도 자기 생각을 매일 글로 써 보자.
2. 내가 잘못 쓰고 있지 않은가 하는 불안감을 떨치자.
3. 쓰기 쉬운 부분부터 쓰기 시작하자.
4. 좋은 글을 분석해 보는 습관을 갖자.
5. 읽는 사람을 염두에 두고 글을 쓰자.
6. 글의 주제에 대해 미리 이야기해 보자.

7. 친구나 선배의 경험담을 들어 보자.
8. 글을 쓰기 힘든 이유가 무엇인지 하나씩 스스로 따져 보자.
9. 초고가 완성되면 자기 글을 처음부터 끝까지 정독해 보자.
10. 자신의 글을 다른 사람에게 읽혀 보자.

생각해 보기

1. 나의 리포트는 교수님의 제출 의도를 제대로 반영하고 있다고 생각하는가?
2. 리포트 작성에 있어서 내가 가장 어려워하는 점은 무엇인가?
3. 그러한 문제를 해결하기 위하여 어떠한 노력이 필요한가?

학습전략 포트폴리오 7

A^+ 리포트 작성하기

어떤 주제에 대한 간략한 자료조사나 문제풀이만으로 끝냈던 고등학교 시절을 보내고 대학에 들어오게 되면 여러 가지 달라진 학습방법에 난감해하는 경우가 종종 있다. 그중에서도 가장 난감한 주제는 바로 리포트 작성이다. 물론 수학문제나 물리문제 등과 같이 그저 문제풀이만으로 끝나는 과제가 있기도 하다. 하지만 그런 경우를 제외하면 하나의 주제를 가지고 스스로 조사, 탐구하여 완성된 글로 만들어 제출하는 것이 대부분이다.

그렇기에 리포트는 단순히 자료 찾는 법이나 간단한 지식을 얻는 것에서 끝나는 것이 아니라 자료를 평가하고 선택하며 종합하고 수렴할 수 있는 비판적 사고와 여러 참고자료를 통한 다양하고 폭넓은 사상과 견해에 접할 수 있게 된다. 리포트 작성이야말로 자신만의 학습능력을 향상시킬 수 있는 훈련의 기회가 될 수 있으며, 자신만의 능력을 마음껏 발휘할 수 있는 좋은 기회가 되기도 한다.

자! 이제 리포트 작성을 위한 첫발을 내딛어 보자.

리포트, 손쉽게 해결할 수 없을까?

리서치기업 엠브레인이 대학생 258명을 대상으로 실시한 '인터넷 리포트 구매 경험' 조사 결과(2006년 기준) 67.1%인 172명이 '1번 이상 구매한 경험이 있다.'고 응답하였다고 밝혔다. 리포트를 산 목적으로는 '내용을 참고하기 위해'가 73.4%로 가장 많았고, '작성법과 구성 등을 참고하기 위해' 19.7%, '리포트 전체를 그대로 활용하기 위해'가 5.8%에 달했다. 또한 구매 후 활용방법으로는 67.6%가 '보충자료로만 활용한다.'고 응답했지만, '일부분만 수정해 제출한다.'는 응답도 28.9%에 달해 자신이 작성하지 않은 리포트를 제출하는 경우도 상당한 것으로 나타났다.

리포트 구매가 학업태도나 학업성취도에 미치는 영향을 묻는 질문에는 과반수인 56.6%가 부정적이라고 답한 반면 긍정적이라는 응답은 21.3%에 그쳐 리포트 구매가 학업에는 큰 도움이 되지 않는 것으로 드러났다.

—세계일보 2006년 7월 27일자 기사—

1 리포트 작성에 앞서

제출 의도를 파악하자

리포트 작성에 들어가기에 앞서 우선 교수님이 왜, 어떤 의도로 이런 리포트를 내주셨을까 고민해 보자. 그런 다음에 '교수님의 뜻에 맞는 보고서가 어떤 것일까?' '어떻게 써야 할까?'를 생각하자. 교수님이 요구하는 리포트의 성격을 정확하게 이해하고 그에 적합한 주제 설정이나 자료조사, 리포트 작성방식을 선택해야 한다.

읽기 쉽고, 보기 쉽게 만들자

내용이 충실하다면 그 내용을 가능한 한 읽기 쉽고 보기 쉽게 요리해야 한다.

컴퓨터의 문서작성 프로그램을 잘 활용하면 읽고 보기에 매우 효과적인 보고서를 만들 수 있다.

짜깁기, 베끼기는 절대 하지 말자

인터넷으로 다운받은 자료나 선배들에게 구한 리포트를 짜깁기, 베끼기 하는 것은 최악의 행위다. 이런 방법으로 리포트를 쓰는 것은 지적 성장과 학업 성취에 도움이 되지 않을뿐더러 오히려 나쁜 결과를 초래할 수 있다.

교수님들은 어떤 리포트가 짜깁기되고 베낀 것인지 늘 모니터하고 있다. 학생 스스로의 창의성과 성실성이 A^+ 리포트의 중요한 조건이다.

2 리포트 채점 기준

내용

- 타당성: 출제자의 의도에 부합할 것
- 독창성: 참신한 아이디어
- 정확성: 정확한 자료 인용
- 공정성: 상반된 주장이나 학설을 공평하게 다룰 것

형식

- 체계성: 전체 내용을 한눈에 확인할 수 있도록
- 논리성: 목차들 간의 유기성
- 통일성: 어떤 양식이든 간에 통일감 있도록

- 성실성: 분량은 과제수행 성실도의 또 다른 증거

기타

- 기일 엄수
- 전체적으로 깔끔한 인상을 주는 편집, 출력

3 서론 쓰기

리포트의 독자는 서론부터 읽는다. 사람들을 만날 때 첫인상이 매우 중요한 것처럼, 서론은 매우 중요한 역할을 한다. 그만큼 선뜻 작성하기에 부담이 가장 큰 부분이다. 서론의 일반적인 요건을 알아보고 실제 사례를 분석함으로써 좋은 서론을 보는 눈을 길러 보자.

- 주제와 관련된 주요 사건이나 일반적 사실 소개로 시작하기
- 속담이나 격언 또는 유행어 인용으로 시작하기
- 중요한 개념 정의로 시작하기
- 현실적 문제 및 실태로 시작하기

<굿 윌 헌팅>을 본 후에

200

처음 듣는 영화는 아니었고, 무엇보다 어떤 내용인지에 대해서 막연하나마 알고 있는 영화라 보기 전부터 그다지 큰 기대는 하지 않았다. 과제의 일부로 생각하며 비디오 테입을 빌렸을 뿐이고, 큰 감흥은 기대하지도 않았다. 하지만, 역시나 내 반응은 달랐다. 스케일이 크지 않은 영화가 좋다. 다행히도 이 영화의 스케일은 비록 공간자체는 크다고 할 수 있어도 결코 크지 않은 감정의 스케일을 주는 영화였다. 영화의 장면, 그리고 맷 데이먼과 로비 윌리엄스의 대사와 웃음들이 머리에 많이 남았고, 모든 영화가 그렇다고 말할 수도 있겠지만, 조금은 더 깊이 나를 들여다 볼 수 있게 해주었던 영화라서 아주 좋은 기회가 되었던 것 같다. 천재지만 자신을 인정하지 않아 자신의 삶을 거의 포기하고 사랑을 받지 못해 다른 사람들이 떠날까, 잘못되지 않을까 겁만 내고 살던 윌 헌팅 이라는 소년이 있었다. 그리고 우연한 기회에 이 소년의 천재성을 알아본 교수 그리고 윌 의 치료를 맡게 된 숀이라는 정신과 의사. 영화는 제멋대로 이고 사랑받지 못해 겁만 내는 윌 이 숀에 의해서 마음이 열려가고 치유 되어가는 과정을 감동 깊게 그리고 있다. 숀이 윌 에게 이런 말을 한다. '네 잘못이 아니야' 모든 것을 포용하는 대사였고, 이 영화를 지배하는 대사였다. 숀의 이 한마디에 윌은 흐느끼고 자신의 마음을 녹여 내린다. 스스로를 인정하지 않고 눌러왔던 것들을 윌 은 쏟아내고 뱉어내고 또 토해낸다. 그리고 얼마나 쓰렸는지 얼마나 아파했는지 웬일인지 가슴에 선하도록 다가왔다. 윌 은 그렇게 숀의 품에 안겨서 처음으로 자신을 진정 돌아볼 수 있지 않았을까.. 이 대사는 비단 윌 에게만 해당되는 것은 아니었다. 나는 숀의 진솔하면서 모든 것을 포용해줄 것만 같은 모습과 대사에서 스스로에게 다시 되 묻는다. 나를 속여 온 작은 것들에서부터 큰 것까지, 그리고 지금의 나까지 말이다. 모든 영재아들이, 비단 이것은 영재아 만의 문제는 아닐 것이다. 개인 내의 고독이란 누구나 있는 것이니 모든 사람들이 정도의 차이는 있겠지만 자기 속의 고독을 스스로, 그리고 사회가 키워 나간다.

처음에는 말도 안하고 틱틱 대고 자기방어에만 치중하던 윌 이 숀의 사랑과, 숀의 마음과, 그의 진솔함에 자기를 볼 수 있었던 것이다. 말로만 지식으로만 머리로만 알고 있는 것들을 자기 것처럼 말하곤 하던 윌. 아마 보이지 않는 영화 끝에 그는 이제 정말 진실 된 자신의

comments

서론, 본론, 결론의 구분이 없고, 문단 나누기도 전혀 되어 있지 않은 무형식의 글은 체크하는 교수 입장에서는 대략 난감하다.

이처럼 글쓰기의 기초가 전혀 없는 경우는 내용을 보기도 전에 부실한 리포트로 보이기 십상이다.

『행복한 아이'를 위한 부모와 교사의 역할

-「천재소년 테이트」를 보고

◎ '다르니 얼마나 좋은가.'

영재아동 한 무리를 밴에 태우고 다니며 지성올림픽에서 그들의 우수한 두뇌를 사랑하던 선생님이 테이트의 생일선물로 준비한 것은 '장난감 트럭'이었다. 모든 상대에게 퉁명스럽기만 하던 수학영재 데몬은 아이들에게 장난을 걸고 즐거워한다. 많은 친구들의 무리 속에서 디디와 테이트는 즐겁게 춤을 춘다.

또래와 어울리지 못하고 운동장 바닥에 그림을 그리던 아이, 세상에 대한 걱정으로 위가 좋지 않아 병원신세를 져야 하던 아이에게 일어난 변화를 보며 영재교육에 관한 많은 생각을 할 수 있었다. 그 중에서도 내가 중요하게 다루고 싶은 것은 디디(테이트의 엄마)와 제인(영재학교의 선생님)의 관계이다. 또 그들과 테이트가 맺는 관계에 관한 것이다. 다른 영화를 덧보탤 수도 있지만 영재아동의 교육에 관한 책들을 더 참고했다. 학습적인 면보다 영재아동의 정서적 측면과 부모, 교사와의 관계에 중점을 두었다.

comments

리포트의 서론에는 리포트를 쓰는 목적이 분명하게 제시되어야 하고, 그것을 위해 어떤 내용을 어떤 방법으로 담을 것인지가 제시되어야 한다.

4 본론 쓰기와 목차 만들기

리포트의 분량이 많아 전체의 흐름을 파악하기 어려울 경우에는 리포트의 제목과 서론 사이에 목차를 둠으로써 리포트의 전반적인 흐름을 파악할 수 있도록 하는 것이 좋다. 목차는 리포트의 내용을 논리적으로 전개시키기 위한 틀이다. 따라서 쟁점이나 주제의 중요도에 따라 제목을 정하고, 하위 주제를 체계성 있게 배열해야 한다.

제주도 여행업의 운영현황 및 개선방향

목 차

Ⅰ. 서 론
Ⅱ. 여행업의 구조분석
 1. 여행업의 정의
 2. 여행업의 역할
 3. 여행업 설립과 운영의 법적요건
Ⅲ. 제주도 여행업 운영현황
 1. 도내 여행업 운영현황
 2. 제주도 여행업의 유통구조
 3. 제주도내 관광객 내도현황
 4. 문제점 종합분석
Ⅳ. 개선 방안
 1. 기본방향
 2. 개선방안
Ⅴ. 결론

참고문헌

Ⅰ. 서론

여행업은 관광산업에서 호텔이나 식당, 쇼핑센터 및 항공사에서 제공하는 공급상품을 관광객에게 연결해주는 관광상품 거래의 유통자(distributor)적 성격을 갖는다. 이러한 특성으로 여행업은 국내·외에서 관광산업의 대동맥으로서의 위치를 인정받고 있으며, 여행업이

comments

5~6쪽 분량의 리포트라면 굳이 한 면을 할애하거나 페이지를 표시하지 않아도 무방하다. 이럴 때 내용만 일목요연하게 보여 주는 '내용목차'를 제시하는 방법도 활용할 수 있겠다.

	comments
Ⅰ. 서 론 Ⅱ. 영어공용화 찬성 입장 Ⅲ. 영어공용화 반대 입장 Ⅳ. 영어공용화 사용의 실례 Ⅴ. 결론 Ⅵ. 대안	목차 작성에서 흔히 보이는 실수다. 목차의 기능이 전혀 없는 사례다. 페이지 표시도 없으며, 각 장의 세부 내용도 확인할 수 없다. 목차는 리포트의 내용을 한 눈에 확인할 수 있도록 세부 내용의 개관을 담도록 해야 한다.

논리적 글쓰기에서 본론작성요령

- 글의 흐름 결정하기
  원인-결과, 문제제시-해결방안, 비교, 대조, 열거 등 흐름 결정
- '문단-문장-단어'의 구조를 갖추자
  단어는 뜻을, 문장은 단편적인 생각을, 문단은 중심생각을
- 1문장 1개념, 1문단 1주제를 명심하자
  글의 논점을 분명히 하기
- 홑문장을 쓰자
  문장의 내용이 명확한 의미 담기
- 도표, 그림, 사진으로 보여 주자
  보기에도 더 좋고 내용도 더 풍부하게
- 구체적인 수치로 표현하자
  구체적일수록 내용도 분명하게 이해하고 작성된 것이라는 인상

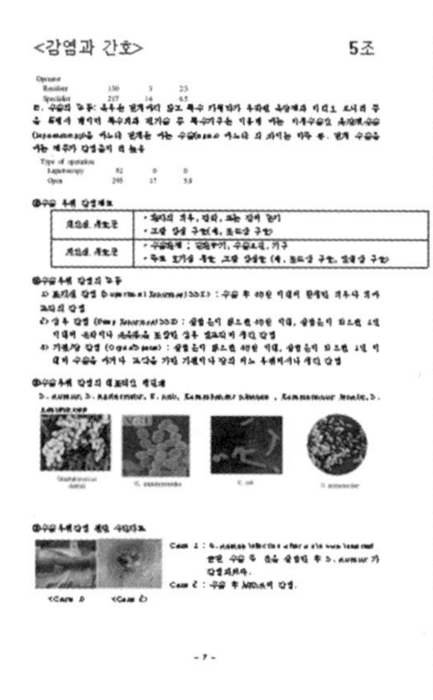
<감염과 간호> 5조

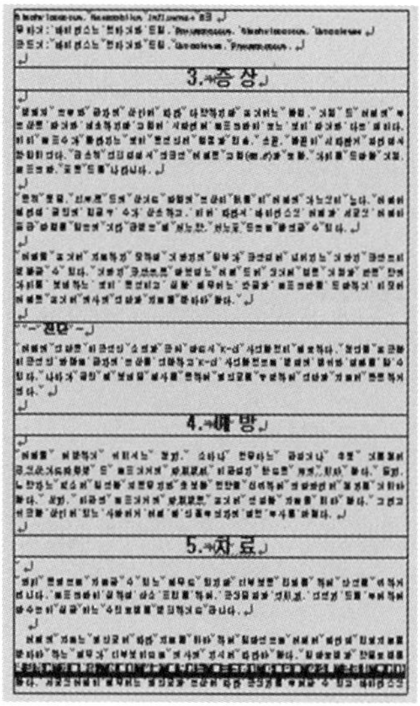
3. 증 상

4. 예 방

5. 자 료

comments

왼쪽 사례는 그림과 사진을 활용하여 작성한 리포트 본론, 오른쪽 사례는 겹문장이 많은 텍스트만으로 이루어진 리포트 본론

한눈에 보아도 교수 입장에서 어떤 리포트에 내용과 형식 측면에서 점수를 후하게 줄 것인지 생각해 보라.

5 결론 쓰기

결론은 리포트를 마무리하는 부분이므로 특히 주의하여 써야 한다. 서론에서는 읽는 이에게 호기심과 기대감을 주어야 하는 반면, 결론에서는 만족감 혹은 성취감을 주어야 한다. 서론에서의 기대감이 결론에서 실망감으로 바뀐다면 큰일이다. 결론에서 강한 인상을 받은 교수님이라면 본론을 다시 한 번 검토하려 할 것이다.

결론이 가지는 가장 중요한 구실은 본론에서 논의된 골자를 간추려서 한눈에 확인할 수 있게 하는 데에 있다. 그러므로 결론이 갖추어야 할 조건으로 가장 중요한 것은 본론의 요약이다. 그러나 모든 결론이 그런 것은 아니다. 결론이 갖추어야 할 조건으로는 요약 외에도 일반화, 전망 제시, 부연설명, 주장 등이 있다. 이들이 단독으로 나타나는 경우도 있으나 대개 둘 이상이 결합되어 있다.

3. 결론

이 실험은 절삭 조건 (절삭 속도, 이송량, 절삭 깊이)에 따른 절삭력의 변화 경향을 파악하여 최적 절삭 조건을 알아내기 위한 실험이다. 절삭 가공에서 최적 절삭 조건을 찾으면 제품의 생산성과 품질증가 그리고 공구의 수명 연장시키는데 직접적인 영향을 미칠 것이다. 이번 실험을 통해 절삭력은 절삭속도(RPM)가 빨라질수록 줄어들고, 이송속도가 빨라지거나 절삭 깊이가 깊어지면 절삭력이 증가하는 것을 알 수 있었다. 절삭 속도가 빠르면 가공속도가 빨라지는 장점이 있지만 그에 비해 절삭력이 약해지며, 재료의 온도가 올라가 냉각유를 계속해서 뿌려야 하며 이렇게 되면 열처리 효과가 생겨 추후 부가적인 가공을 할 때 가공비가 더 들것이다. 이송속도에서는 이송속도가 빨라지면 절삭력이 증가하나 속도가 너무 빠르면 원형 재료에 나선형 모양의 홈이 생기기 쉽다. 이것은 2차, 3차 가공을 유발하기 때문에 이것 역시 가공비를 늘리는 역할을 할 것이다. 가공깊이는 깊어질수록 절삭력이 커지면서 공구에 bending force를 가하게 된다. 이것은 공구가 아래로 휘어지게 되고 그러면 정확한 치수로 가공할 수가 없어 공차를 늘리게 되는 역할을 할 것이다. 또 급격한 공구 마멸을 일으킬 것이다. 이것으로 보아 절삭속도와 이송량, 절삭 깊이를 적당히 조절하여 최적의 절삭 조건을 찾아서 공구를 가공하는 가공비를 줄이고 추후에 있을 가공에 영향을 끼치지 않아야 할 것이다. 이렇게 최적 절삭 조건으로 가공을 하면 제품의 거칠기가 증가하고 추후 가공비가 줄고, 치수 공차 변동이 줄어들어 제품의 품질이 증가하기 때문에 제품의 특성에 맞추어서 최적 절삭조건을 찾아 재료를 가공해야 할 것이다.

comments

결론부에 포함되어야 할 내용은 다음 두 가지다.

첫째 요약정리는 전체의 내용을 간략하게 요약하여 소개함으로써 읽는 교수님으로 하여금 전반적인 리포트 내용을 재정리하게끔 한다. 그렇게 함으로써 그동안 서론과 본론에서 장황하게 이끌어 왔던 여러 가지 내용을 한번에 간명하게 알아볼 수 있게 한다. 내용을 간추려 번호를 붙여서 첫째, 둘째 등의 방식으로 조목조목 열거해서 작성할 수도 있다.

◎ 장애를 넘어, 사회를 향해-

뇌성마비, 정서장애, 자폐를 가진 장애인들을 만나면 '..할 수 없어 불쌍하다'라는 생각을 하곤 했다. 하지만 장애를 넘어서는 놀라운 의지를 가진 사람들을 볼 때마다 건강한 신체, '정상'이라고 판정되는 뇌가 부끄러울 때가 많다.

장애영재를 찾으면서 '장애'는 장애를 가진 사람의 것만이 아님을 알았다. 딥스가 세상으로 한 걸음, 한 걸음 걸어 나올수록 그 가족이 회복되었다. 아이의 영재성은 장애를 덮었을 때 더 귀한 것이 되었다. 제인의 도움으로 호킹은 신체적 장애를 지고도 삶을 더 연장했을 뿐 아니라, 건강한 과학자보다 더 많은 업적을 남길 수 있었다. 또 심각할 수도 있는 장애에 대해 낙천적으로 생각하고 이겨낸 의지력도 갖추어갔다.

겉으로 보이는 장애보다 인간의 무한한 가능성을 믿고, 긍정적인 지원과 격려가 따를 때 장애영재들의 장애는 어떤 것이라도 영재성에 장애가 될 수 없다. 여기에 하나 덧붙이고 싶은 것은 영재성이 쓰여야 방향이다. 사회와 주변을 위해 쓰이는 영재성만큼 교육의 열매가 아름답게 쓰일 때가 있을까. 사회 속에서 자신의

comments

둘째, 결론은 실험 혹은 조사 리포트의 '하이라이트'다. 따라서 핵심적인 사항을 간명하게 제시해야 한다. 자기가 조사하거나 실험한 범위 내에서 기술해야 하며, 지나친 단정이나 비약이 심한 주장은 독단으로 흐를 염려가 있어 읽는 사람으로부터 공감을 끌어내기 어렵다. 그리고 결론의 마지막 부분에는 리포트를 하면서 느꼈던 느낌이나 후속해서 학습이 필요하겠다고 생각했던 주제 등을 적어주는 것이 좋겠다. 리포트를 제시한 교수님의 입장에서 볼 때 대단히 성실하고 진지한 자세로 리포트를 작성했음을 드러내 보일 수 있는 기회가 될 것이다.

6 리포트 형식 다듬기

리포트 표지나 목차, 편집 등은 리포트의 인상을 좌우하기 때문에 내용 못지않게 신경을 써야 한다. 잘 갖추어진 형식의 리포트는 읽는 사람의 입장에서 볼 때 정성이 담겼다는 인상을 주기도 할 것이고, 리포트가 보다 전문적이고 매력적으로 보이게 한다. 특히 맞춤법의 오류가 리포트 내용의 질을 떨어뜨리므로 유의해야 한다.

표지 만들기

리포트를 작성하였을 때는 가급적 표지를 만들어야 하며, 표지에는 제목, 과목명, 담당교수명, 제출일자, 소속, 제출자 등이 빠지지 않도록 한다.

응용실험 리포트

실험제목: 절삭력 측정

과목
학과
담당교수
학번
성명
제출일자

comments

실험 리포트의 경우에서 자주 보이는 표지의 실수는 리포트의 제목이 없다는 것이다.
교수님이 '실험제목: 절삭력 측정'이라고 적은 것도, 이 리포트의 주제가 무엇인지 내용을 보기 이전에 알 수 없었던 때문일 것이다.

인간, 무한한 가능성에 대한 신뢰

-장애영재에 대하여

**교육과 200434151

유**

◎ 사람, 사람, 사람...

환경, 사람. 두 요소의 상호작용은 한 인간이 삶을 다하고, 자연이 살아있는 한 쉬지 않는다. 영재에 관한 책을 읽고, 영화를 보고, 자료를 조사하면서 느낀 모든 것들을 단 하나의 말로 정리하라면 나는 '사람'을 꼽겠다. 장애아도, 영재아도, 장애영재도 사람이다- 인간의 존엄성을 인정하는 교육- 그런 뜻도 있겠지만 특별히 '환경'으로서 주변 사람의 역할을 더 꼽고 싶다.

'내가 생각하는 영재'에 대한 답으로 '지능, 내적인 요소, 외적인 요소'를 든 적이 있다. 그 중 장애영재 내부적 요소로 '긍정적 자기 확신'이 있어야 자신의 영재성을 끌어낼 수 있다고 설명했었다. 또 외적인 요소로 또래와 부모, 교사, 사회 등 환경이 제공하는 동기유발과 호기심 충족, 배려와 지원을 들었다. 흥미롭게도 마지막 과제의 결론이 그렇게 지어졌다. 장애영재에 대한 자료는 사례와 치료기법 등을 든 것들이 다수였고 그 치료기법은 음악치료, 놀이치료, 미술치료 등의 방법과 원리만 제시했을 뿐 구체적으로 장애영재의 치료와 연관되지 못했다. 이 글에서는 특수한 영재를 찾아내기보다 잘 알려진 두 장애영재의 삶을 통해 그들의 곁에서 함께 장애를 극복해 나갔던 '주변 사람들'의 역할을 살펴보려고 한다. 또 장애영재와 주변인의 삶이 교육에 던지는 시사점을 정리해 보았다.

comments

비교적 짧은 분량의 리포트에서는 별도의 표지가 필요 없다.

제목도 교수님이 제시한 '장애를 극복한 사람들에 관한 조사'를 중심으로, 내용의 핵심을 담은 자신만의 제목을 만들어 사용하였다.

학습전략 8

효율적인 시간 관리하기

누구에게나 한 주당 총 168시간이라는 시간이 주어진다. 일주일 168시간이라는 시간에서 적어도 30~40시간(1학점당 2시간의 주간 학습량 설정)은 공부를 해야 하며 이에 추가로 식사 시간, 잠자는 시간, 동아리 활동, 운동, 문화 활동 등의 소비 시간을 고려하면 남는 시간이 별로 많지 않다. 따라서 계획성 없이 생활할 경우 많은 과제와 수업 활동으로 혼란스러워질 것이다.

대부분의 학생들이 대학생활에서 시간을 관리하는 데 어려움을 겪고 있다. 연구 결과에 따르면 효과적인 시간관리는 학업 스트레스를 줄여주고, 삶과 학업에 대한 만족을 높여주며 학업 수행력을 최대화하는 것으로 보고하고 있다. 따라서 자유롭게 주어진 시간을 효율적으로 관리하는 것은 대학생활의 성패를 좌우하는 중요한 요소다. 생활을 계획하는 것, 즉 시간관리를 해 나가는 습관이 매우 중요하며 이는 졸업 후 사회인이 되어서도 필요한 소중한 습관이 될 것이다.

다음 글은 더글러스 아이베스터 코카콜라 전 회장이 어느 신년사에서 직원들에게 한 연설을 각색한 내용입니다.

교수님: 매일 86,400원을 입금해 주는 은행이 있다고 상상해 보자. 그러나 그 통장은 당일이 지나면 잔액이 남지 않아. 그러면 자네는 통장의 돈을 어떻게 할 건가?

학 생: 다 찾아야죠~

교수님: 찾아서 무엇을 할 건가?

학 생: 그냥 이것저것 사고 필요한 데 써야죠~

교수님: 그럼 자네는 필요한 데 쓰고 있나?

학 생: 무슨 말씀이신지요?

교수님: 자네에게 지금 하루에 86,400초의 시간이 주어지는데, 그 시간을 자네가 필요한 데 쓰고 있나 말하는 걸세!

학 생: ……

교수님: 이보게, 자네는 입학 성적도 좋은데 왜 공부를 안 하나? 그렇게 대학생활을 보내면 자신이 원하는 삶을 살 수 있겠나? 앞으로는 시간 낭비하지 말고 10년 후, 20년 후 자네 모습을 상상해 보게.

–인터넷 블로그 중에서 –

시간은 누구에게나 공평하게 주어지지만, 사용 주체의 의지에 따라 전혀 다른 의미와 결과를 갖게 되는 선물이기도 하다. 성공적인 시간관리자는 크로노스(chronos: 흘러가는 시간)의 시간을 카이로스(kairos: 의미 있는 시간)의 시간으로 관리하는 자들이라고 한다. 오늘 나의 하루를 크로노스의 연속적인 시간의 반복이 아니라 새로운 창조의 카이로스 시간의 연속이 되도록 해 보자.

1 시간관리전략 – 시간 활용

학습 효과를 높이기 위해서는 학습 능력에 영향을 끼치는 요소들을 이해하고 점검해 보는 것이 중요하다. 학습에 영향을 주는 여러 요소 가운데 시간관리(time management)전략을 알아두고 그대로 시행하면 공부하기 어려운 상황에서도 곧바로 대처할 수 있을 뿐만 아니라 학습을 즐길 수 있는 여유까지 가질 수 있다.

자신에게 딱 맞는 시간관리전략을 찾기 위해서는 때로는 약간의 시행착오도 필요하지만 효율적인 시간관리를 통해 시행착오로 인한 패배감이나 시간 허비 등을 줄일 수 있다.

1) 마음가짐!-'대학을 직장처럼' 생각하기

월요일부터 금요일까지 오전 9시에서 오후 6시까지는 학생의 본분을 충실하게 수행한다

아침 9시까지 등교해서 저녁 6시까지 학교에 있자(어떤 학생들은 캠퍼스에 계속 남아 있으려고 제일 빠른 수업과 늦은 수업을 같이 수강하기도 한다). 아르바이트나 사소한 집안 행사 등은 저녁 시간이나 주말을 활용하는 것이 좋다. 물론 저녁 시간이나 주말에도 공부를 해야 할 경우도 생기겠지만 대부분의 공부는 가급적이면 주중 9시에서 6시 사이에 하도록 한다.

2) 사용시간 기록하기

시간을 관리하기 위한 첫째 단계는 자신의 24시간을 어떻게 사용하는지 기록하는 일이다

사용 시간의 기록은 일종의 피드백이다. 약 15분 단위로 비교적 자세하게 기록해야 한다. 귀찮더라도 일주일 정도를 계속해서 기록해야 자신의 시간 사용을 어느 정도 파악할 수 있다. 기록한 뒤에는 시간을 사용 분야별로 구분하여 합계를 내어 본다. 이렇게 하면 자신이 어느 곳에 어느 정도의 시간을 사용하는지 파악할 수 있다.

3) 우선순위 정하기

일의 우선순위를 정한다

할 일에 비하여 시간이 충분하다면 고민할 필요가 없겠지만, 대개의 경우 할일에 비하여 시간이 충분하지 않은 것이 현실이다. 따라서 해야 할 일에 대해 순위를 매기는 것은 정말 중요하다. 우선순위(priority)를 매기지 않고 생활하다 보면 중요한 것이 미루어지게 된다.

우선순위를 결정하는 일은 누가 대신할 수 없다. 자신이 판단해야 한다. 자신의 가치관과 원칙, 그리고 필요에 기초해서 스스로 결정을 내려야 한다. 그렇다고 무작정 원칙 없이 결정하는 것은 아니다. 우선순위를 결정하기 위한 방법이 있다.

우선순위를 정하는 시간관리 매트릭스를 만들어 본다

전문가들에 따르면, 효율적인 시간관리를 위해서 가장 먼저 해야 할 일로 시간 매트릭스(matrix)를 활용하도록 하고 있다. 시간 매트릭스는 일을 긴급성과 중요성을 양 축으로 하여 우리 활동을 [그림 8-1]과 같이 네 가지 분면으로 구분한다. 일의 긴급성과 중요성, 이 두 변인을 기반으로 일상의 일들을 나누고 그에 따라 우선순위를 정한다.

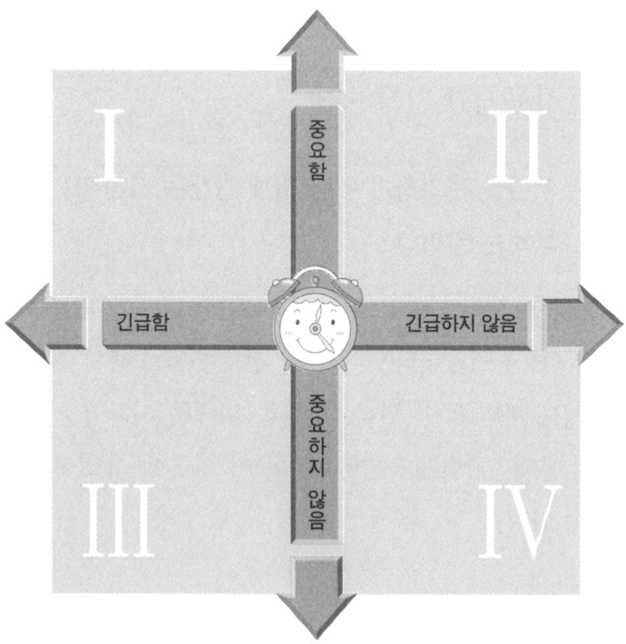

[그림 8-1] 시간관리 매트릭스

(Ⅰ) 중요하고 긴급한 일: 우선순위가 (Ⅰ)의 일에 있다는 것은 의심의 여지가 없다. 이 일들을 처리하지 않는다면 심각한 문제에 봉착하게 된다. 하지만 일상의 생활이 (Ⅰ)에만 집중된 사람은 근근이 과제를 수행해 나가기는 하지만 눈앞의 일 처리에만 매달리므로 발전이 없다. 또 일을 미루다가 급박하게 처리하므로 온갖 스트레스에 시달리게 된다. 이런 예는 차일피일 미루다가 마감일을 사나흘 앞두고 급하게 기말 과제를 제출하는 학생이다. 좋은 내용은 고사하고 급하게 하느라고 제대로 과정을 밟지 않고 여기저기에서 베껴서 작성하기 때문에 과제 작성을 위한 경험이 축적되지 않는다.

(Ⅱ) 중요하지만 긴급하지 않은 일: 일상생활에서 (Ⅱ)를 실천하는 사람은 진보가 빠르고 나날이 발전한다. 마감일보다 전에 일을 마치기 때문에 여유가 있고 좋은 결과를 낼 수 있다. 평소에 공부와 독서를 많이 하므로 시험 때에 허덕이지 않아도 좋은 점수를 받는다. 대개 (Ⅱ)는 긴급하지 않으므로 미루기 쉽다. 오늘 영어 단어를 외우지 않아도 내일 하면 된다고 생각하기 때문이다. 공부하는 방법이나 생활하는 방법을 배우는 것도 (Ⅱ)에 속한다. (Ⅱ)에 집중한 생활을 하기 위해서는 계획성 있는 생활 습관이 필요하다. 긴급하지 않으므로 평소에 잊기 쉽기 때문에 계획을 세워서 꾸준히 잊지 않고 실천해야 한다.

(Ⅲ) 긴급하지만 중요하지 않은 일: 긴급하지만 사소한 (Ⅲ)에 속하는 일은 긴급한 느낌은 들지만 사실 중요하지 않은 일이다. 갑자기 만나서 놀자고 하는 친구의 전화가 여기에 속한다. 뭔가 끌려가는 느낌이 들지만 거절하지 못해서 하는 일들이 많다. 이런 일이 자주 있으면 생활을 주도적으로 해 나갈 수 없다.

(Ⅳ) 긴급하지도 중요하지도 않은 일: 긴급하지도 않고 중요하지도 않은 (Ⅳ)의 일은 단순한 시간 낭비다. 이것에 집중하는 생활을 하는 학생이라면 대학에 입학한 것 자체가 신기한 일이다.

위 시간관리 매트릭스에서 가장 관심을 기울여야 할 부분은 2사분면(Ⅱ)인 '중요하지만 긴급하지 않은 일'이라고 할 수 있다.

시간관리 매트릭스를 만든 스티븐 코비 박사는 4사분면 중에서 가장 관심을 기울여야 할 부분으로 제2사분면을 꼽았다. 시간을 관리하는 중요한 습관은 어떤 일을 우선순위에 두느냐에 있다. 많은 이들이 '중요하고도 시급한 일'을 가장 먼저 해야 한다고 생각하지만 코비 박사는 '중요하지만 시급하지 않은 일'이 더 중요하다고 조언한다. 이는 당장 급하지는 않지만 대학시절에 꼭 해야 할 일 들을 소홀히 해서는 안 된다는 것을 의미한다. 따라서 1사분면보다 2사분면이 가장 중요하다고 할 수 있다.

4) 시간관리 도구 활용하기

시간관리 도구를 활용하는 것은 매우 필요하다

이미 많은 사람들이 효율적인 시간관리 도구를 연구해 왔고 그 대표적인 것이 정기적인 계획표를 포함하는 수첩들이다(시스템 다이어리, 플래너 등으로 부르기도 한다).

특히 시간표를 잘 짜서 활용한다면 시간을 낭비하는 일이 없고 과제에 필요한 시간량에 따라 적절한 시간을 배당할 수 있다. 공부 외의 다른 활동을 위해서도 더 많은 시간을 가질 수 있게 된다. 월중 계획표, 주중 계획표, 일일 계획표(할 일을 적은 목록 형태)를 만들어 보자. 그러나 계획을 짜는 데 너무 많은 시간을 들여서는 안 된다.

1) 한 학기 달력

시험과 리포트 제출 날짜가 모두 기록되어 있는 해당 학기 달력과 일주일의 시간표도 작성한 책상 위에 붙여둔다. 달력에는 중요한 일정들(예컨대, 보고서 제출 기한, 시험일정, 조별 수업 발표, 조별 모임 등)을 기입하는 것을 잊지 말자. 이렇게 적어두면 정말 중요한 시기가 다가올 때 올바른 계획을 세워서 대처할 수 있다. 그리고 보고서 기한, 시험 날짜, 전공 프로젝트 기한 등도 쉽게 확인할 수 있게 되므로 당연히 기한에 맞추어 준비할 수 있게 된다.

2) 월간 계획표

한 달의 달력이 한 장의 종이에 일목요연하게 나타나 있는 것으로 각 날짜의 빈칸에 중요한 일정과 행사를 적어 놓으면 된다.

3) 주간 계획표와 일일 계획표

사람들이 실제적으로 주간 단위로 생활하므로 주간 계획표는 아주 유용하게 쓰인다. 주간 계획표는 일일 계획표를 포함하는 경우가 많은데, 이처럼 주간 계획표와 일일 계획표가 함께 있는 것은 일주일과 하루의 계획을 한눈에 파악할 수 있어서 편리하다.

4) 할 일 리스트

월간 계획표나 주간 계획표와는 별도로 한 장의 종이에 해야 할 일들을 쭉 적어놓은 것이다. 이미 처리된 것들은 줄을 그어 지우고 새로 생겨난 일들은 기존의 목록 밑에 추가한다. 종이가 한 장이 넘어가거나 처리되어 줄을 그은 것들이 많아 지저분해지면 다시 새로운 종이에 옮겨 적는다. 할 일(things to do) 리스트에 적힌 일들은 일주일 안에 해야 할 일에서부터 1년 내내 해야 할 일들까지, 예를 들어, 건강을 위한 달리기 등 다양하다. 할 일 리스트는 월별 계획이나 주간 계획, 또는 일일 계획을 작성할 때 중요한 사항들을 잊지 않고 포함하기 위해서 적어놓는 것이다.

Tip

구체적인 시간 계획 세우기

리포트를 오늘 안에 다 해야 한다는 생각으로 꾸물거리기보다는 리포트 작성에 필요한 논문 세 편을 찾아 복사하겠다는 식으로 세부적이고 구체적인 계획을 세운다.

'강의 1시간당 2시간 공부하기' 계획 세우기

물론 예외는 있겠지만 일반적으로는 이것이 좋은 규칙이다. 종종 자신에게 주어진 학습량이 얼마나 늘어났는지를 제대로 깨닫지 못하는 경우가 있다. 이 규칙을 지키는 것이 어느 정도의 이점이 있는가 하는 것은 시험 기간에 극명하게 드러난다.

5) 짧은 시간과 자유시간을 적절히 활용하기

기다리는 시간을 활용하자

버스 기다리는 시간 5분, 치과에서 기다리는 시간 20분, 다음 강의 기다리는 시간 10분, 이런 식으로 기다리는 시간을 더해 보면 상당한 시간이 된다. 이런 조각 시간들을 활용할 수 있도록 간단한 학습 과제를 준비해 다니도록 한다.

통학 버스나 지하철을 타고 있을 때는 비교적 쉬운 책을 읽거나 강의 테이프 정도는 들을 수 있다. 아르바이트를 하고 있는 동안에 생긴 휴식 시간에는 수학 문제를 풀거나 외국어 공부를 위한 계획표를 작성할 수 있다.

예를 들어, 작은 메모지에 방정식이나 공식, 정의 같은 것들을 적어 다니다가 아무데서나 꺼내 본다. 또 다음 강의를 기다릴 때나 아르바이트 중 휴식 시간이 생기면 강의 노트를 보고 복습하거나 독서한 것에 대해 간단한 필기를 한다. 15분 정도의 시간이면 이미 들은 강의를 충실히 복습하는 데 충분한 시간이며, 마음의 준비만 잘되어 있다면 5분이라도 귀중하게 활용할 수 있다.

빈 자유시간을 공부를 위해 사용해 보자

수업시간 사이에 한두 시간씩 흩어져 있는 자유시간은 아무렇게나 허비해 버리기 쉽다. 전에 배워 이미 알고 있는 과제를 복습하기 위해서 그 시간을 사용한다면 나중에 자유시간을 좀 더 가질 수 있게 될 것이다.

Tip

수면시간과 식사시간 적절히 배분하기

공부하는 데 부족한 시간을 수면시간이나 식사시간을 쪼개어 보충하려는 행동은 학습에서 비생산적인 행동이다.

6) 예습을 위한 독서하기

예습시간과 복습시간을 계획해 보자

수업 전후에 미리 공부할 내용을 다루고 다시 암송하거나 체크해 보는 시간을 마련해 보도록 하자. 교재의 곤란도, 교재 공부를 완성하는 데 필요한 시간과 노력의 양, 기대하는 성적에 근거해서 공부시간을 결정한다.

예컨대, 수업 시작 후 첫 일주일 동안 또는 앞으로 2주일 동안 배울 것에 대비해서 독서를 해두는 것도 하나의 방법이다. 이런 식으로 '따로 준비하는 일주일'을 보내면 학기 중에 예상하지 못했던 문제가 일어났을 경우에도 대처할 수 있다.

보충학습을 위한 특별한 시간을 가지자

주말에도 공부하도록 계획하는 것이 좋다. 이때는 특별히 도서관 자료를 활용할 필요가 있는 특수 과제를 공부하기에 좋은 시간이다. 또한 일요일 저녁에는 뒤쳐진 독서나 처진 과제를 보충하기 위한 특별한 공부시간을 짜는 것도 좋다.

7) 어렵거나 지루한 과목 먼저 공부하기

수강하고 있는 과목의 특성을 파악하여 계획을 세우자

어려운 과목을 먼저 공부하면 정신이 맑은 상태에서 정보를 더 빨리 처리해 낼 수 있으며 학습시간을 줄일 수 있다. 화학 문제만 보면 잠이 오는 학생이라면 맑은 정신일 때 화학 공부를 먼저 하도록 한다. 대부분의 사람들은 자기가 좋아하는 것을 먼저 하는 경향이 있다. 하지만 가장 어렵다고 느끼는 과목일수록 가장 창조적인 에너지를 필요로 한다. 제일 어려운 과목의 숙제를 제일 먼저 하고 좋아하는 과목은 아껴두었다가 나중에 하도록 한다.

과목이 강의 중심인지 아니면 학생의 참여를 많이 요구하는 것인지를 파악해야 한다. 강의 중심에서는 수업 직후에 복습시간을 마련하는 것이 좋고, 학생의 참여를 많이 요구하는 경우에는 수업 전의 예습시간을 충분히 고려해야 한다.

공부시간이 길 때는 중간에 짧은 휴식시간을 갖도록 하자

1시간에서 1시간 30분 정도 집중학습을 한 후에 5~10분 정도 휴식을 취하는 것이 좋다. 하루 동안에 한 과목을 5시간 동안 집중적으로 공부하는 것보다 매일 한 시간씩 5일간 공부하는 것이 효과적이다. 매일매일 적당히 짧은 시간을 나누어서 주어진 과목을 공부하는 것이 낫다.

오랜 시간 동안 한 자리에서 공부할 때에는 1시간 30분 정도마다 공부하는 과목을 바꾸어 가면서 공부하는 것도 하나의 방법이다.

8) 집중력에 도움이 되는 공부 장소와 시간 찾기

하루 중에서 가장 공부가 잘되는 시간이 언제인지를 파악하자

자신의 학습 습관을 잘 관찰한 후 낮 시간에 가장 어려운 과목을 수강하도록 시간표를 작성하는 것이 좋다. 여기서 가장 중요한 것은 자신에게 가장 적합한 학습 시간대를 결정하는 일이다. 만약 오전 시간대가 본인에게 잘 맞지 않으면 더 나은 시간대를 찾는 것이 좋다.

학생들마다 편차는 있겠지만 대부분의 학생들에게는 낮에 1시간 공부하는 것이 저녁 때 1시간 공부하는 것보다 효과적이라고 한다.

9) 공부를 방해하는 유혹거리 제거하기

공부에 방해되는 유혹거리가 발생하지 않도록 미연에 방지하자

유혹거리에 계속 노출되면서 이를 억지로 참다 보면 녹초가 되어버릴 수도 있다. 유혹을 야기할 수 있는 것들을 사전에 제거한다. TV를 켜기 전에 반드시 그날 해야 할 과제를 끝마친다든지, 공부할 때는 전화기 전원을 꺼둔다든지, 방문 밖에 '방해하지 마세요!'와 같은 팻말을 걸어둔다.

10) 당장 실행하기

꾸물거리고 있다는 생각이 들 때 바로 과제를 시작하자

시작하는 것이 어렵게 느껴진다면 도서관에 가서 딱 15분만 책을 읽자고 스스로를 유인해 본다. 일단 한번 시작하면 대개는 도서관에 계속해서 가게 될 것이다.

2 시간관리전략 – 요일별 학습전략

효과적인 학습을 위한 일주일의 학습전략을 소개한다. 여기서는 학생들의 기억을 돕기 위해 월요일에서 일요일까지 요일과 관련시켜 제안한다.

1) 월요일–의미 부여하기

그 일이 왜 중요한가를 알아야 한다. 계속해서 꾸물거리고 어떤 일을 하지 않았다면 그 과제를 끝마쳤을 때의 이점에 대해 목록을 만들고 자신의 목표라는 관점에서 그 일을 바라보아야 한다. 계속해서 회피하고 있는 과제를 적어놓고, 그 아래에는 왜 그렇게 꾸물거렸는지에 대해 써본 다음 그 과제와 자신의 목표, 특히 자신이 받고자 하는 보수나 보상과 연결하여 생각해 본다.

2) 화요일–세부적으로 나누기

큰 과제는 작고 처리하기 쉬운 부분으로 구분하는 것이 좋다. 그런 다음 구분된 과제들을 하나씩 끝낸다는 생각을 가져야 한다. 구분된 과제는 약 15분 정도 안에 완료할 수 있을 정도이면 적당하다. 성과는 측정 가능하게 만들어서 학습이 얼마나 진척되었는지를 알 수 있도록 해야 한다. 만약 읽어야 할 분량이 너무 많아 엄두가 나지 않는다면 2~3페이지 분량의 장으로 쪼갠 후 각 장들을 목록화한다. 그런 다음 각 장들을 끝낼 때마다 한 장씩 지워나가면 된다. 뭔가 끝마쳤다는 사실을 시각적으로 확인할 수 있게 한다.

3) 수요일–자신의 의지를 문장으로 나타내기

세부적으로 구분한 각 과제마다 자신의 의지도 함께 작성해 두자. 작은 종이에다 자신의 의지를 써서 가지고 다니거나 줄로 공부하는 장소에 붙여두고 자주 볼 수 있게 한다. 예를 들면, 기말 리포트를 써야 하는데 시작하기가 쉽지 않게 느껴질 경우, "저녁 9시까지는 기말 리포트에 필요한 소주제를 적어도 10가지 찾아서 목록화해 본다. 그런 후에 1시간 동안은 내가 읽고 싶었던 책을 부담 없이 편하게 읽는다."와 같이 자신의 의지를 문장으로 표명한다.

4) 목요일–자신의 의지를 알리기

자신의 의지를 공개적으로 발표한다. 친구나 선생님, 룸메이트, 부모님에게 이야기한다. 자신의 의지를 세상에 공표하는 것은 자신이 목표한 바를 확실하게 완수하는 데 있어 훌륭한 방법이다. 자신의 지원 그룹을 만들면 더욱 효과적이다.

5) 금요일–보상을 생각해 보기

어떤 보상을 받으면 좋을지 써보는 것이 어려운 문제일 수도 있다. 어차피 영화를 보러 갈 생각이라면 영화를 보상으로 정해서는 안 된다. 계획한 바를 다 미치지도 않았으면서도 결국 영화를 보러간다면 영화는 보상으로서 효력이 없는 것이 되기 때문이다. 자신이 정당하게 보상을 얻어냈을 때 어떤 기분이 들지 한 번 생각해 본다. 열심히 공부한 결과로 얻어낸 것이라는 생각이 들었을 때 영화나 새 옷, 혹은 자신이 좋아하는 주제에 대해 1시간 공부하는 것이 더욱더 기쁘게 느껴질 것이다.

6) 토요일–당장 실행하기

당장 실행하자. 꾸물거리고 있다는 생각이 들자마자 과제에 바로 착수한다. 어느 산꼭대기의 호수에서 다이빙을 할 준비를 하고 있다고 상상해 보자. 조금씩 조금씩 물에 젖어 들어가는 것은 지루한 고문이 될 것이다. 차라리 재빨리 뛰어드는 것이 덜 고통스러운 경우가 자주 있다. 그러면 과제에 착수했다는 느낌에 재미를 느끼게 될 것이다.

7) 일요일–그만하기

만약 어떤 과제를 하면서 그것도 우선순위가 낮은 카테고리를 하면서 계속 시간을 보내고 있다면 그 일을 하는 목적을 재검토해야 한다. 뭔가를 할 의지가 없다는 생각을 깨달았다면 스스로에게 할 거라는 주문을 걸지 않는 것이 좋다. 그게 바로 꾸물거리는 것이다. 진실을 깨닫고 그만두자. 그러면 꾸물거리지 않아도 되고 하지도 않을 과제 때문에 무거운 책가방을 들고 다닐 필요가 없어진다.

학습 능률 향상을 위한 7가지 시간관리 노하우

Tip

하나, 학교수업을 중시하자.
둘, 수강 교과목의 특성을 파악하여 학습시간을 배분하자.
셋, 수업 첫 일주일은 다음 2주일 동안 배울 내용을 미리 공부하자.
넷, 공부하는 데 맞는 최적의 시간을 찾자.
다섯, 예습시간과 복습시간을 계획하자.
여섯, 컨디션이 좋은 시간에 가장 어려운 일을 하자.
일곱, 한 학기 단위의 달력을 만들자.

성공적인 시간관리를 위한 10가지 전략

Tip

하나, 시간 사용 내역을 구체적으로 파악한다.
둘, 시간 낭비를 최소한으로 줄인다.
셋, 목표를 구체적으로 세우고 현실적인 계획표를 만든다.
넷, 우선순위를 정하여 사소한 일보다 중요한 일을 먼저 한다.
다섯, 완벽하게 준비할 때까지 기다리지 말고 즉시 실천한다.
여섯, 해야 할 일을 반드시 기한 내에 마무리 짓는다.
일곱, 포기할 것은 빨리 포기하고, 버릴 것은 그때그때 버린다.
여덟, '시행착오(trial and error)'보다는 '시행성공(trial and success)' 방법을 선택한다.
아홉, 자투리 시간을 생산적으로 활용한다.
열, 공부하는 시간과 휴식시간을 철저히 구분한다.

생각해 보기

1. 나의 시간관리(시간 활용) 습관을 점검해 보자.
2. 일의 우선순위에 따라 시간관리 매트릭스(matrix)를 만들어 보자.
3. 월간, 주간, 일일 시간 계획표를 작성해 보고, 이를 실천한 후에 평가해 보자.

학습전략 포트폴리오 8

효율적인 시간 관리하기

이것은 무엇일까?

- 가장 길고 가장 짧다.
- 가장 빠르고 가장 느리다.
- 가장 잘게 쪼갤 수 있고, 가장 크게 나눌 수 있다.
- 가장 소홀히 하면서, 가장 아쉬워하는 것이다.
- 이것 없이는 아무것도 성취할 수 없다.

이것은 바로 '시간'이다.

미국의 명문대학 졸업반 학생들이 뽑은 '대학에서 배운 가장 중요한 것'은 의외로 '시간관리 방법의 습득'이었다.

『하버드 수재 1,600명의 공부법』이라는 책이 있다. 하버드대 교육학 전공 리처드 라이트(Richard J. Light) 교수가 지은 책으로 저자를 비롯한 연구팀이 하버드대 재학생 중 성적이 우수한 1,600명의 학생들을 대상으로 면접 등 다양한 조사를 통해 이들의 공부방법을 조사한 것이다.

출판사에서 이 책을 홍보하기 위해 한 마디로 설명한 문구가 있다.

"모든 수재는 시간의 지배자다."

그만큼 공부를 잘하기 위한 여러 조건 가운데 '시간관리'가 중요하다는 것을 표현한 문구라고 할 수 있다. 그러면 공부를 잘하기 위해서, 시간의 지배자가 되기 위해서 효율적인 시간관리를 해 보도록 하자.

1 나의 평소 생활 습관 체크하기

아래의 목록을 보면서 나의 평소 생활 습관을 체크해 보자.

내용	체크(√)
① 목표를 세우고 계획성 있게 생활하는 편이다.	
② 잠자기 전에 내일의 계획을 세우는 편이다.	
③ 아침에 하루의 일과에 대한 계획을 효율적으로 세운다.	
④ 자신만을 위한 시간을 갖고 있다.	
⑤ 즐거움을 위한 시간을 갖고 있다.	
⑥ 충분한 시간을 수면에 할애한다.	
⑦ 스트레스가 되는 상황은 되도록 피한다.	
⑧ 불필요한 일은 과감히 '하지 않는다'라고 정하고 이를 지킨다.	
⑨ 약속 시간을 잘 지킨다.	
⑩ 정해진 시간 내 업무를 잘 처리한다.	
⑪ 규칙적으로 생활한다.	
⑫ 나는 여유 있게 생활한다.	

체크 문항 수를 합산해 보자.

- 8개 이하: 시간의 노예

항상 시간에 허덕이며 여유 없이 살고 있다. 단순히 바쁜 일상 외에 성격이나 습관에 의한 조급함이 많이 작용하고 있다. 아침에 일어나 그날의 시간을 미리 분배해 계획하는 습관을 들이는 것이 도움이 된다. 또 약속시간을 맞추는 데 있어 약간은 빨리 준비한다는 마음으로 생활하는 것이 좋겠다. 다른 일과 마찬가지로 시간을 분배하는 데 있어서도 적당한 수준을 유지하기란 쉽지 않다. 그러나 조금씩 준비하는 생활이 습관이 되다 보면 하루에 몇 시간은 덤으로 얻은 것 같은 여유가 생길 것이다.

- 9개 이상: 시간의 주인

비교적 시간을 잘 관리하고 있다. 똑같은 시간이 주어져도 어떤 이는 허덕이고 어떤 이는 여유 있는 생활을 한다. 시간 조절은 개인의 조절력에 영향을 많이 받는 것을 알 수 있다. 정해진 시간 내 다른 사람보다 많은 것을 이룰 수 있다면 성공이라는 목표에 훨씬 다가가기 쉬운 조건을 가졌다고 할 수 있다.

2 나의 시간 활용 파악하기

- 고정시간: 마음대로 바꿀 수 없는 시간
  - 예 수업 참여, 보충 수업 시간, 과외 학습 시간(학원 등), 근무 시간 등
- 생활시간: 일상생활에 필요한 시간
  - 예 수면 시간, 세면 시간, 식사 시간, 청소 시간, 각종 이동에 필요한 시간 등
- 자유시간: 마음의 안정과 여유를 주는 시간, 개인적인 시간
  - 예 TV 시청, 라디오 청취, 운동, 가족 간의 대화, 취미 및 동아리 활동, 독서, 친구만남, 오락 등
- 학습시간: 학교 수업 외에 공부하는 시간

✎ 일주일 간의 시간 활용 파악해 보기

항 목		시 간	총시간
고정 시간	수업참여		
	보충 수업 시간		
	학원 등 과외 학습 시간		
	근무 시간		
생활 시간	수면 시간		
	세면 시간		
	식사 시간		
	이동 시간		
	기타 생활 시간		
자유 시간	휴식, TV, 오락		
	취미 및 동아리		
	친구		
	기타 자유 시간		
학습 시간	학교 수업 외 공부 시간		

위 시간 활용 파악을 통해 낭비되는 시간은 없는지 살펴보자.

✎ 시간 낭비 요인 적어보기

외적 낭비 요인 사례	외적 낭비 요인	내적 낭비 요인 사례	내적 낭비 요인
• 전화 • 방문 • 모임, 회의 • 기다리는 시간 • 우편물과 읽을거리 • TV 시청 • 적절한 정보의 부족 • 다른 사람의 실수 처리		• 계획, 관리의 부족 • 우선순위 설정의 미비 • 위임을 하지 못함 • 급한 것 먼저 함 • 미루기 • 의사소통의 실패 • 거절을 못함 • 피로	

시간 활용 점검하기

시간 활용 점검표(울트라 초강력 학습법 111가지, 볼프강 엔드레스, 2003)		
1.	나는 시간에 쫓길 때 공부가 더 잘된다.	□
2.	나는 종종 시간의 압박을 느낀다.	□
3.	나는 자주 지각을 하는 편이다.	□
4.	나는 평소 정리를 잘 못해서 무언가를 찾으려면 시간이 많이 걸린다.	□
5.	나는 일을 시작만 한 채로 내버려두는 경우가 종종 있다.	□
6.	나는 너무 무리하게 계획을 세운다.	□
7.	나는 시간 계획을 잘 안 세운다. 그때 그때 하기 나름이다.	□
8.	나는 종종 할 일을 미루는 편이다.	□

위 표에서 3가지 이상 해당된다면, 공부 외의 것에 시간을 많이 뺏기고 있다고 할 수 있다. 그러면, 이제 구체적으로 자신이 어떻게 시간을 쓰고 있는지 살펴보도록 하자.

표를 작성하는 방법은 간단하다. 다음 페이지의 주간 시간 활용 분석하기 표에 있는 점검 항목별로 일을 한 번 하는 데 필요한 시간을 '한 번에 필요한 시간(㉠)'에, 그리고 이 일을 하루에 몇 번하는지를 '회(㉡)'에 기입한다. 그리고 며칠 동안 하는지를 '일(㉢)'에 적어 넣는다. 이렇게 기입한 수를 곱해 '주당 필요한 전체 시간'에 적는다. 이렇게 하면 일상생활과 학교생활 속에서 나의 활동에 대하여 시간이 어느 정도 사용되고 있는지, 전체적인 시간 활용 측면에서 어떤 부분의 시간을 줄이고 늘려야 하는지 파악할 수 있다.

주간 시간 활용 분석하기

점검 항목	한 번에 필요한 시간 ㉠	회 ㉡	일 ㉢	주당 필요한 전체 시간 ㉠×㉡×㉢
① 일반적으로 몇 시간 자는가?				
② 일반적으로 몸치장하는 데 걸리는 시간은?				
③ 일반적으로 식사 준비와 마무리까지 포함한 식사 시간은?				
④ 통학에 걸리는 시간은?				
⑤ 일반적으로 일주일에 과외 활동(학생회, 반 활동, 동아리, 교회 등)을 위해 사용하는 시간은?				
⑥ 일반적으로 일주일 동안 아르바이트하는 데 사용하는 시간은?				
⑦ 일주일당 수업 시간은?				
⑧ 일반적으로 여가(친구와 어울리기, 텔레비전 시청, 컴퓨터 게임 등)를 위해 주당 사용하는 시간은?				
⑨ 기타(일상생활과 학교생활 중 위 항목에서 제외된 내용)에 사용하는 시간은?				
⑩ 일상생활과 학교생활을 위해 주당 사용하는 시간 합계(①~⑨까지의 합)				
⑪ 주당 공부시간 계산하기(168시간-⑩)				

위 표에서 ①번부터 ⑩번까지 시간의 합은 나의 모든 활동을 포함하는 시간이다. 하지만 내가 공부하는 데 사용하는 시간은 빠져 있다. 따라서 ⑪번의 시간을 보면 내가 주당 공부에 어느 정도 시간을 사용하고 있는지 알 수 있다.

3 시간관리 매트릭스 만들어 보기

시간관리 매트릭스는 일의 우선순위(priority, 긴급성과 중요성)에 따라 시간관리를 할 수 있도록 도와준다. 시간관리 매트릭스를 바탕으로 일의 긴급성과 중요성에 따라 주간 시간관리 매트릭스를 만들어 보자.

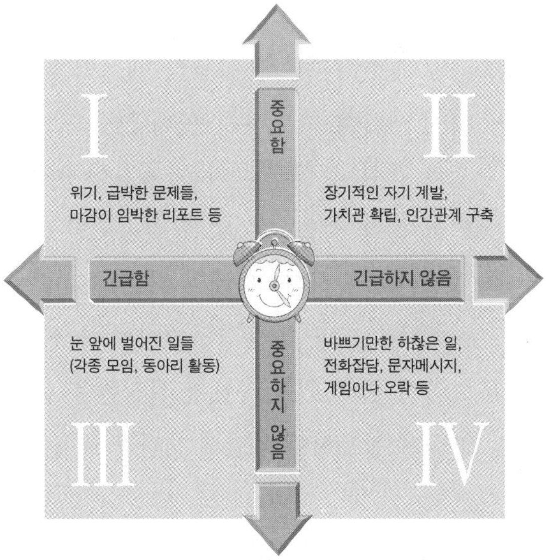

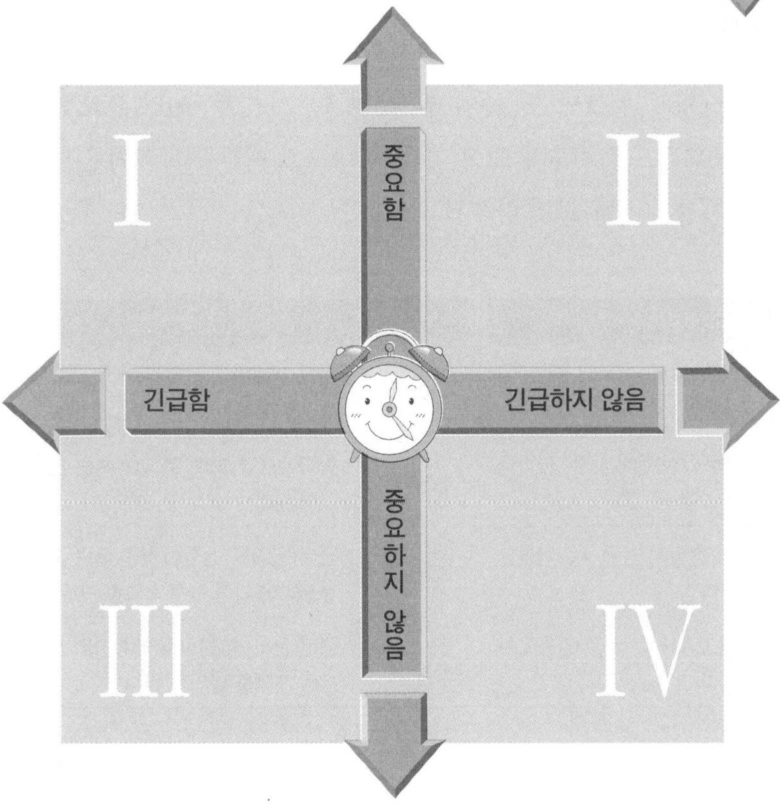

4 시간 계획 및 점검표 만들어 보기

앞에서 살펴본 시간관리 매트릭스를 바탕으로 실제 시간관리를 어떻게 해야 할지 생각해 보자. 여기서 우선적으로 가장 필요한 것은 '목표 설정'이다. 전체적으로 '목표'를 설정한 다음, 필요한 일들을 나열해 본다. 그리고 이 일들의 우선순위를 정한 것을 기초로 월별 · 주별 · 일일 시간 계획을 세우는 것이 좋다. 목표 설정은 간단하다. 지금의 자신의 모습을 기준으로, 일정 시간 단위에 따라 자신이 원하는 모습을 생각하면서 이를 적어보는 것이다.

이를 위해 먼저 목표를 설정한 다음, 월간, 주간, 일일 시간 계획표 및 점검표 양식을 참조하여 나만의 시간을 효율적으로 관리해 보자.

1) 목표 설정하기

1주 후, 1달 후, 한 학기 후, 1년 후, 졸업 후, 10년 후, 20년 후, 30년 후의 자신이 원하는 모습을 구체적으로 기술해 보고, 이를 바탕으로 시간관리 계획을 세워 보자. 목표 설정의 예를 제시해 보면 다음과 같다.

기간	자신이 원하는 모습	기간	자신이 원하는 모습
1주 후	• '교육공학의 실제' 과목의 중간 시험을 잘 본다.	졸업 후	• 멋진 새내기 교사가 되어 학교로 첫 출근한다.
1달 후	• '교육 공학의 실제'에서 A^+ 평점을 받는다.	10년 후	• 학교에서 최고로 잘 가르치는 선생님이 된다.
한 학기 후	• 나의 전체 평점이 평균 4.0 이상으로 올라간다.	20년 후	• 풍부한 교육 경험을 바탕으로 교장 선생님이 되어 멋진 학교를 만든다.
1년 후	• 교사가 되기 위하여 교원 임용고사를 준비한다.	30년 후	• 정년 은퇴 후 문화재 해설사가 되어 우리 지역을 널리 알린다.

기간	자신이 원하는 모습
1주 후	
1달 후	
한 학기 후	
1년 후	

기간	자신이 원하는 모습
졸업 후	
10년 후	
20년 후	
30년 후	

2) 월간 시간 계획 및 점검표 작성하기

월간 시간 계획 및 점검표를 작성하여 월별 일정에 따른 세부 목표, 해야 할 일을 계획하고 이를 평가한다.

월간 시간 계획 및 점검표				
월	세부 목표	해야 할 일	평가하기	
			잘했던 점	부족한 점
1				
2				
3				
4				
5				
6				
7				
8				
9				
10				
11				
12				

3) 주간 시간 계획 및 점검표 작성하기

주간 시간 계획 및 점검표를 작성하여 주별 일정에 따른 세부 목표, 해야 할 일을 계획하고 이를 평가한다.

주간 시간 계획 및 점검표

년 월 일 ~ 월 일

요일	세부 목표	해야 할 일	평가하기	
			잘했던 점	부족한 점
월				
화				
수				
목				
금				
토				
일				

4) 일일 시간 계획 및 점검표 작성하기

일일 시간 계획 및 점검표를 작성하여 일별 일정에 따른 세부 목표, 해야 할 일을 계획하고 이를 평가한다.

일일 시간 계획 및 점검표

년　　월　　일

시간	세부 목표	해야 할 일	평가하기	
			잘했던 점	부족한 점
06:00				
06:30				
07:00				
07:30				
08:00				
08:30				
09:00				
09:30				
10:00				
10:30				
11:00				
11:30				
12:00				
12:30				
13:00				
13:30				
14:00				
14:30				
15:00				
15:30				
16:00				
16:30				
17:00				
17:30				
18:00				
18:30				
19:00				
19:30				
20:00				
20:30				
21:00				
21:30				
22:00				
22:30				
23:00				
23:30				
24:00				
전체 점검				

학습전략 9

학습 이력 관리를 위한 학습 포트폴리오 작성(개발)하기

자신의 학습에 대해 스스로 점검하고 성찰하는 활동은 자기 관리와 계발을 위해서 매우 중요하다고 할 수 있다. 이를 위해 지속적으로 자기 자신을 점검해 보고 개선점을 찾아서 수정, 보완해 나갈 수 있는 포트폴리오는 자신의 학습 이력을 관리할 수 있는 최선의 방법이 될 수 있다.

포트폴리오(portfolio)의 사전적 의미는 개개의 금융 기관이나 개인이 보유하는 각종 금융 자산의 명세표를 일컫는 말로, 다양한 투자 대상에 분산하여 자금을 투입하여 운용하는 일을 말한다. 또한 원래는 '서류가방' 또는 '자료수집철'을 뜻하지만, 일반적으로는 주식 투자에서 여러 종목에 분산 투자함으로써 한 곳에 투자할 경우 생길 수 있는 위험을 피하고 투자 수익을 극대화하기 위한 방법으로 사용되고 있다. 이러한 포트폴리오를 나의 학습 활동에 적용하여 나만의 학습 이력을 관리해 보자.

1 학습 포트폴리오의 의미와 필요성

학습 포트폴리오(Learning Portfolio)란 스스로 학습과정을 되돌아보고, 학습의 향상 정도, 학습 성향의 장단점 등을 지속적이고 종합적으로 수집, 정리한 일종의 자료 모음집이라고 할 수 있다.

또한 학습(Learning) 활동에 대한 성과와 노력을 보여 주는 증거 자료와 이에 대한 자기 성찰의 내용을 정리해 놓은 학습활동서 또는 학습에서의 자신의 성취를 사실적으로 기술한 학습에 관한 이력서, 학습의 성취수준, 기능, 활동 범위, 향상도 등 다차원적인 자료 모음집이라고도 할 수 있다.

학습 포트폴리오에 관한 견해에 따르면, 첫째, 학습 포트폴리오를 학생들의 성장 및 발달, 능력, 성취, 노력을 증명하기 위한 목적으로 수집된 자료의 총체(이영석, 이정화, 2000)로 보기도 하며, 둘째, 학생들의 작품을 조직화된 방식으로 모으는 다차원적인 수집이며, 포트폴리오 안에는 자료들에 대한 반성적인 논의가 포함되며(Annis & Jones, 1995), 셋째, 학생들에게 학습 과정이 진행됨에 따라 체계적인 반성을 할 수 있는 하나의 기반을 제공하여 학습능력을 향상시켜 주는 것(Zubizarreta, 2004)으로 보기도 한다.

종합하면, 학습 포트폴리오란 '해당 분야의 최고의 전문가가 될 수 있도록 학습의 과정과 결과에 대한 종합적인 관리 및 이를 비판적으로 성찰하는 기회를 제공하는 학습 활동 통합 관리 시스템'이라고 할 수 있다(조용개, 2009).

학습 포트폴리오가 왜 필요한지에 대해서는 크게 3가지로 정리해 볼 수 있다.

첫째, 대학의 요구

대학에서는 21세기 글로벌과 융복합 시대를 맞아 리더십과 해당 분야의 전문성, 소양, 창의력, 실천역량을 두루 갖춘 리더를 양성하는 것이 중요해지고 있다.

둘째, 사회의 요구

우리 사회는 결과 중심의 단편적인 정보(졸업장, 학점, 영어점수 등)로 인재를 판단하기보다는 다양한 경험과 꾸준한 자기 계발 노력, 창의성으로 무장된 인재를 요구하고 있다.

셋째, 학생의 요구

우리 학생들은 자신의 비전에 대한 지속적인 성찰과 학습 여정에 대한 계획, 관리를 통해 사회에서 필요로 하는 인재로 성장하기 위한 관리 체계가 필요해지고 있다.

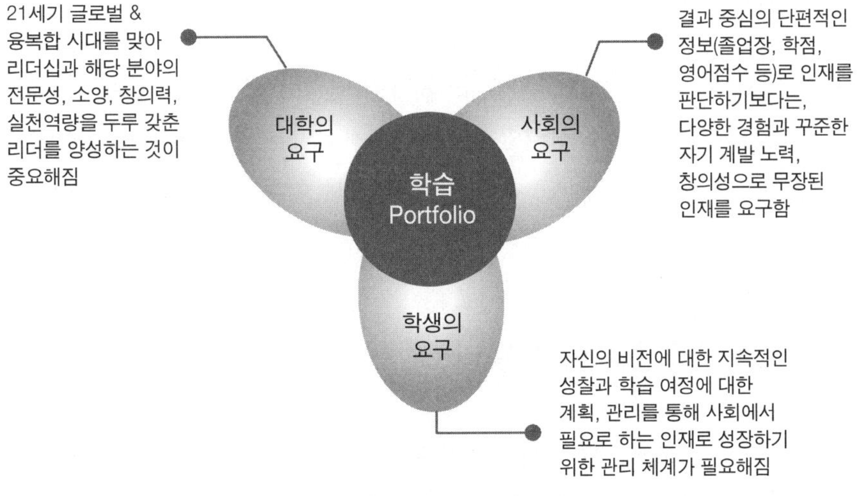

[그림 9-1] 학습 포트폴리오의 요구

2 학습 포트폴리오의 특성과 장점

학습 포트폴리오의 특성은 다음과 같다.

① 특정 교과목에 대한 전반적인 학습내용을 정리하고 구체화할 수 있다.

② 학습의 진행과정이나 사고과정의 변화를 알 수 있다.

③ 자신의 학습과정을 성찰할 수 있는 기회를 제공해 준다.
④ 학습성취 결과에 대한 평가도구로 활용할 수 있다.
⑤ 학습의 탐구과정을 통하여 자기주도적인 학습능력을 기를 수 있다.

학습 포트폴리오의 장점은 다음과 같다.

① 학습과 자기평가를 조화롭게 해 준다.
지속적으로 자신의 학습내용을 성찰하고, 자기평가를 통해 학습과정에 주체적으로 참여할 수 있다.
② 교수자와 학습자가 의사소통을 할 수 있는 매개체가 된다.
교수자는 학생에게 의미 있는 피드백을 해 줄 수 있으며, 학습자는 학습과정에 대해 구체적으로 지도를 받을 수 있다.

따라서 학습 포트폴리오 작성(개발)을 통하여 대학의 전 과정을 통해 달성한 자신의 학습성과를 체계적으로 정리할 수 있으며, 자신의 능력과 실적 및 경력을 보여 줄 수 있으며, 취업이나 상급학교 진학 또는 유학 시 효과적으로 활용할 수 있다.

3 학습 포트폴리오의 원리

① 관리(Management)의 원리: 학습자의 학습활동의 과정과 결과를 체계적으로 수집, 저장, 관리할 수 있다.
② 성장(Development)의 원리: 학습자의 체계적인 경력관리와 학력 관리로 본인의 능력 파악할 수 있다.
③ 성찰(Reflection)의 원리: 학습활동을 지속적으로 점검할 수 있으며, 학습 철학과 스타일 확인을 통하여 자신에 적합한 학습방법을 개발할 수 있다.
④ 교류(Communication)의 원리: 교수자와 학습자 간의 개인 노하우 공개와 피드백을 공유할 수 있다.

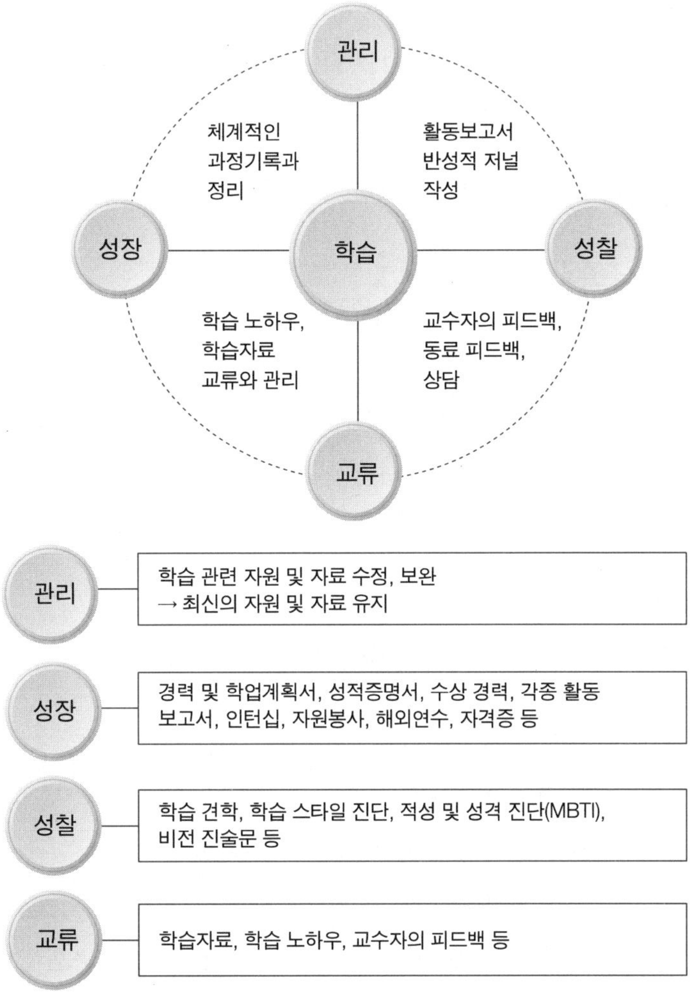

[그림 9-2] 학습 포트폴리오의 원리

4 학습 포트폴리오의 유형

1) 목적에 따른 분류(Hartnell-Young & Morris, 1999)

① 학습(형성적) 포트폴리오: 학습의 과정을 지속적으로 모니터링을 하면서 발전시킬 수 있다.

② 측정(총괄적) 포트폴리오: 종합적으로 학습의 과정을 평가할 수 있다.

③ 취업(시장형) 포트폴리오: 취업 준비를 위하여 모든 결과물을 모아둔다.

2) 과정에 따른 분류(조용개, 2008)

① 학습 교과 포트폴리오: 특정 교과목 관련 학습 과정 및 결과 모음학습(형성적) 포트폴리오

② 학습 전략 포트폴리오: 학습(공부) 전략(방법)에 관한 노력의 과정과 성찰 모음

③ 학습 이력 포트폴리오: 전반적인 학습 역량을 보여 줄 수 있는 종합 자료 모음으로 학습 교과 포트폴리오와 학습전략 포트폴리오를 모두 포함한다.

5 학습 포트폴리오의 구성요소

학습 포트폴리오는 학습의 과정(process)과 결과(output)를 모두 포함하는 것으로 일반적인 학습 포트폴리오 구성요소로는 자기소개, (이력)경력 및 학업계획서, 성적증명서 및 시상(장학증서 등), 학습성과물, 활동보고서(인턴십, 커뮤니티, 자원봉사, 해외연수 등), 각종 자격증(언어, 기사자격 등), 학습진단(스타일) 및 상담일지(지도교수 면담), 연구물 및 기타(출판, 발표, 시연, 제안서) 등이 포함될 수 있으나 이 책에서 권하는 학습 포트폴리오 구성요소를 소개하면 다음과 같다(조용개, 2008).

Part 1. 개인 정보

- 개인 신상 명세-이름, 사진, 이메일, 홈페이지 또는 블로그 등
- 자기 소개-성장 과정, 자신의 목표(장기/단기 목표), 취미 및 관심사, 강점과 약점 등
- 개인 이력-학력, 경력, 자격, 연수 등
- 기타 증빙 자료-졸업장, 성적증명서, 각종 이수증 등

Part 2. 학습 활동

- 학습 신념(철학)–학습(공부)에 대한 자신의 신념이나 철학
- 학습 목표–학습(공부)의 장 · 단기 목표
- 학습 방법–자신만의 학습 노하우, 학습습관 및 전략
- 학습 내용–학기(년), 교과(전공)별, 주제별 학습 내용
- 학습 활동–학습 스터디, 튜터링, 학습 블로그 활동 등
- 학습 결과–학습 노트, 보고서, 발표 자료, 논문 등
- 학습 평가–평가 결과, 교수님으로부터의 피드백, 동료 평가
- 학습 관련 자료–학습 활동 결과물 등

Part 3. 학습 외 활동

- 동아리 활동–동아리 및 학생회 활동 자료
- 봉사 활동–각종 봉사 활동 자료
- 국내외 연수 및 인턴십–국내외 연수 및 인턴십 경험 관련 자료
- 연구 및 개발 활동–프로젝트, 학회, 세미나 활동 자료
- 공모, 공연, 작품 활동–각종 공모, 공연, 작품 활동 자료 등

Part 4. 성찰 활동

- 학습 목표에 대한 성찰–학습 목표 설정 및 실천에 대한 성찰(반성)
- 학습 과정에 대한 성찰–학습 방법, 내용, 활동에 대한 성찰(반성)
- 학습 결과에 대한 성찰–학습 결과, 평가 결과에 대한 성찰(반성)

Part 5. 기타 자료

- 자신의 학습의 과정과 결과를 보여 줄 수 있는 기타 각종 자료 또는 결과물(증빙 자료)
- 자신의 이력 및 경력을 보여 줄 수 있는 기타 각종 자료 또는 결과물(증빙 자료)

6 학습 포트폴리오의 활용

- 시험을 준비할 때 학습 자료, 수업 노트, 과제물 피드백 등을 활용하여 공부한다.

- 자신의 학습 성향과 태도를 관찰하여 자신에 맞도록 학습 분량과 학습 방법을 조절한다.
- 본인의 활동 기록과 변화 과정을 기록하는 습관을 통해 시간관리 능력과 자기 조절 학습 능력을 기른다.
- 대학원 진학 또는 취업 시 본인의 능력을 증빙할 수 있는 자료로 활용한다.
- 본인의 발전 과정에 대한 지속적인 기록과 성찰 과정을 통해 진로방향을 결정하는 자료로 활용한다.

평소에 학습한 내용에 대한 포트폴리오를 작성하고, 바인더에 체계적으로 정리해 두면 차후에 훌륭한 '나만의 지식이력서'가 탄생하게 됩니다…… ^^∨

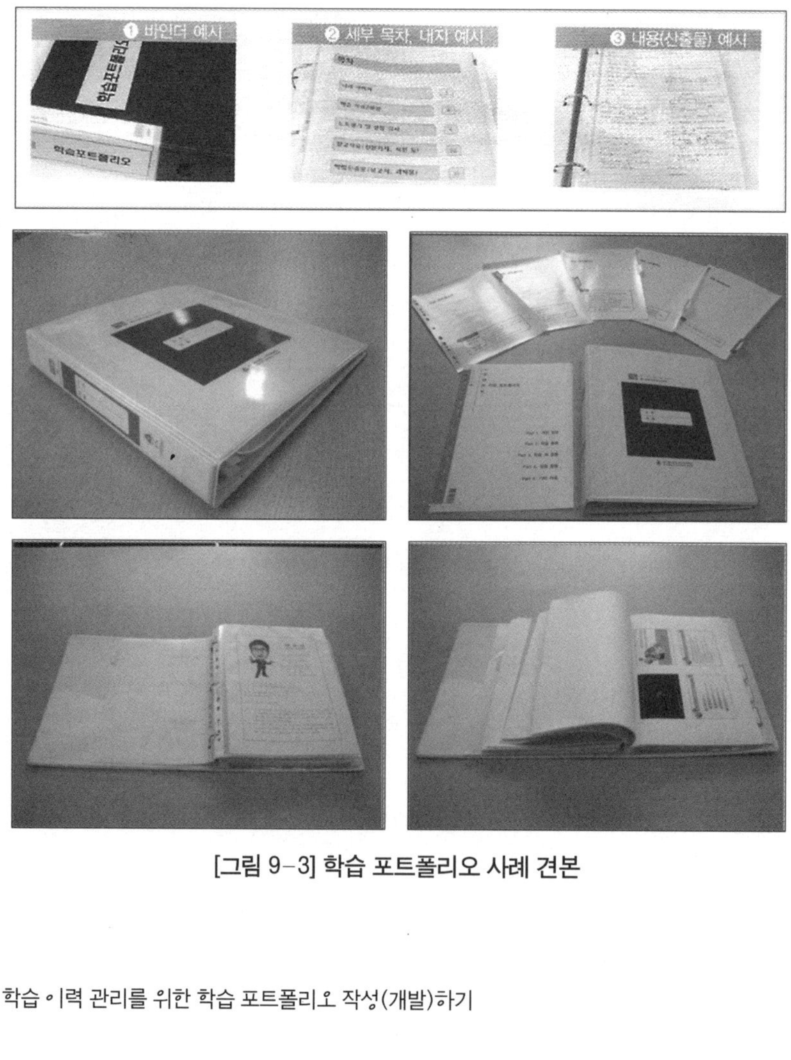

[그림 9-3] 학습 포트폴리오 사례 견본

Tip

학습 포트폴리오 작성(개발) 단계

1단계: 목표 설정(setting goal) 단계

목표는 구체적(specific)이어야 하며, 측정가능(measurable)해야 하며, 실천적(actual)이어야 하며, 실현가능성(realistic)이 있어야 하며, 기한(timely)을 설정해야 한다.

2단계: 작성(개발)(development) 단계

목표와 비전의 명료화 → 학습동기, 학습목표 진술 → 자료 수집 → 자료 선별 → 자료 조직 → 성찰 작성 → 부차적 자료 수집 → 자료의 구조화

3단계: 성찰(reflection) 단계

성찰의 목적은 자기반성과 자아실현에 있다. 과정과 결과에 대한 생각과 느낌을 성찰일지로 작성한다.

Tip

학습 포트폴리오 작성(개발)을 위한 4가지 노하우

하나, 개발 목적을 정한다.

교과 학습의 능력 향상, 학습 방법(전략) 개발, 학습 이력, 학습 평가, 취업 등

둘, 구성요소를 정한다.

개인정보, 학습활동, 학습 외 활동, 성찰활동, 기타 자료 등

셋, 성찰내용을 기록한다.

수집한 자료를 분석하고 평가한다, 구성요소별 자료에 대한 성찰기록을 한다.

넷, 3링 바인더에 정리한다.

각 구성요소별 목차를 만들고 섹션을 나눈다, 수시로 자료를 수집해 둔다, 구성요소별 자료를 체계적으로 정리한다.

☞ 분량보다는 대학생활을 통해 갖추게 된 개인의 능력, 역량, 인성 등에 관한 내용을 중심으로 정리, 제시한다(주요 자료별 1~2매 건별 요약).

Tip

좋은 학습 포트폴리오 작성(개발) 7가지 전략

1. 필요한 자료(정보)만 수집하고, 내용 요약, 조직화하기
2. 독자를 고려해서 읽기 편한 표현 방식 선택하기
3. 전시나 평가를 염두에 두고 개발하기
4. 사실 제시 후 자신의 생각, 성찰 내용 보여 주기
5. 학습의 과정(맥락, 흐름) 설명하기
6. 주요 증빙 자료를 의도적으로 선별하여 보여 주기
7. 독창적인 요소와 개인적 스타일이 드러나게 하기

생각해 보기

1. 나의 학습 포트폴리오를 작성(개발)하는 목적은 무엇인가?
2. 학습 포트폴리오에 포함되는 구성요소에는 어떤 것들이 있는가?
3. 나만의 체계적인 학습 포트폴리오를 작성(개발)해 보자.

학습전략 포트폴리오 9

학습 이력 관리를 위한 학습 포트폴리오 작성(개발)하기

대학생활 동안 자신이 이루고 싶은 비전과 미션을 수립하고, 이것을 순차적으로 달성하기 위한 계획을 세워 실천 정도를 지속적으로 성찰하고, 자신이 '준비된 인재'로 성장하는 과정에서 동기부여가 될 수 있도록 필수 항목들을 학습 포트폴리오 항목으로 개발하고, 취업 시 성적이나 어학 점수와 같은 단편적인 정보뿐 아니라, 4년 동안 축적한 전문성과 기반역량을 한눈에 보여 줄 수 있는 활동 중심 이력서를 통해 자신의 강점을 충분히 인식하고 피력하여, 'Plan–Do–See'로 이어지는 지속적인 성찰(reflection) 메커니즘을 통해 비전의 실현 가능성을 높여 나가야 한다.

Learning Portfolio를 개발(작성)할 때는 학습의 양보다는 학습의 과정과 내용에 대한 자신의 강점과 약점을 살펴보는 자기 성찰 활동이 무엇보다도 중요하다. 매일 또는 매주 학습한 내용에 대한 Portfolio를 작성하고, 바인더에 체계적으로 정리하면 훌륭한 나만의 '지식 이력서'를 만들 수 있을 것이다.

1 목표 설정하기

학습 포트폴리오를 만들기 위해서는 무엇보다도 뚜렷한 목표를 설정(Setting Goal)하는 것이 중요하다. 목표를 설정하고자 할 때는 내가 기대하는 바(To be)와 현재 상태(As-is) 간의 괴리를 어떻게 줄이는가에 초점을 맞추어야 한다.

아래 그림은 나의 목표(기대하는 바)를 달성하기 위하여 대학 1학년부터 4학년까지 각각의 하위 목표를 세운 예를 보여 주고 있다.

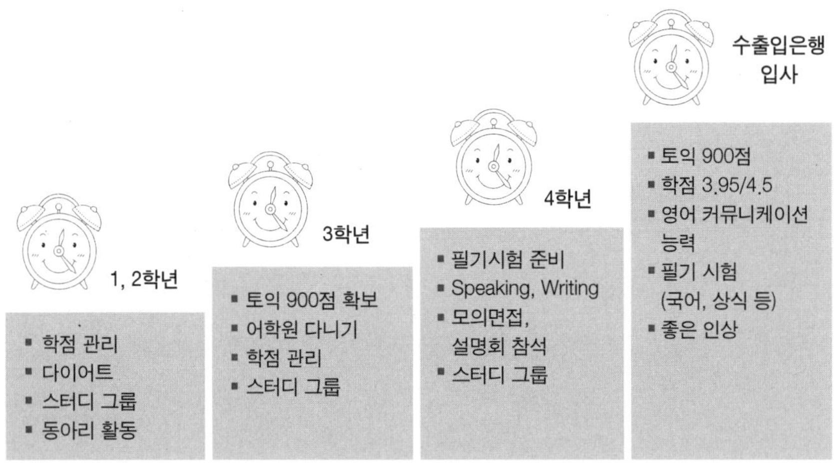

* 출처: 이지은(2008). 학습 이력 및 경력 관리를 위한 학습 포트폴리오 활용 노하우. 순천향대학교 학습법 특강 자료.

2 비전과 미션 수립하기

내가 지향하는 목표를 달성하기 위해서 미래의 전망(비전, Vision)은 무엇이며, 이를 달성하기 위해 무엇(미션, Mission)을 해야 할 것인가를 결정해야 한다. 다음 그림과 같이 자신의 비전과 미션을 세우고 구체적으로 실천할 수 있는 계획을 수립한다면 목표 중심의 학습 포트폴리오를 만들 수 있다.

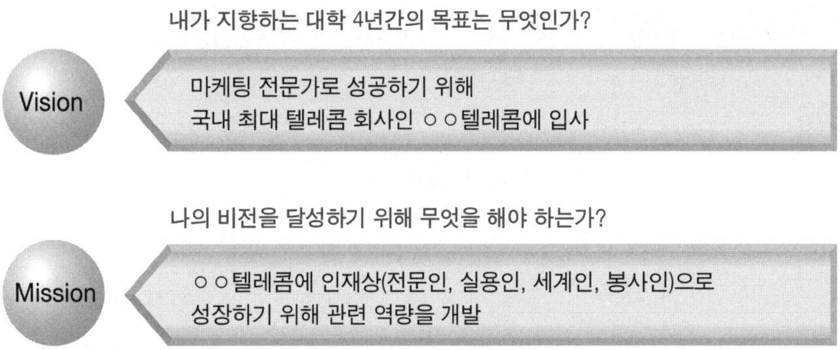

3 비전 달성을 위한 로드맵 작성하기

로드맵(Road Map)이란 앞으로의 계획이나 전략 등이 담긴 구상도 또는 청사진을 의미하는데, 로드맵을 통하여 자신의 미래 모습을 그려 보고, 현재 모습을 파악하여 향후 계획을 세울 수 있다. 로드맵을 그려 보는 과정은 가장 먼저 비전과 미션을 정하고 SWOT, 즉 강점(Strength)과 약점(Weakness), 기회(Opportunity)와 위협(Threat) 요인을 분석하여 자신의 역량을 파악한 다음, 역량 개발을 위한 연간 활동 계획을 세운다. 이를 그림으로 나타내면 다음과 같다.

일반적으로 SWOT 분석은 기업에서 환경 분석을 통해 강점과 약점, 기회와 위협 요인을 규정하고 이를 토대로 마케팅 전략을 수립하는 기법으로 기업의 환경 분석뿐만 아니라 모든 설계 과정에서 유용한 도구로 사용되고 있다. 이러한 분석 기법을 통하여 나의 SWOT를 분석하여 향후 목표 달성을 위한 극복 방안을 마련하는 데 적극 활용할 수 있다. SWOT 분석의 예를 제시하면 다음과 같다.

<table>
<tr><th colspan="4">목표: 토익 900점</th></tr>
<tr><td colspan="2" rowspan="2">내부능력
외부환경</td><td>S(강점)</td><td>W(약점)</td></tr>
<tr><td>영어에 흥미가 있다.</td><td>규율적인 시간관리를 잘하지 못한다.</td></tr>
<tr><td rowspan="2">O
(기회)</td><td rowspan="2">영어 복수 전공 전택</td><td>우선수행과제
(강점－기회(SO) 전략)</td><td>우선보완과제
(약점－기회(WO) 전략)</td></tr>
<tr><td>영어 부전공을 최대한 활용하여 공부한다.</td><td>토익 강의를 집중적으로 듣는다.</td></tr>
<tr><td rowspan="2">T
(위협)</td><td rowspan="2">학점 취득 부담</td><td>RISK 해결과제
(강점－위협(ST) 전략)</td><td>장기보완과제
(약점－위협(WT) 전략)</td></tr>
<tr><td>영어 학점 취득에 중점을 둔다.</td><td>토익 공부 시간을 점차 늘려 나간다.</td></tr>
</table>

위 SWOT 분석의 예를 참고하여 목표를 설정한 다음, 나의 강점과, 약점, 기회, 위협 요인을 분석해 보자. 나의 강점과, 약점, 기회, 위협 요인을 분석한 다음에는 이를 해결해 나갈 수 있는 우선수행과제(강점－기회(SO) 전략), 우선보완과제(약점－기회(WO) 전략), 리스크(risk) 해결과제(강점－위협(ST) 전략), 장기보완과제(약점－위협(WT) 전략)를 세워보자.

<table>
<tr><th colspan="4">목표:</th></tr>
<tr><td colspan="2" rowspan="2">내부능력
외부환경</td><td>S(강점)</td><td>W(약점)</td></tr>
<tr><td></td><td></td></tr>
<tr><td rowspan="2">O
(기회)</td><td rowspan="2"></td><td>우선수행과제
(강점－기회(SO) 전략)</td><td>우선보완과제
(약점－기회(WO) 전략)</td></tr>
<tr><td></td><td></td></tr>
<tr><td rowspan="2">T
(위협)</td><td rowspan="2"></td><td>RISK 해결과제
(강점－위협(ST) 전략)</td><td>장기보완과제
(약점－위협(WT) 전략)</td></tr>
<tr><td></td><td></td></tr>
</table>

4 핵심 역량 분석과 역량 개발하기

핵심 역량이란 단순히 개인이 잘하는 활동을 의미하는 것이 아니라 어떤 조직에서 필요로 하는 능력 가운데 다른 사람에 비해 훨씬 우월한 능력, 즉 경쟁우위를 가져다주는 능력으로, 보다 우수한 수준으로 만족을 제공할 수 있는 개인의 힘을 의미한다. 따라서 사회가 필요로 하는 여러 가지 다양한 조건 중 자신의 비전과 미션을 이룰 수 있는 핵심 요소를 명확히 설정하여 이를 이루기 위한 방법을 찾아내는 것이 무엇보다도 중요하다(이지은, 2008). 이러한 역량을 개발하기 위한 지표를 설정해 보면 다음과 같다.

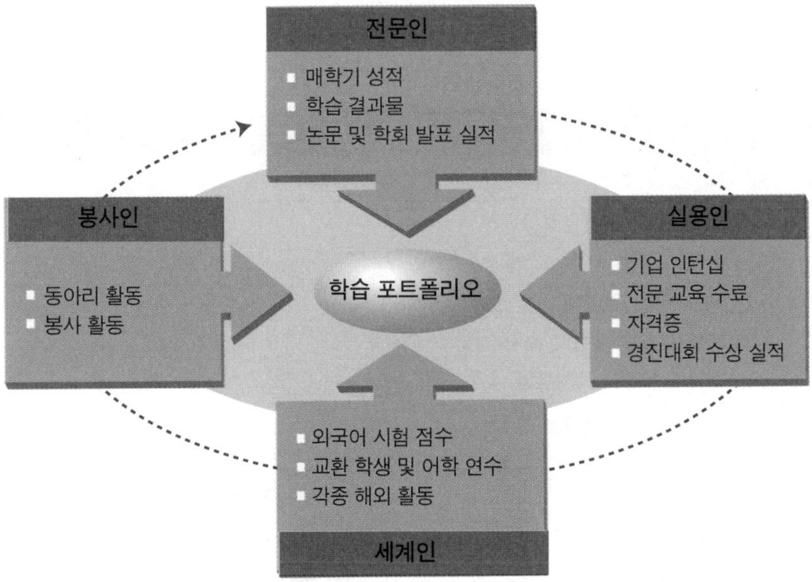

* 출처: 한양대학교 교수학습개발센터(2007).

다음으로 역량 개발을 위한 연간 개발 계획을 세우고, 이를 실천하기 위한 연간 활동 계획을 세워야 한다. 이를 그림으로 나타내면 다음과 같다.

연간 개발 계획			
Mission	Competency	Activity	Time
전문인	• 마케팅 전문 지식 • 연구 능력	• 마케팅 관련 과목 수강/평점 3.75 이상 • 마케팅 학회 발표 • 텔레콤 리뷰 프로시딩	A 3/1 3/2
실용인	• 현장 감각(즉전력) • 마케팅 기반 능력	• 인턴십 • 대학생 마케팅 경진대회 • AMOS 자격증	4/1 2/2 2/2
세계인	• 이문화에 대한 이해 • 어학 능력	• KADO 해외 봉사단 • ○○어학원에서 그린 벨트 따기	IMP 3/1 ~
봉사인	• 대인관계, 사회성 • 서번트 리더십	• 동아리 활동/동아리 주관 사회봉사 활동	~2/2
○○인	• 문제해결능력 • 사회성 • 어학	• 적성검사 시험 준비 • 모의 면접 참석 • 토익 점수 따놓기(830)	4/1 4/1 4/1

연간 활동 계획	
학년	Action Plan
1	• 학과 성적 관리(평점 3.75) • 동아리 활동/동아리 주관 사회봉사 활동
2	• 학과 성적 관리(평점 3.75) • 동아리 활동/동아리 주관 사회봉사 활동 • 대학생 마케팅 경진대회 출전 • AMOS 자격증 따기
3	• 학과 성적 관리(평점 3.75) • ○○어학원 다니면서 그린 벨트 따기 • 마케팅 학회 발표 • 텔레콤 리뷰 프로시딩
4	• ○○텔레콤 인턴십 프로그램 참여 • 적성검사 시험 준비 • 모의 면접 참석 • 토익 점수 따놓기(830점)

위 연간 개발 계획과 연간 활동 계획의 예를 참고하여 나의 연간 개발 계획과 연간 활동 계획을 세워 보자.

연간 개발 계획			
Mission	Competency	Activity	Time
전문인			
실용인			
세계인			
봉사인			
○○인			

연간 활동 계획	
학년	Action Plan
1	
2	
3	
4	

5 학습 포트폴리오 작성(개발)하기

학습 포트폴리오 작성(개발)절차는 다음과 같다.

Learning Portfolio 개발 절차

위 학습 포트폴리오 개발 절차에 따라 앞서 소개된 학습 포트폴리오 구성요소를 참조하여 개인 정보, 학습 활동, 학습 외 활동, 성찰 활동, 기타 자료별로 학습 포트폴리오를 작성(개발)해 보자. 이 책에서 제시하는 학습 포트폴리오 예시를 참조하고 양식(표)을 활용하면 보다 효과적이고 효율적으로 학습 포트폴리오를 만들 수 있을 것이다.

Part 1. 개인 정보

- 개인 신상 명세－이름, 사진, 이메일, 홈페이지 또는 블로그 등
- 자기 소개－성장 과정, 자신의 목표(장기/단기 목표), 취미 및 관심사, 강점과 약점 등
- 개인 이력－학력, 경력, 자격, 연수 등
- 기타 증빙 자료－졸업장, 성적증명서, 각종 이수증 등

Part 1. 개인 정보 예시

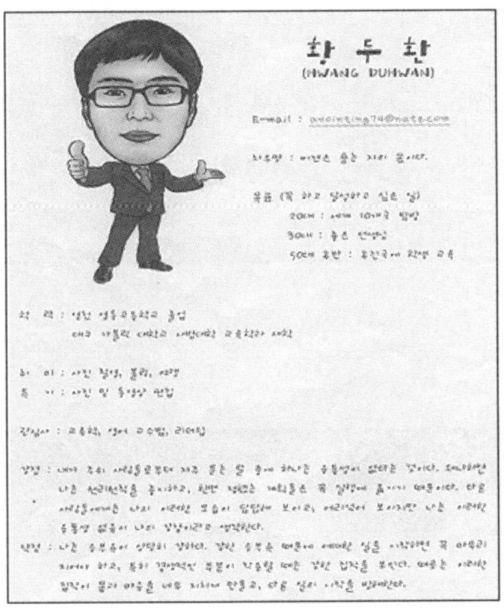

자기 소개서

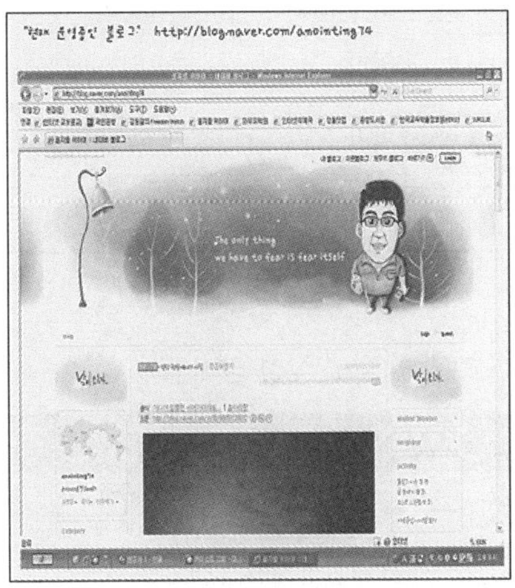

학급 블로그 운영

Part 1. 개인 정보 작성 양식 (1)

미래 계획					
구 분		1학년	2학년	3학년	4학년
1	원하는 직업				
2	원하는 인생 모습				
3	대학원 진학 또는 취업 여부				
4	학년별 장기 목표				
5	학년별 단기 목표				

Part 1. 개인 정보 작성 양식 (2)

나의 강점과 약점				
구 분		강점	약점	보완 계획
1학년	1학기			
	2학기			
2학년	1학기			
	2학기			
3학년	1학기			
	2학기			
4학년	1학기			
	2학기			

Part 1. 개인 정보 작성 양식 (3)

이수 학점 및 성적				
학년	학기	이수학점	평점/만점	환산(100점)
1학년 (20)	1			
	2			
2학년 (20)	1			
	2			
3학년 (20)	1			
	2			
4학년 (20)	1			
	2			

※ 최근 성적증명서 포함

Part 1. 개인 정보 작성 양식 (4)

외국어 능력 (상/중/하)								
구 분	1학년		2학년		3학년		4학년	
	1학기	2학기	1학기	2학기	1학기	2학기	1학기	2학기
Reading / Writing								
Listening								
TOEIC 점수								
기타 점수								
원서 사용 교과목								
어학 능력 향상 활동								

※ 관련 증빙 자료 포함

Part 1. 개인 정보 작성 양식 (5)

컴퓨터 관련 능력 (상/중/하)								
구 분	1학년		2학년		3학년		4학년	
	1학기	2학기	1학기	2학기	1학기	2학기	1학기	2학기
S/W								
H/W								
기타								

※ 관련 증빙 자료 포함

Part 1. 개인 정보 작성 양식 (6)

자격증 및 면허					
구 분	자격증/면허증 이름	취득일자	시행처	자격증 번호	증빙자료 색인
1					
2					
3					

※ 관련 증빙 자료 포함

Part 2. 학습 활동

- 학습 신념(철학)－학습(공부)에 대한 자신의 신념이나 철학
- 학습 목표－학습(공부)의 장 · 단기 목표
- 학습 방법－자신만의 학습 노하우, 학습 습관 및 전략
- 학습 내용－학기(년)별, 교과(전공)별, 주제별 학습 내용
- 학습 활동－학습 스터디, 튜터링, 학습 블로그 활동 등
- 학습 결과－학습 노트, 보고서, 발표 자료, 논문 등
- 학습 평가－평가 결과, 교수님으로부터의 피드백, 동료 평가
- 학습 관련 자료－학습 활동 결과물 등

Part 2. 학습 활동 작성 양식 (1)

학습 계획서				
학년	학기	학습 목표	학습 방법	학습 계획
1학년 (20)	1			
	2			
2학년 (20)	1			
	2			
3학년 (20)	1			
	2			
4학년 (20)	1			
	2			

Part 2. 학습 활동 예시 (1)

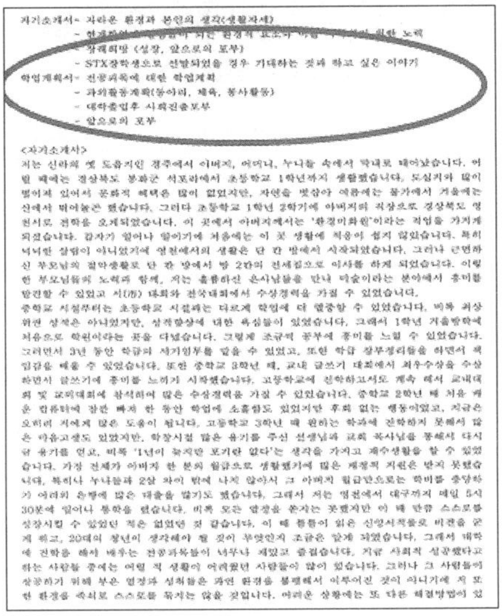

자기소개서 - 자라온 환경과 본인의 생각(생활자세)
- 장래희망 (성장, 앞으로의 포부)
- STX장학생으로 선발되었을 경우 기대하는 것과 하고 싶은 이야기

학업계획서 - 전공과목에 대한 학업계획
- 과외활동계획(동아리, 체육, 봉사활동)
- 대학졸업후 사회진출포부
- 앞으로의 포부

<자기소개서>

학습 계획서

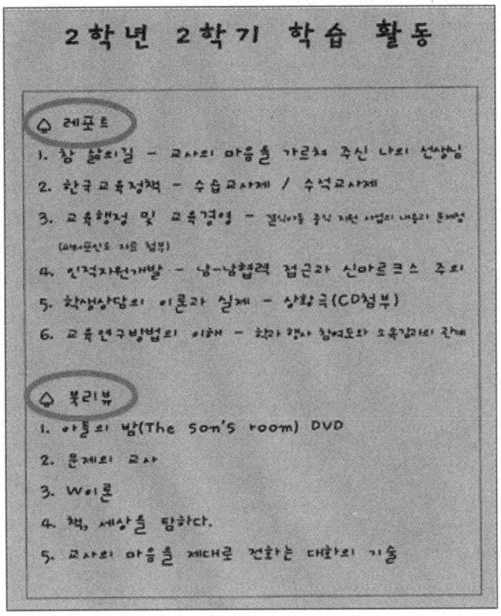

2학년 2학기 학습 활동

♤ 레포트

1. 참 삶의길 - 교사의 마음을 가르쳐 주신 나의 선생님
2. 한국교육정책 - 수습교사제 / 수석교사제
3. 교육행정 및 교육경영
4. 인적자원개발 - 남-남협력 접근과 신마르크스 주의
5. 학생상담의 이론과 실제 - 상황극(CD첨부)
6. 교육연구방법의 이해

♤ 북리뷰

1. 아들의 방(The son's room) DVD
2. 문제의 교사
3. Wo이론
4. 책, 세상을 탐하다.
5. 교사의 마음을 제대로 전하는 대화의 기술

학습 활동 목록

Part 2. 학습 활동 작성 양식 (2)

학습 내용			
학년	학기	교과 또는 주제	주요 학습 내용
1학년 (20)	1		
	2		
2학년 (20)	1		
	2		
3학년 (20)	1		
	2		
4학년 (20)	1		
	2		

※ 관련 학습 자료 샘플 포함

Part 2. 학습 활동 작성 양식 (3)

학습 활동			
학년	학기	학습 활동명	주요 학습 활동 내용
1학년 (20)	1		
	2		
2학년 (20)	1		
	2		
3학년 (20)	1		
	2		
4학년 (20)	1		
	2		

※ 관련 학습 활동 자료(샘플) 포함(예: 스터디 그룹, 튜터링 활동 등)

Part 2. 학습 활동 예시 (2)

보고서

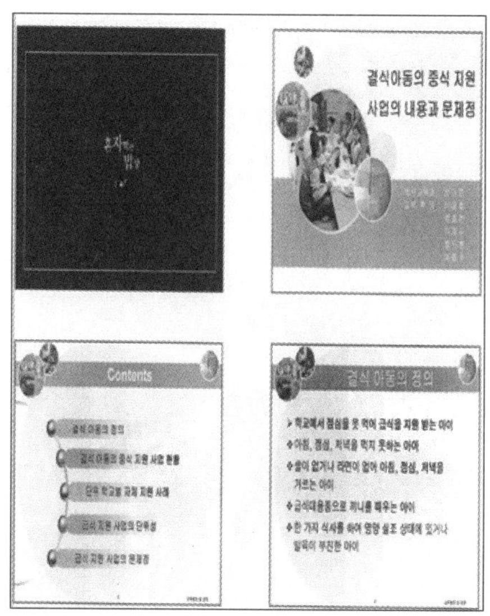

발표 자료

Part 2. 학습 활동 작성 양식 (4)

실험 / 실습 활동				
학년	학기	교과목 / 담당 교수	실험 / 실습명	주요 내용
1학년 (20　)	1			
	2			
2학년 (20　)	1			
	2			
3학년 (20　)	1			
	2			
4학년 (20　)	1			
	2			

※ 관련 증빙 사료 포함

Part 2. 학습 활동 예시 (3)

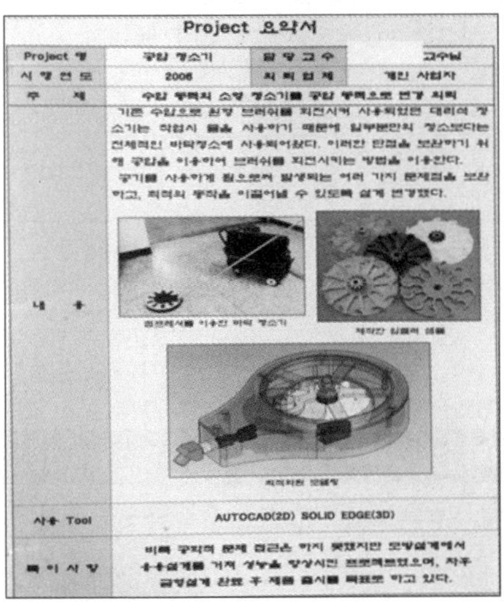

Project 요약서

사용 Tool AUTOCAD(2D) SOLID EDGE(3D)

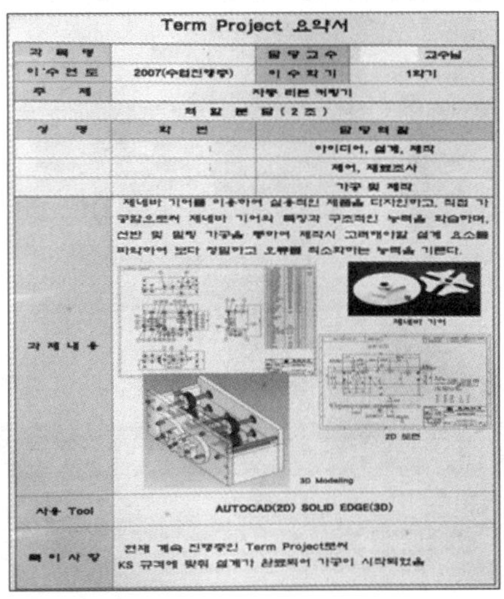

Term Project 요약서

사용 Tool AUTOCAD(2D) SOLID EDGE(3D)

팀 프로젝트 요약서

Part 3. 학습 외 활동

- 동아리 활동–동아리 및 학생회 활동 자료
- 봉사 활동–각종 봉사 활동 자료
- 국내외 연수 및 인턴십–국내외 연수 및 인턴십 경험 관련 자료
- 연구 및 개발 활동–프로젝트, 학회, 세미나 활동 자료
- 공모, 공연, 작품 활동–각종 공모, 공연, 작품 활동 자료 등

Part 3. 학습 외 활동 작성 양식 (1)

동아리 학생회/학회 활동				
구 분	활동명	직책	역할	활동 내용
1				
2				
3				

봉사 활동				
구분	봉사명	기간	시간수	봉사 내용
1				
2				
3				

※ 관련 증빙 자료(사진 등) 포함

Part 3. 학습 외 활동 작성 양식 (2)

국내외 연수/국내외 인턴 활동				
구 분	프로그램명	기간	국가/장소	활동 내용
1				
2				
3				

연구 및 개발 활동					
구 분	연구/개발명	본인 역할	제 목	발표매체	발표일
1					
2					
3					

※ 관련 증빙 자료(이수증, 확인증 등) 포함

Part 3. 학습 외 활동 작성 양식 (3)

공연 및 작품 활동						
제목:			분야:		지도교수:	
팀 구성 및 역할	작품 요약	발표 내용	설계 및 해석 Tools	주요 부품 (재료)	접촉한 회사	전시회 출품 및 시상 여부

※ 관련 증빙 자료(프로그램, 사진, 동영상 등) 포함

Part 4. 성찰 활동

- 학습 목표에 대한 성찰–학습 목표 설정 및 실천에 대한 성찰(반성)
- 학습 과정에 대한 성찰–학습 방법, 내용, 활동에 대한 성찰(반성)
- 학습 결과에 대한 성찰–학습 결과, 평가 결과에 대한 성찰(반성)

Part 4. 성찰 활동 예시 (1)

<table>
<tr><th colspan="2">전공 지식 응용 능력과 기본 소양 관점에서의 자기 성찰</th></tr>
<tr><th>평가 항목</th><th>적용 예</th></tr>
<tr><td>1. 전공 지식 응용 능력
1) 문제 파악, 논리 전개(공식화) 및 해결 능력
2) 수학, 기초과학, 공학이론의 응용 능력
3) 분석적, 비판적인 접근 능력
4) 실험을 계획하고 수행할 능력
5) 필요조건에 맞추어 요소(부품) 선정 및 시스템 설계 능력
6) 필요한 정보 수집, 추출 및 종합시키는 능력
7) 현장 적응 능력</td><td>수학, 기초과학 등 중・고등학교 시절 공부보다는 실습쪽에서 두각을 나타냈기 때문에 대학 입학 후 현재까지도 공학 이론 등을 꾸준히 배우고 있습니다. 필요조건에 맞추어 부품 등을 선정할 수 있으며 시스템을 설계하는 능력은 자신이 있습니다. 여러 가지 경험과 학교생활 내 활동 등으로 현장 적응능력이 탁월하며 어느 상황에서나 제 기술을 응용할 수 있습니다.</td></tr>
<tr><td>2. 기본 소양
1) 직업윤리 및 책임에 대한 인식
2) 공학적 해결방안이 미치는 영향에 대한 거시적 관점에서의 이해 능력
3) 평생교육에 대한 인식 및 참여 능력
4) 정치, 경제, 사회, 경영, 환경, 법률 등의 논점이 되고 있는 부분에 대한 기본 지식
5) 세계 문화의 이해 및 국제적 협력 활동에 참여할 수 있는 능력</td><td>책임에 대한 인식은 좋은 편이며, 공학적인 문제는 아직 더 생각해 봐야 한다고 봅니다.
기본상식과 지식은 아직 부족한 편이며, 체계적인 문제 또한 더 익혀야 한다고 생각합니다.
경험이나 사회의 흐름, 한 시대를 유행하는 것들 중에 민감하고 그것에 맞추어 갈 수 있습니다.
그런 것들에 대한 기본 지식 역시 주위 어르신의 말씀이나 시사 프로그램 등에서 많이 접하고 있는 편입니다.</td></tr>
</table>

Part 4. 성찰 활동 예시 (2)

<table>
<tr><th colspan="7">산업 현장과 연계된 전문 지식 관점에서의 자기 성찰</th></tr>
<tr><th colspan="7">〈기계 설계 부문 능력 점검〉</th></tr>
<tr><th rowspan="2">능력 단위</th><th rowspan="2">개요</th><th rowspan="2">이수 과목</th><th colspan="4">능력 수준(상중하)</th></tr>
<tr><th>1학년</th><th>2학년</th><th>3학년</th><th>4학년</th></tr>
<tr><td>Modelling 초급</td><td>설계 사양과 구성 요소를 보고 부품들을 단순히 조립할 수 있는 능력</td><td>기계실습, 측정 및 조립</td><td>중</td><td>중</td><td>상</td><td>상</td></tr>
<tr><td>Modelling 중급</td><td>설계 사양과 구성 요소를 보고 복잡한 형상 조립하고 간섭 및 가공 여부를 확인할 수 있는 능력</td><td>치공구설계, 정밀설계제도</td><td>하</td><td>중</td><td>상</td><td>상</td></tr>
<tr><td>Modelling 고급</td><td>동작 Assembly하여 동적으로 해석 가능한 능력</td><td>CAD 1, 2</td><td>하</td><td>하</td><td>중</td><td>중</td></tr>
</table>

2차원 도면 작성	설계사양과 구성 요소를 보고, 이를 2차원 도면으로 작성할 수 있는 능력	기초 CAD	상	상	상	상
해 석	설계사양과 구성 요소, 그리고 Lay out을 보고, 이에 필요한 기계적 특성을 해석할 수 있는 능력	기계설계, CAE	중	상	상	상
메커니즘 구성	설계 목표에 의거하여, 각 메커니즘의 요소를 선정 및 구성할 수 있는 능력	기계설계, 기계시스템디자인	하	중	중	상
Lay out 설계	설계 목표에 의거하여, 각 구성 요소를 선정하고 이를 조합하고 배치할 수 있는 능력	창의설계, 정밀설계제도	하	중	중	상
설계 계산	설계 대상물의 기능 성능에 의거하여, 요소품 등의 주요 설계 사양을 계산할 수 있는 능력	기계설계, 기계시스템디자인	하	하	중	중
CAE/CAD 관련 사용 능력	Auto CAD, Solid Edge, Pro-E, UG 등	기초 CAD, CAD1,2, CAE	중	중	상	상
경력 및 특기 사항	졸업 작품, 경진 대회 내용 정리	졸업작품: 컨테이너 자동 하역 시스템				

Part 4. 성찰 활동 예시 (3)

영어 활용 능력 관점에서의 자기 성찰								
	1학년		2학년		3학년		4학년	
	1학기	2학기	1학기	2학기	1학기	2학기	1학기	2학기
Reading/writing	하	하	하	하	중	중	중	
Listening	하	하	하	하	중	중	중	
Speaking	하	하	하	하	하	하	중	
TOEIC 점수								
기타 점수								
원서 사용 교과목	기초영어 회화 1	기초영어 회화 2	전기전자 회로	영어 2			영어 3	
현재 추진 중인 영어 향상 방법	수업	수업	학원, 수업	수업	학원, 수업	학원, 수업, 영문기사	토익학원, 영문기사	

※ 위 자기 평가 결과에 대한 서술식 성찰(반성) 진술 권장

Part 5. 기타 자료

- 기타 자신의 학습의 과정과 결과를 보여 줄 수 있는 각종 결과물 또는 증빙 자료

Part 5. 기타 자료 작성 양식 (1)

수상 경력				
구 분	수상명	년월일	수여기간	참여 및 수상내용
1				
2				
3				

Part 5. 기타 자료 작성 양식 (2)

장학금 수혜 실적					
구 분	장학명	년월일	장학내역	수여기관	수혜금액
1					
2					
3					

※ 관련 증빙 자료(상장, 장학증서 등) 포함

Part 5. 기타 자료 예시

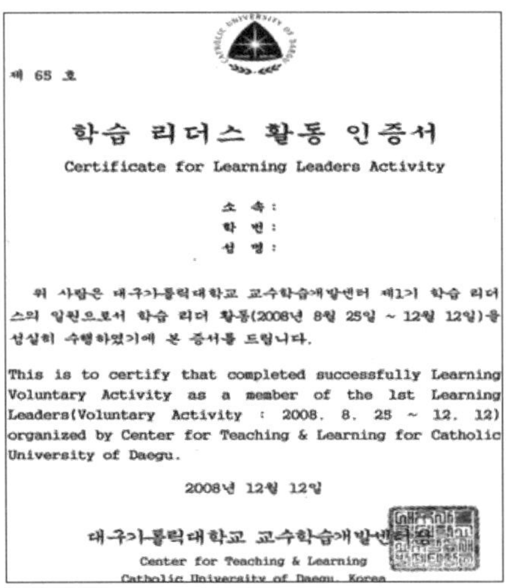

제 65 호

학습 리더스 활동 인증서

Certificate for Learning Leaders Activity

소 속 :
학 번 :
성 명 :

위 사람은 대구가톨릭대학교 교수학습개발센터 제1기 학습 리더스의 일원으로서 학습 리더 활동(2008년 8월 25일 ~ 12월 12일)을 성실히 수행하였기에 본 증서를 드립니다.

This is to certify that completed successfully Learning Voluntary Activity as a member of the 1st Learning Leaders(Voluntary Activity : 2008. 8. 25 ~ 12. 12) organized by Center for Teaching & Learning for Catholic University of Daegu.

2008년 12월 12일

대구가톨릭대학교 교수학습개발센터장

Center for Teaching & Learning
Catholic University of Daegu, Korea

인증서

국가공인
정보기술자격(ITQ) 취득증명서

등 록 번 호 :
성 명 :
주민등록번호 :
주 소 :

정보기술자격사항

과목명	등급	등록일
파워포인트	A	2004-06-14

위와 같이 정보기술자격(ITQ)을 취득하였음을 증명합니다.

2004 년 7 월 7 일

한국생산성본부 회장

자격증

6 성찰하기

동양에서는 세상을 성찰적으로 바라봅니다. 관찰은 'Observation'이고 성찰은 'reflection'입니다. 똑같이 바라볼 '찰(察)'자가 들어가지만, '관찰'은 어떤 목적이나 의지가 개입되지 않은 가치중립적인, 과학적인, 실증적인 바라봄이지만, '성찰'은 가치와 지향이 분명한 반성적인 바라봄입니다. 성찰은 관찰을 포함하지만, 관찰이 성찰까지 포괄하는 건 아니지요…….

—'서양과 동양이 127일단 e-mail을 주고받다' 중에서

① 성찰의 목적은 자기반성과 자아실현에 있다.
② 과정과 결과에 대한 생각이나 느낌을 성찰일지로 작성한다.
③ 실수를 통해 개선 방법을 도출한다.
④ 나의 가치와 미션, 액션 플랜을 비주얼하게 만들어 항상 보이는 곳에 둔다.
⑤ 자신의 롤(role) 모델을 만든다.

학습 포트폴리오를 작성(개발)할 때는 학습의 양을 평가하는 것보다는 자신의 학습 과정과 내용에 대한 강점과 약점을 살펴보는 자기성찰활동이 매우 중요하다.

학습전략 10

학습동기 높이기

"제가 대학에 있을 때는 그 순간들이 내 인생의 전환점이라는 것을 알아챌 수 없었습니다. 그러나 10년이 지난 지금에서야 모든 것이 분명하게 보입니다. 지금 여러분은 미래를 알 수 없습니다. 다만 현재와 과거의 사건들만을 연관시켜 볼 수 있을 뿐이죠. 그러므로 여러분들은 현재의 순간이 미래에 어떤 식으로든지 연결된다는 걸 알아야만 합니다. 자신이 가진 '그 무엇'에 믿음을 가져야만 합니다. 이런 믿음은 저를 실망시킨 적이 없습니다. 그리고 그것이 제 인생에서 남들과는 다른 모든 '차이'들을 만들어 냈습니다."

—스티브 잡스의 스탠퍼드 대학교 졸업식 연설 중에서—

계속해서 그는 끝내주는 일을 해 내려면 자신의 일을 사랑해야 하며, 아직 그러한 일을 찾지 못했다면 포기하지 말고 계속 찾아야 한다고 한다. 오직 열정만이 원하는 것을 얻게 해 준다고…….
여러분으로 하여금 현재의 대학생활에 충실하도록 만드는 것은 무엇인가? 동기에 대한 고찰을 통해 자신과 대학생활을 활력으로 채울 수 있는 방법들을 찾아보자.

1 학습동기란?

동기(motive)란 라틴어 'movere'에서 유래한 것으로 행동을 발생시키는 원인이 되고, 행동의 방향과 목표를 제시하며, 행동의 수준이나 강도를 결정하는 내적 상태다. 여기서 '학습동기(Learning Motivation)'란 학습활동을 가치 있는 것으로 보며 학습활동을 열심히 하려는 경향성으로서, 어떠한 학습목표를 향하여 학습행동을 하게 하는 학습자의 모든 심리상태를 의미한다.

학습동기는 동기의 발생원인에 따라 내재적 동기와 외재적 동기로 구분된다. 내재적 동기는 과제나 학습 그 자체에 재미와 흥미를 느끼고, 학습 그 자체가 궁극적인 지향점인 동기다. 즉, 학습과제에 대한 욕구, 흥미, 호기심, 즐거움 때문에 학습자가 자발적으로 학습하려는 의욕을 갖는 것이다. 예를 들면, 수영을 하는 것 자체가 즐거워서 수영을 열심히 배운다면 그것은 내재적 동기에 의해 학습하는 것이다. 내재적으로 동기화되어 있는 경우는 그 활동 자체가 보상으로 작용하기 때문에 어떤 유인물이나 처벌이 필요치 않다.

반면에 외재적 동기는 학습 그 자체가 아닌 학습이 가져오는 결과물에 관심을 갖는 것이다. 예를 들어, 좋은 학점을 받거나 교수님께 인정을 받기 위해서 혹은 학습활동과는 전혀 관계없는 다른 이유 때문에 학습하는 것으로, 궁극적 지향점이 학습이 아닌 다른 곳에 있는 것을 외재적 동기라고 한다. 무동기(amotivation)보다는 외재적 동기가 학습을 돕긴 하지만, 일회적 학습이 아닌 꾸준한 학습습관으로 연결되기 위해서는 내재적 동기의 유발이 반드시 필요하다.

2 학습동기 평가하기

자신의 학습동기를 이해하려면 활동의 선택, 집중 수준, 노력의 지속성 정도를 평가해야 한다.

첫째, 자신이 선택한 활동을 평가한다. 우리는 매일 참여할 과제와 활동을 선택한다. 때때로 학업과 관련 없는 활동에 참여하다가 과제나 공부를 게을리 하기도 한다. 따라서 매일 혹은 매순간 어떤 행동을 선택하느냐가 성취해야 할 개인적 목표를 결정하는 데 중요한 역할을 한다.

둘째, 집중 수준을 평가한다. 과제나 수업 등 학습과정에 집중하고 있는지, 수업 후 노트를 정리하고, 예습을 위해 교재를 읽고, 과제 준비에 몰두하는지를 평가해야 한다. 만약 집중이 잘되지 않는다면 집중을 방해하는 요인들을 적어보고, 그 방해요인들을 제거할 수 있는 방법을 탐색해 보아야 한다.

셋째, 노력의 지속성 정도를 평가한다. 학습과제나 수업이 어렵고 지루하고 자신과 관련이 없을 때 그 과제나 수업을 지속하려는 의지는 학습동기와 학업적 성공에 중요한 요인이 된다. 따라서 다양한 학업적 과제에서 자신의 노력과 지속성을 통제할 수 있는 능력을 점검해야 한다.

3 성취인의 행동특성

성취인은 미래지향적인 사람이다. 성취인은 미래에 이루게 될 성취과업과 성취만족을 기대하면서 현재의 고통, 갈등을 끈기 있게 극복하려고 노력한다. 이러한 노력을 통해 마침내 그들은 자신의 목표를 탁월하게 성취해 나간다. 성취동기가 높은 사람들과 나는 어떻게 다른지 성취인의 행동특성을 살펴보자.

과업지향적 동기

성취인은 어렵고 힘든 일, 자신의 능력을 과시할 수 있는 일에 흥미를 가지며, 그 일을 끝냄으로써 얻을 수 있는 보상이나 지위보다는 일 그 자체를 성취해 나가는 과정을 즐기고 만족스럽게 여기는 경향이 있다.

적절한 도전성

성취인은 어느 정도의 도전성이 포함되는 일에 도전하여 자력으로 성취해 내는 과정에 만족한다. 그는 아무런 도전성도 고난도 내포하고 있지 않은 쉬운 일에는 흥미를 갖지 않는다. 그러나 성취인은 과업이 자기능력에 비해 너무 어렵거나 지나치게 모험적일 때도 역시 흥미를 갖지 않는다.

자신감

성취인은 그렇지 못한 사람에 비해 과업 수행에서 보다 높은 자신감을 갖고 있다. 이전에 경험해 보지 못한 일에 대해 성취동기가 높은 사람은 성취동기가 낮은 사람에 비해 일단 높은 자신감을 갖는다.

정력적 · 혁신적 활동성

성취동기를 탁월한 성취를 하려는 의욕이라 한다면 성취동기가 높은 사람은 보다 정열적으로 그리고 열심히 일하는 사람이라고 할 수 있다. 성취인은 성취동기가 낮은 사람에 비해 자기가 하는 일에 열중하고, 더 많은 새로운 과업을 찾고 계획하여 이를 성취해 나가기 위해 온 힘을 동원한다.

자기책임감

성취동기가 높은 사람은 성취하려는 과업의 결과가 어떻게 되었건 자기가 계획하고 수행하는 일에 대해서 모든 책임을 진다. 자기의 책임과업이 실패했을 때에도 성공했을 때와 같이 자신의 책임으로 여기며, 타인이나 여건의 탓으로 돌리지 않는 것이 성취인의 행동지향이다. 성취인은 타인에게 의뢰하지 않고 책임을 회피하지 않는다.

결과에 대한 관심도

성취인은 그가 수행하는 일의 종류를 불문하고 그 일이 어떻게 진행되고 있으며, 예상되는 결과가 어떠한 것인가에 대하여 구체적이고 객관적인 정보를 계속 추구하여 정확한 판단을 한다. 예상되는 결과가 성공적이든 실패적이든 간에 결과를 보다 정확히 알고 있을 때 성취인의 성취활동은 더욱 강화된다.

미래지향성

성취인은 새로운 일을 이룩하기 위해 언제나 장기적인 계획을 수립하고 미래에 얻게 될 성취만족을 기대하면서 현재의 작업에 열중한다. 그는 미래에 이루게 될 성취과업과 성취만족을 기대하면서 현재의 고통과 갈등에 끈기 있게 맞서 나간다.

4 자기효능감 높이기

우리는 어떤 과제가 주어지면 내가 과연 이 과제를 성공적으로 수행해 낼 수 있을까 스스로에게 질문한다. 그리고 그 질문에 긍정적으로 답할 수 있을 때 자신감을 가지고 과제에 임하게 된다.

자기효능감은 특정한 상황에서 원하는 결과를 얻는 데 요구되는 행동을 조직하고 실행해 낼 수 있다는 확신이다. 개인이 환경과 상호작용을 시작하고 자신의 행동을 조절하는 것은 자신의 능력에 대한 판단에 의하여 이루어지기 때문에, 자기효능감은 개인의 행동체계에서 중요한 역할을 한다. 자기효능감에 대한 판단은 사람들로 하여금 어느 정도까지 많은 노력을 기울일 것인지와, 많은 장애에도 불구하고 얼마나 오랫동안 그 노력을 지속할 수 있는지를 결정한다.

Bandura에 따르면, 인간의 행동이란 두 가지의 인지적 구성요소, 즉 인지된 자기효능감과 결과에 대한 기대감에 근거하여 예측될 수 있다고 한다. 어떤 주어진 상황에서의 인간의 행동이란 자기효능감에 대한 믿음이 높을 때, 즉 주어진 상황을 성공적으로 잘 수행할 수 있는 자신의 능력에 대한 믿음과 자신의 행동이 기대하는 성과를 가져오리라는 기대감이 높을 때 더욱 효과적으로 발휘할 수 있다고 한다. 실제로 사람들은 스스로 성공할 수 있다고 믿을 때 높은 수행을 보인다. Bandura는 자기효능감 수준이 높은 학습자들이 자기효능감 수준이 낮은 학습자에 비해 도전적인 과제를 맡으며, 오랫동안 지속하고, 보다 성공적으로 수행한다고 하였다. 특히 자기효능감 수준이 높은 학습자들은 도전에 실패할 때 더 큰 노력을 발휘한다고 한다. 따라서 성공적으로 과제를 수행하기 위해서는 반복적 성공의 체험을 통해 자신의 능력에 대한 긍정적 신념을 확대해 나가야 한다.

5 성공과 실패에 대한 귀인 점검하기

사람들은 자신이 얻은 결과에 대해 서로 다른 방식으로 해석한다. 예를 들어, 동일한 학점을 받았다 할지라도 어떤 학생은 교수님의 성적평가가 공평하지 않다고 생각하지만, 다른 학생은 성적이 투자한 시간에 비례하기 때문에 앞으로 더욱 열심히 공부하라는 뜻으로 생각하기도 한다. 이러한 해석은 두 사람이 서로 다른 방식으로 학점에 대해 귀인하고 있기 때문이다.

귀인(attribution)은 어떤 사건이나 결과에 대해 개인이 지각한 원인이다. 귀인 이론에 의하면, 인간의 행동은 인지적 귀인의 결과가 동기의 두 요소인 기대와 가치에 영향을 주게 되며, 이 두 요소에 의해 행동의 동기 수준이 결정된다고 한다. 학업적 수행을 위한 가장 공통적인 귀인은 능력, 노력, 운, 과제난이도, 교수나 부모, 친구 등을 들 수 있다.

학습동기에서 귀인이 중요한 이유는 학습자가 이전의 성공과 실패 원인을 어떻게 인식하는지에 따라 이후 과제에 대한 접근방식과 과제 지속에 영향을 미치기 때문이다. 즉, 좋은 성적을 얻게 된 원인이 어디에 있다고 지각하는지에 따라서 다음의 학습에 대한 성취동기 수준이 달라진다. 따라서 어떤 과업의 결과에 대해 개인이 지각하는 성공과 실패의 원인을 아는 것은 대단히 의미 있는 일이다.

실패의 원인이 노력의 부족이라고 믿는 학생은 미래 상황에서 더 노력하고 어려운 과제를 지속하는 것이 쉬울 것이고, 성공이 통제할 수 있는 자신의 행동결과라고 믿는 학생은 성공에 필요한 행동을 하기 쉬울 것이다. 그러나 성공과 실패를 통제할 수 없는 교수님의 관대함이나 운 때문이라고 생각한 학생은 필요할 때 도움을 청하는 것이 어려울 것이다. 학습자가 학습결과를 스스로 통제 가능하고 변화할 수 있는 요인, 즉 사전지식의 부족, 부적절한 학습전략의 사용, 이해 점검의 실패, 노력 부족 같은 요인에 귀인한다면 학업적 성취를 위해 다시 노력하고 동기화하는 것이 쉬울 것이다.

6 학습의욕을 높이는 전략

즐거운 마음으로 학습에 임하는 방법은 없을까? 학습의욕을 높여 긍정적인 마음으로 학습하고 싶다면 다음과 같은 방법을 적용해 보자.

스스로에게 보상을 하자

예를 들어, 한 가지 학습과제를 마쳤으면 10분간 휴식을 취한다. 휴식을 취하는 동안에는 앞으로 할 일을 미리 결정해둔 다음 자신이 정말로 하고 싶은 일을 얼마간 한다(아이스크림 사기, 큰 소리로 음악을 틀어놓고 따라 부르기 등). 10~15분간의 휴식시간이 끝나는 것을 알 수 있도록 알람을 맞춰놓고 알람이 울리면 다시 공부를 시작한다. 본인이 그날 하고자 했던 목표를 완수했다면 밤에는 쉬도록 하라. 성공적인 한 주를 마쳤다면 CD를 하나 새로 산다든지 하는 식으로 자신에게 보상을 해 준다.

그 주에 자신이 해야 할 학습목표를 친구들에게 말하자

예를 들어, 심리학책을 2장까지 읽는다든지, 보고서를 쓴다든지, 한자를 몇 자 외운다든지 등 자신의 학습목표를 친구에게 말하라. 자신이 목표를 달성하지 못하면 금요일에 저녁을 사주겠다는 약속을 친구에게 해두는 것도 좋다.

스터디그룹을 만들자

스터디그룹을 만들어서 공부하면 학습시간이 더 역동적이고 흥미로울 수 있다. 그리고 모임 전에 스터디그룹에서 다룰 자료들을 결정한 뒤 참여하는 학생들에게 말해 보고 서로 비교해 보라. 그렇게 하면 스터디 시간까지 자신이 맡은 공부를 해 가는 데 압력을 느낄 것이다.

자신의 동기유발 요인을 파악해 보자

자신은 어떠한 요인에 의해 동기가 유발되는지 파악하고 그것을 학습에 연결해 보라.

- 성취감: 자신이 뭔가 이루었다는 느낌
- 인정: 자신의 성취가 주목을 받고 있다는 느낌
- 흥미: 공부 그 자체에 흥미를 느낌
- 책임감: 공부나 일, 관계에 책임을 느낌

졸업한 후의 꿈을 그려 보자

졸업한 후에 자신이 어느 정도의 연봉을 받고 싶은지를 생각해 보라. 그리고 현재 자신의 행동으로 비추어 보아 그 정도의 연봉을 받을 자격이 있을지를 자문해 보라.

책상 위에 격려가 되는 말들을 적어두자

"배울 겨를이 없다고 하는 자는, 겨를이 있어도 배울 수가 없다." "아는 것은 좋아하는 것만 못하고 좋아하는 것은 즐기는 것만 못하다." "포기는 낙오자들의 핑계일 뿐이다."와 같이 본인에게 긍정적인 영향을 주는 말들을 적어두라. 긍정적인 말을 많이 해 주는 친구들을 자주 만나는 것이 긍정적인 생각과 동기를 지속하는 데 도움이 된다.

공부하고 있는 과목에 흥미를 가지자

담당 교수님께 왜 그 분야를 전공하게 되었는지, 그 전공에서 정말로 좋아하는 것은 무엇인지를 물어보는 것도 좋다. 자기 인생과 전혀 관련이 없어 보이는 것에 매력을 느끼게 되는 일이 상당히 흔하다는 사실을 잊지 말아라.

규칙적으로 휴식을 취하자

명상이나 간단한 운동을 하거나, 다음에 해야 할 일들을 정리해 보는 것도 좋지만 휴식 중에 장시간 TV를 보거나, 컴퓨터를 한다든지, 친구에게 문자메시지를 보내는 일은 하지 않는 것이 좋다.

학습의욕이 높은 친구들과 사귀자

학교생활에 열정을 갖고 있거나, 자신의 학습의욕을 고취시켜 줄 수 있는 친구들과 시간을 많이 갖도록 하라. 이번 학기가 끝나자마자 그들과 함께 시간을 보낼 거라고 다른 친구들에게 말해두도록 하라.

실패로부터 배우자

목표를 달성하지 못한 이유를 알면 다른 해결책을 찾을 수 있으며, 목표 달성 후 성취감이 더욱 커진다.

7 집중력 높이기

집중력은 주변에 무슨 일이 일어나는지 알아차리며 의식적으로 주의를 기울이는 능력, 즉 어떤 대상, 개념, 문제에 초점을 맞추는 능력을 말한다. 집중은 듣기, 읽기, 기록하기, 시험치기와 같은 정신활동에 있어 중요하다. 그런데 도서관에 가서 책을 펴고 몇 자 읽다 보면 눈은 글을 읽어 가는 것 같은데 머릿속엔 딴 생각으로 가득 차기 일쑤다. 그럴 때면 '아, 왜 이리 집중을 못할까' 하는 생각이 들며, '어떻게 하면 집중력을 키우지' 하는 고민을 한 번쯤 해 보았을 것이다.

어떻게 하면 학습에 대한 집중력을 높일 수 있을까?

집중할 시간 정하기

외부에서 오는 방해를 얼마나 막아 내는가에 따라 집중력이 달라질 수 있다.

집중을 하기 위해서는 먼저 외부의 방해를 받지 않을 수 있는 일정한 시간을 정해놓아야 한다.

마음의 준비하기

방해요인을 없애는 첫 단계는 방해가 되는 요인을 적어 보는 것이다. 방해요인의 목록을 만들고 나면 그것을 없애거나 피하는 방법을 생각해 실행에 옮긴다.

방해요인 없애기

Martin Luther는 "정신이 여러 가지 일에 관심을 가지면 마음을 모을 수가 없다."고 했다. 전화, 신문, 텔레비전, 라디오, 메신저와 같은 외부적인 것과 실망, 걱정, 연애 같은 내부적인 것에 마음이 쏠리면 학습할 내용에 집중하기 힘들다. 가능한 한 시선 자극이 적은 벽 쪽으로 책상을 배치하고, 공부에 방해가 되는 물건들을 치운다.

학습장소 바꾸기

학습장소를 바꾸는 것은 단조로움을 예방할 수 있다. 가급적이면 도서관에서 공부하는 습관을 들이는 것이 좋다. 도서관은 조용한 분위기를 유지하고 충분한 조명을 제공하는 등 주의를 집중하기에 좋은 환경을 갖추고 있다.

Diamond Zone으로 들어가기

앞쪽에 앉을수록 성적이 더 잘 나온다는 사실을 알고 있는가? 이는 수업에 있어 교수님과의 의사소통이 그만큼 중요하다는 것을 의미한다. 교수님을 중심으로 다이아몬드존에 들어가 교수님과 눈도 맞추고 고개도 끄덕여 보자. 아마 이번 학기 성적이 다르게 나올 것이다.

[그림 10-1] Diamond Zone의 위치

5분 먼저 입실하고 5분 후에 나오기

집중하기 위해서는 생각을 한군데로 모으고 다룰 주제에 대해 생각하는 마음의 준비가 필요하다. 수업시간 5분 전에 입실하여 그날 배울 내용들을 개략적으로 훑어본다. 수업이 끝나면 바로 나오지 말고 노트를 중심으로 그날 학습한 내용을 정리해 본다. 기억에 관한 연구에 따르면, 수업 직후 10분간의 복습이 나중에 하는 10시간의 학습효과와 동일하다고 한다.

질문과 노트하기

이해를 못하거나 궁금한 점이 있으면 즉시 질문하고, 교수님이 말하는 핵심 내용을 필기하면 집중할 수 있다. 어떤 과제를 놓고 고민하고 있다면 꾸물대지 말고 선배나 친구 등 가르쳐 줄 사람을 찾아보자. 그들은 짧은 시간 내에 여러분에게 어떤 문제가 있는지 지적해 주고 문제를 해결할 수 있도록 도와줄 것이다.

과제의 난이도와 자신의 능력 간에 균형 잡기

과제의 난이도 수준과 자신의 능력 간에 균형이 잡혀야만 가장 깊게 주의 집중할 수 있다. 만약 주어진 과제가 자신의 힘에 부친 것이라면 집중이 되지 않고 불안해질 것이다. 반대로 능력은 높은데 과제 수준이 낮다면 지루함을 느끼거나 주의가 산만해지기 쉬울 것이다.

Tip

실패에 대한 변명은 패자의 습관

KFC의 창업주 커넬 샌더스는 예순여섯의 나이에 사업을 시작해 일흔 살이 훨씬 넘어서야 부자가 되었다. 그는 닭튀김 요리사업에 야심을 갖고 전국을 돌며 요리법을 팔기 위해 노력했다. 가까운 사람들을 포함해 많은 사람들이 그의 아이디어에 고개를 저었고, 절대로 성공할 수 없으니 일찌감치 포기하라고 조언했다. 실제로 그는 천아홉 번을 퇴짜맞고서야 겨우 'OK'를 받았다. 더 이상 시도할 필요가 없을 정도로 충분히 실패했다고 생각하는가? 지금까지 실패한 횟수가 샌더스처럼 천 번이 넘었는가? 많은 사람들이 '실패는 성공의 반대이며 나쁜 것'이라고 생각한다. 그러나 실패는 성공의 반대도 아니며 나쁜 것도 아니다.

홈런을 치는 것과 스트라이크 아웃을 당하는 것은 모두 같은 행동, 즉 타석에 들어가 공을 치는 행동에서 나온 결과다. 실패를 나쁜 것이라고 생각하면 실패할 수 있는 상황 자체를 기피하게 된다. 그래서 새로운 것을 생각하는 것조차 시도하지 않게 된다.

우리는 실패할 때 자신과 그 일에 대해 가장 많이 배운다. 문제는 실패가 아니라 실패를 다루는 방식이다. 승자와 패자의 차이는 '실패를 다루는 방식'에서 나오며, 승자는 실패를 통해 '성공에 다가서는 법'을 배우고, 패자는 실패를 통해 '성공에서 멀어지는 법'을 배운다. 모든 가능성을 다 시도해 보았다고 생각할 때조차도 반드시 명심해야 할 말이 있다. "그래도 여전히 가능성은 남아 있다."

-이민규 교수의 칼럼 중에서-

Tip

적은 내 안에 있다

집안이 나쁘다고 탓하지 말라. 나는 아홉 살 때 아버지를 잃고 마을에서 쫓겨났다.

가난하다고 말하지 마라. 나는 들쥐를 잡아먹으며 연명했고, 목숨을 건 전쟁이 내 직업이고 내 일이다.

작은 나라에서 태어났다고 말하지 마라. 그림자 말고는 친구도 없고 병사로만 10만, 백성은 어린애, 노인까지 합쳐 2백만도 되지 않았다.

배운 게 없다고 힘이 없다고, 탓하지 마라. 나는 내 이름도 쓸 줄 몰랐으나 남의 말에 귀 기울이면서 현 명해지는 법을 배웠다.

너무 막막하다고, 그래서 포기해야겠다고 말하지 말라. 나는 목에 칼을 쓰고도 탈출했고, 뺨에 화살을 맞고 죽었다 살아나기도 했다.

적은 밖에 있는 것이 아니라 내 안에 있었다.
나는 내게 거추장스러운 것을 모두 쓸어 버렸다.
나를 극복하는 그 순간 나는 칭기즈칸이 되었다.

-CEO 칭기즈칸 중에서-

생각해 보기

1. 동기가 저하되었을 때 벗어나기 위한 나만의 전략은?
2. 대학생활에서 경험한 성공 사례와 실패 사례를 하나씩 떠올려 보고 성공과 실패의 원인을 분석해 보자.
3. 집중력을 떨어뜨리는 외적 요인과 내적 요인을 세 가지씩 기술하고 그러한 방해 요인을 제거하기 위한 나만의 전략을 수립해 보자.

학습전략 포트폴리오 10

학습동기 높이기

우리 세대의 가장 위대한 발견은 인간들이 마음가짐을 바꿈으로써 그들의 인생을 변화시킬 수 있다는 것이다.

―윌리엄 제임스―

스타가 된 아놀드 슈워제네거

나는 취재 노트를 펼쳐놓고 식사 중간중간에 기사에 필요한 질문들을 해 나갔는데, 한번은 지나가는 투로 이렇게 물었다. "보디빌딩을 그만두셨다는데 앞으로 뭘 할 생각이세요?" 그러자 그는 사소한 여행 계획을 얘기하듯 소곤소곤 말했다. "전 할리우드 최고의 스타가 될 겁니다." 나는 놀란 티를 내지 않으려고 무척 애썼다. 왜냐하면 그의 초기 영화들이 그다지 가능성을 보여 주지 못했을 뿐 아니라, 그의 오스트리아식 억양이나 무시무시한 근육도 관객들을 단박에 사로잡을 수 있을 것 같지 않았다. 내친 김에 무슨 수로 할리우드의 톱스타가 될 거냐고 물었다. "보디빌딩을 할 때처럼 할 겁니다." 그는 이렇게 말하면서 한 마디 덧붙였다. "원하는 모습을 상상하면서 이미 다 이룬 것처럼 사는 거지요."

1 동기조절전략

여러분은 자신의 학습동기를 어떻게 조절하고 있는가? 다음에 제시된 검사지를 통해 학습목표를 성취하려고 노력하는 과정에서 학습동기를 유지하기 위해 사용하는 전략을 점검해 보자.

아래 문항을 자세히 읽어 본 후 자신의 평소 행동이나 생각과 일치하는 정도에 따라 해당 번호에 체크해 보자.1)

(1: 전혀 그렇지 않다 .... 4: 보통 그렇다 .... 7: 매우 그렇다)

문항	1	2	3	4	5	6	7
1. 과제를 재미있게 만들어 즐겁게 공부한다.							
2. 좋은 성적을 받게 될 것을 생각하며 열심히 공부한다.							
3. 과제를 하면 자신에게 어떤 보상을 주기로 약속한다.							
4. 할 수 있는 한 많이 배우고 공부해야 한다고 자신에게 말한다.							
5. 학교 과제를 재미에 초점을 맞춰 즐겁게 한다.							
6. 학교에서는 공부를 잘해야 한다고 자신에게 말한다.							
7. 공부할 수 있는 양을 유지하도록 자신을 설득한다.							
8. 주변을 변화시켜 일에 집중하도록 한다.							
9. 좋은 성적을 얻는 것이 얼마나 중요한지 생각한다.							
10. 일을 흥미롭게 만드는 방법을 생각한다.							
11. 학교에서 시험을 잘 보고 과제를 잘 해가는 것이 얼마나 중요한지 생각한다.							
12. 지금 해야 할 과제를 마치면 나중에 내가 원하는 어떤 것을 할 수 있다고 자신과 약속한다.							
13. 전에 한 것보다 더 잘할 수 있다고 자신을 압박한다.							
14. 학습자료를 좋아하고 흥미로운 것과 연결 지으려고 한다.							

1) 이 검사지는 Wolters(1999)가 개발한 동기조절 척도를 김은영(2006)이 번안한 것이다.

15. 많은 일을 하면 나중에 재미있는 어떤 것을 할 것이라고 자신과 타협한다.						
16. 주변의 산만한 요인을 제거하려고 한다.						
17. 일을 어떻게 하면 재미있게 할지 찾아본다.						
18. 내가 한 일에 대해서는 결과 여하를 막론하고 내가 책임을 진다.						
19. 책임한계가 뚜렷한 일을 좋아한다.						
20. 내 자신의 능력이 허용되는 범위 내에서 최선을 다한다.						
21. 어려운 일을 성취하는 즐거움을 갖는다.						
22. 하던 일을 끝까지 성공시킨다.						
23. 어떤 과업이든 그 결과를 예상해 보고 성취 가능성에 따라 단계적으로 실천계획을 세운다.						
24. 남과 경쟁하면 반드시 이기려고 한다.						
25. 온갖 역경 속에서도 나의 꿈을 실현시키려는 강한 의지를 갖는다.						
26. 내 자신을 타인보다 나은 존재로 만들려고 노력한다.						
27. 다른 사람보다 높은 이상을 세우고 그것을 위해 노력한다.						
28. 일생일대의 위대한 업적을 이루어 보겠다는 꿈을 가지고 있다.						
총점						

2 자기성취예언서 작성하기

자기충족적 예언(self-fulfilling prophecy)이란 기대와 믿음을 가지면 결국 그 사람이 기대되는 방향으로 행동하고 성취하도록 이끌 수 있다는 것을 말한다. 흔히 피그말리온 효과, 로젠탈 효과라 불리는 것이 바로 그것이다. 자기충족적 예언은 '모든 것은 마음먹기에 달렸다'는 불교의 일체유심조(一體唯心造)나, 가짜약을 먹고도 실제 약이란 믿음을 가지면 치료효과를 발휘하는 플라시보 효과처럼 우리의 신념과 믿음 또는 고정관념이 얼마나 큰 위력을 발휘할 수 있는지를 보여준다.

긍정적인 믿음이 긍정적으로 작용한다면, 부정적인 믿음은 부정적으로 작용할 것이다. 여러분은 어떤 믿음을 가지고 있는가? 긍정의 힘을 믿는다면 여러분은 이미 성취한 것이나 다름없다.

애국가를 작곡한 안익태

애국가의 작곡가 안익태 선생은 어려서부터 이런 자성예언을 했다고 한다. "나는 반드시 세계적인 교향악단을 지휘하겠다."라고. 요즘이야 세계를 무대로 활약하는 음악가가 많아졌지만, 당시의 우리나라 여건으로는 거의 불가능한 일이었다. 1906년 평양 근교에서 출생, 평양 숭실학교 2년 항일운동으로 중단, 동경의 국립음악학교에서 첼로를 전공, 미국에 도착하여 신시내티 음악대학, 필라델피아 음악대학, 커티스 음악원을 거쳐 독일로 갔다. 미국에서 적어두었던 가사에 곡을 붙여 애국가를 지어 1936년 손기정 선수가 마라톤에서 우승을 한 베를린 올림픽 때는 공식석상에서 처음으로 애국가를 불렀다. 선생은 계속 비엔나 등지에서 작곡과 지휘를 공부하여 세계적으로 유명한 교향악단을 무려 230여 회나 지휘하였다. 자성예언을 이루어 낸 것이다.

—EBS 교육방송 중에서—

도미노 피자의 창업자 토머스 모너건

세계적으로 유명한 도미노 피자의 창업주 타미는 미국 미시간 주의 한 고아원에서 소년시절을 보냈다. 그리고 중학생이 될 무렵 한 가정으로 입양되었지만 학교에서 여러 번 사고를 치는 바람에 퇴학처분을 받았다. 교문을 나서면서 타미는 고아원 시절 자신을 많이 사랑해 주셨던 한 수녀님의 말씀을 떠올렸다. "하느님은 너를 절대로 버리시지 않는다. 그러니 절망하지 말거라. 타미야, 너는 큰 별을 따게 될 거야. 최선을 다해 노력해 보렴."

그 후 타미는 수녀님의 말씀을 기억하면서 새롭게 용기를 내 피자 가게에 취직했다. 우선 밀가루 반죽법부터 배웠고, 열심히 노력한 끝에 피자 한 판을 11초 만에 반죽하는 숙련자가 되었다. 결국 그는 전 세계 피자 체인점으로서 랭킹 2위인 도미노 피자의 창업주가 되었다.

—인터넷 블로그 중에서—

나의 자화상

현재의 어려움을 견디고 참아 낼 수 있는 것은 미래에 대한 기대와 소망을 갖고 있기 때문이다. 그 소망이 얼마나 중요한 것이냐에 따라 어려움을 참아 낼 수 있는 힘도 그만큼 커진다. 중요하지 않은 일을 위해 자신의 인생과 목숨을 거는 사람은 없듯이, 공부를 하는 이유를 갖지 않으면 노력을 기울이기 어렵다.

길고 힘겨운 학업의 과정을 잘 밟아 나가기 위해서는 우선 자신이 무엇을 원하고 있는지, 그것이 얼마나 중요하고 가치가 있는 것인지 확인해야 한다.

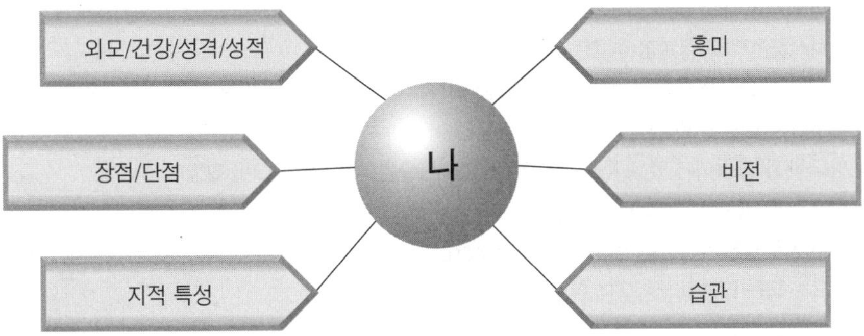

나의 좌우명

다음은 한국 최고경영자들의 좌우명이다. 여러분의 좌우명은 무엇인가? 삶의 지침이자 등대가 되는 좌우명을 적어 보자.

나의 좌우명 : ____

____

- 경청(이건희 삼성그룹 회장)
- 땅속의 씨앗은 자기의 힘으로 무거운 흙을 들치고 올라온다.(이승훈 마산자기회사 창업주)
- 한 번 사람을 믿으면 모두 맡겨라.(구인회 LG그룹 창업주)
- 부지런한 사람이 성공한다.(박용호 두산그룹 회장)
- 시련은 있어도 실패는 없다.(정주영 현대그룹 전 회장)
- 남과 같이 해서 남 이상 될 수 없다.(김인득 벽산그룹 창업주)
- 스스로 쉬지 않고 노력한다.(김종희 한화그룹 전 회장)
- 겉치레를 삼가고 실질을 추구한다.(신격호 롯데그룹 창업주)
- 모든 일에 정성을 다하자.(김재철 동원그룹 회장)
- 인화가 제일 중요하다.(김성곤 쌍용그룹 창업주)
- 아직 배가 12척이나 있고 저는 죽지 않았습니다.(윤병철 우리금융그룹 회장)
- 크고자 하거든 남을 섬겨라.(정건섭 동양화재 대표)
- 우주는 무한하고 인생은 짧다.(이방주 현대산업개발 대표)
- 효도는 모든 행동의 근본이다.(박찬법 아시아나항공 대표)
- 가르치고 배우면서 서로 성장한다.(강영중 대교그룹 창업주)
- 디지털 세상에 선을 창조한다.(김남주 웹젠 대표)
- 넓고 깊게 안다.(이승한 삼성테스코 대표)
- 가는 곳마다 주인이 되어라.(신호주 코스닥증권시장 사장)
- 기업은 사회를 위해 존재한다.(유일한 유한양행 창업주)
- 의가 아닌 것은 취하지 말라.(박정구 금호그룹 전 회장)
- 충분히 생각하고 단호히 실행하라.(김영수 캐드콤 대표)
- 깊은 강은 소리를 내지 않는다.(배종렬 삼성물산 대표)
- 약속은 꼭 지킨다.(구본무 LG그룹 회장)
- 남보다 먼저 시간을 더 투자할 각오를 한다.(안철수 안철수연구소 대표)
- 하면 된다.(김태연 TYK그룹 회장)
- 원칙이 곧 지름길이다.(배중호 국순당 대표)
- 실천이 중요하다.(최태원 SK회장)
- 하루하루를 새롭게 하고 또 나날이 새롭게 하라.(조운호 웅진식품 대표)
- 정성을 다해 노력한다.(서경배 태평양 대표)
- 꿈꾸는 자만이 자유로울 수 있다.(김범수 NHN 대표)

–한국 최고경영자 100인의 좌우명 중에서–

○ 여러분의 삶에서 중요한 것은 무엇인가? 왜 그것이 중요하다고 생각하는가?

나에게 중요한 것은 첫째, ____________________

그 이유는 ____________________

____

나에게 중요한 것은 둘째, ____________________

그 이유는 ____________________

____

나에게 중요한 것은 셋째, ____________________

그 이유는 ____________________

____

○ 여러분이 부모님이나 교수님께 듣고 싶은 말은 무엇인가?

____

____

____

____

긍정적으로 표현하기

무심코 '나는 재수가 없어.' '내가 그렇지 뭐.' '난 뭐를 해도 안 돼.'라고 말하고 있는가? 아니면 '나는 반드시 잘될 거야.' '나는 성공할 수 있어.'라고 말하고 있는가? 우리는 많은 사람들과 대화를 하며 다른 사람으로부터 영향을 받으며 변화해 왔다. 어떤 날은 여러 사람을 만나 이야기할 때도 있지만 반대로 어떤 날은 아무와도 대화를 나누지 못할 때도 있다. 하지만 자신과의 대화는 하루도 빠지지 않고 이루어진다. 그렇다면 자신과의 대화에서 긍정적 자기암시를 통해 스스로를 변화시키는 것이 가능하지 않을까?

○ 아래 제시된 예시문을 소리 내어 세 번씩 읽어 보자.

- 나도 잘할 수 있어.
- 내 미래는 밝을 거야.
- 나를 인정해 주는 사람을 만날 거야.
- 나는 행복한 가정을 만들 거야.
- 사람들은 나를 좋아해.
- 나는 점점 멋있어질 거야.
- 언제든지 기회는 올 거야.
- 나는 나를 사랑해.
- 나는 노력한다면 뭐든지 할 수 있어.
- 모든 것에 감사해.
- 나는 참 행복해.
- 나의 길을 찾을 거야.
- 나는 나를 끝까지 믿어.
- 뭔가 좋은 일이 일어날 거야.
- 내일은 오늘과 다를 거야.
- 내 분야에서 최고가 될 거야.
- 내가 발견하지 못한 나만의 재능이 있을 거야.
- 사람들에게 필요한 사람이 될 거야.
- 잘 배우면 반드시 성공할 거야.
- 오늘 여기서 만난 사람은 나를 변화시키는 데 도움이 될 거야.

○ 위의 예시문을 친구를 주어로 바꾸어 읽어 주자. 한 사람이 '너도 잘할 수 있어.'라고 말하면 상대방은 '그래 난 잘할 수 있을 거야.'라고 동조하는 표현으로 반응한다.

나의 성취예언서

자신의 꿈을 구체적으로 그릴 수 있으면 현실이 된다고 한다. 여러분이 바라는 자신의 모습은 어떤 것인가? 아래 제시된 예시문을 참조하여 자기성취예언서를 작성해 보자.

- 나는 어디서나 필요한 사람이다.
- 나는 내 인생의 주인공이다.
- 나는 할 수 있다.
- 나는 목표가 있다.
- 나의 목표는 (　　　　)이다.
- 나는 무엇이든 끝까지 열심히 한다.
- 나는 언제나 밝게 웃는다.
- 나는 할 일을 찾아서 한다.
- 나는 결과에 집착하지 않고 과정에 최선을 다한다.
- 나는 나 자신을 다스릴 수 있다.
- 나는 참을성이 있다.

나는 ____________________

나는 ____________________

나는 ____________________

나는 ____________________

나는 ____________________

○ 작성한 자기성취예언서를 소리 내어 3번씩 읽어 보자.

○ 친구들과 서로 바꾸어 예언서를 읽어 보자.

3 내적 귀인 연습

실패사례로부터 배우기 위해서는 내적 귀인을 해야 한다. 성공이나 실패의 원인이 통제할 수 있는 자신의 행동결과(사전지식의 부족, 부적절한 학습전략의 사용, 이해 점검의 실패, 노력 부족 등)라고 믿을 때 사람들은 문제해결을 위해 노력을 기울이기 때문이다.

○ 다음에 주어진 상황에 대해 내적, 외적 귀인을 해 보자.

- 다이어트에 대한 스트레스

  (외적) 유전적으로 살이 찌는 체질이다.

  (내적) 술을 마실 때 안주를 많이 먹고 과식을 많이 한다.

- 과제에 대한 스트레스

  (외적) ____________________

  (내적) ____________________

- 시험에 대한 스트레스

  (외적) ____________________

  (내적) ____________________

- 영어/한자공부에 대한 스트레스

  (외적) ____________________

  (내적) ____________________

- 친구들에 대한 스트레스

  (외적) ____________________

  (내적) ____________________

○ 최근에 경험한 실패사례를 떠올려 보고 그 원인에 대해 내적으로 귀인해 보자.

____

____

____

4 학습의욕과 집중력을 높이는 방법

학습의욕이 떨어지면 공부에 집중하기 어렵다. 외적인 요소에 귀인하지 말고 능동적으로 학습의욕을 높이려는 노력이 필요하다. 효과적으로 학습의욕과 집중력을 높일 수 있는 방법은 무엇인지 생각해 보자.

○ 학습의욕이 떨어질 때면 어떻게 극복하는가? 자신의 노하우와 친구의 노하우를 비교해 보자.

나	친구
• 긍정적인 친구와 대화한다.	•
•	•
•	•
•	•
•	•

○ 수업 중에 다른 생각이 떠오르거나 집중력이 떨어지면 어떻게 극복하는가? 자신의 노하우와 친구의 노하우를 비교해 보자.

나	친구
• 바른 자세로 앉는다.	•
•	•
•	•
•	•
•	•

Tip

집중력 향상에 도움을 주는 음악

모차르트 음악

- 교향곡 25번 G단조 K.183 중 알레그로 콘 브리오
- 클라리넷 오중주 A장조 K.581 중 라르게토
- 피아노 협주곡 23번 A장조 K.488 중 아다지오
- 2대의 피아노를 위한 소나타 D장조 K.488 중 안단테
- 피아노 소나타 C단조 K.457 중 아다지오
- 바이올린 협주곡 3번 G장조 K.216 중 알레그로
- 네 손을 위한 피아노 소나타 D장조 K.381 중 안단테
- 교향곡 42번 C장조 '주피터' K.551 중 몰토 알레그로
- 피아노 변주곡 21번 2악장

기타

- 마스카니, 오페라 카발레리아 루스티카나 중 중간곡
- 베르디, 오페라 나부코 중 히브리 노예들의 합창
- 엘가, 사랑의 인사
- 마스네, 타이스 명상곡
- 파 헬벨, 캐논 변주곡
- 비발디, 사계
- 헨델, 사라방드
- 드뷔시, 달빛

학습전략 11

스트레스에 대처하기

사람이라면 누구나 어느 정도의 스트레스를 받고 산다. 대학생들은 가정생활이나 대인관계에서 오는 스트레스 외에 학업 관련 스트레스, 환경변화에 따른 갈등과 좌절, 진로에 대한 고민 등 다양한 스트레스를 경험한다. 그리고 성격이나 태도 또는 환경에 따라서 스트레스에 반응하는 정도나 스트레스로 인한 영향의 정도가 다르다.

우리는 스트레스가 쌓이면 어떤 말을 하게 되는가?

"스트레스가 너무 많이 쌓여서 감당하지 못할 지경이에요!"

"스트레스를 없애버리려면 어떻게 해야 하죠?"

"스트레스 때문에 잠도 못 자고 식욕도 없어요."

"제발 스트레스 없애는 방법 좀 가르쳐 주세요!"

"스트레스를 더 받다간 돌아버릴 것 같아!"

때문에 스트레스를 받으면 상대가 이해할 수 없는 행동을 하기도 한다. 정작 스트레스를 준 요인과는 아무 상관도 없는 것에 풀어버리는 경우도 있다. 경우에 따라서는 평소 자신답지 않은 어리석은 행동을 하는 경우도 있다.

자신은 스트레스를 많이 받았을 때 어떻게 행동하는지 이야기해 보고 비슷한 내용끼리 묶어 분류하여 보자. 그런 다음 이 장에서 누구에게나 발생하기 마련인 스트레스를 이해하고 이를 대처하는 방법과 관련시켜 이해해 보자.

1 스트레스의 의미

스트레스(stress)란 적응의 과정에서 불가피하게 경험하는 심리적 현상이라고 할 수 있다. 이 말은 원래 생리적 현상이라는 차원에서 이해되었다. 즉, 유해한 환경 자극에 대한 인간의 방어적 반응, 즉 긴장상태를 스트레스라고 할 수 있다(설기문, 2002: 197). 모든 사람이 똑같이 스트레스를 느끼는 것은 아니다. 스트레스란 어떤 일에 대해 그 상황을 받아들이는 개인의 생각과 체감 정도에 따라 많은 차이가 있을 수 있다. 그래서 요즘은 스트레스를 일으키는 사건이나 상황보다도 그 상황에 대한 주관적 평가를 중요하게 생각한다.

일반적으로 스트레스라고 하면 나쁜 것으로 생각하는데, 사실 그렇지 않다. 학생이나 직장인들은 공부 스트레스나 업무 스트레스를 적당히 받아야만 열심히 공부하고 능력을 키우려고 한다(박문태 외 5인, 2004: 192). 적당한 스트레스는 생활에 자극과 변화를 주어 우리의 능력을 향상시키는 활력소가 된다.

문제는 많은 사람들이 스트레스가 문제가 될 정도로 신호를 보내와도 이것을 스트레스의 증후라고 생각하지 않는 데 있다. 스트레스 증후군이 나타나면 가급적 빨리 원인을 파악하여 조치를 취해야 한다. 하지만 이렇게 하는 사람은 유감스럽게도 거의 없다(Lorentta Laroche, 2003). 스트레스 신호에 신경쓰지 않으면 문제는 갈수록 커져만 간다.

2 스트레스의 원인

1) 스트레스 원인의 분류

고등학교를 졸업하고 대학에 진학한 신입생들은 물론 재학생들도 대학생활의 적응에 약간의 문제를 경험한다. 스트레스의 원인은 개인이 통제할 수 있는지의 여부와 스트레스의 원천이 외재적인지 내재적인지에 따라 분류할 수 있다. 통제

가능하고 외재적 스트레스는 스스로 일을 줄임으로써 스트레스의 양을 조절할 수 있다. 통제 가능하고 내재적 스트레스는 효과적인 시간관리를 통해 일의 능률을 높임으로써 스트레스의 정도를 낮출 수 있다. 반면에 통제 불가능한 스트레스는 피해를 최소화할 수 있도록 계획하고 대처해 나간다. 예를 들어, 자신의 감정을 조절하고 주위의 일들을 해결하기 위해 차분히 생각하는 시간을 갖는다.

〈표 11-1〉 **스트레스의 원인 분류**

스트레스의 본질		통제 가능	통제 불가능 (그러나 최소화할 수 있음)
스트레스의 원천	외재적 요인	• 한꺼번에 여러 활동 혹은 일을 하려고 함 • 스트레스를 받는 일이 많음: 경쟁적, 마감일 임박, 높은 실패 가능성 등	• 질병, 죽음, 사고 • 가족문제 • 금전문제 • 환경변화 및 문제
	내재적 요인	• 잘못된 시간관리(미루기), 조직력 부족, 업무관리능력 결여 등	• 성격적 요인: 부정적 자아개념, 걱정, 끈기 부족, 불안 등

* 출처: 최애경(2006). 인간관계의 이해와 실천, p. 258.

2) 환경적 원인의 스트레스

흔히 부정적이거나 괴로운 사건들만 스트레스를 가져올 것이라고 생각하기 쉬우나, 긍정적이든 부정적이든 일생 동안의 크고 작은 변화는 스트레스 요인으로 작용한다. 예를 들어, 긍정적인 사건인 결혼, 임신, 승진, 휴가 등과 같은 생활사건들조차도 어느 정도 재적응과 조정을 요구하므로 스트레스의 요인이 되기도 한다(김혜숙 외 5인, 2002: 297). Holmes와 Rahe(1967)는 생활사건에 일반인이 얼마나 재적응하기 어려운지를 평정하는 방식으로 생활사건 변화척도를 표준화하여 스트레스를 진단하였다(김혜숙 외 5인, 2002: 296 재인용).

여러분도 어떤 생활사건이 자신에게 일어났는지를 살펴보고 그에 대한 평가척도 점수를 합산하여 스트레스의 양을 측정해 보도록 하자(학습전략 포트폴리오 '1. 스트레스에 대한 취약성 평가하기' 참조).

3) 대학생들의 스트레스 원인

대학생들이 일반적으로 받고 있는 스트레스의 종류는 다음과 같다(최애경, 2006: 245).

> 불투명한 진로 및 취업, 학과 공부와 과제물, 아르바이트 등으로 인한 과중한 일, 학과성적 및 학점, 외모, 인간관계, 부모와의 가치관 차이, 행동에 대한 책임감, 주위의 기대, 어학실력, 능력 등에 있어서의 자신감, 열등감, 건강 등

대학생들이 스트레스를 받는 원인을 분석해 보면 다음과 같다.

- 시간의 압박: 강의시간 출석이나 과제물 제출 등의 시간압박 혹은 할 일은 많은데 시간이 부족한 경우다.
- 대학 이미지에 대한 불만족: 대학생이 되었으나 자신이 가졌던 기대감과 현재의 대학생활을 비교하면서 만족 또는 불만족을 느끼게 된다. 대학생활에 대한 큰 기대가 있었지만 불만족으로 인해서 흥미를 잃고 무성의하고 무책임하게 대학생활을 할 수 있다.
- 경제적인 문제: 등록금이나 용돈 등 대학에 다니는 데 드는 경제적인 어려움에서 올 수 있다.
- 정서적 지원의 부족: 대학생활에서 어려움을 겪더라도 자신을 이해하고 함께 해 주는 친구나 선후배 또는 교수들이 있으면 그렇지 않은 경우보다 스트레스는 훨씬 줄어들게 된다.
- 학업에서 생기는 문제: 자신이 해야 할 과제에 대해 어려움을 겪고 있거나, 학업의 내용을 이해하지 못하거나 자신의 전공에서 만족하지 못하는 등 학업 진도를 잘 따라가지 못하는 데서 생길 수 있다.
- 미래에 대한 걱정: 진로에 대한 불확실성이나 졸업 후에 취업이 불안정한 경우에 생길 수 있다. 특히 자신이 다니는 대학이나 전공이 미래에 부정적으로 예

측될 때 많은 스트레스를 경험하게 된다.

- **역할 모호성의 문제**: 대학생이 되었지만 자신의 역할이나 주어지는 일 혹은 해야 할 일이 명확하지 않을 때 대부분의 학생들은 스트레스를 받게 된다. 갑자기 생긴 자유와 시간을 어떻게 보내야 할지 방향과 계획이 없는 경우 스트레스를 받는다.

4) 심리적 원인의 스트레스

심리적인 성격특성으로 인해 개인이 받는 스트레스의 정도는 다를 수 있다. 스트레스에 영향을 미치는 심리적 성격특성은 서두름, 타인우선주의, 완벽주의, 열심히 하지 못한 데 대한 죄책감 등이 있다.

서두름

서두르는 성향이 있는 사람은 스트레스를 더 받게 된다. 이런 사람들은 '빨리빨리'에 점점 더 빠져들 수 있다.

타인우선주의

타인우선주의는 자신의 이익과 권리를 주장하기보다는 다른 사람을 배려하고 돕는 태도다. 하지만 너무 지나치게 타인우선주의를 생각하다가 정작 자신의 일을 제대로 못함으로써 스트레스가 생기는 경우다. 이런 스트레스는 대체로 예스맨이거나 천사표의 성격을 가진 사람들이 받게 된다.

완벽주의

완벽주의는 자신의 작은 실수도 용납하지 못하고 어떤 일이든 완벽을 기하려는 성향이다. 이런 사람들은 다른 사람의 실수도 참지 못하기 때문에 모든 일을 자신이 하려고 하다 보니 과중한 일로 인해서 스트레스를 받는다.

죄책감

죄책감은 모든 일의 잘못을 자신의 탓으로 돌리는 성향이다. 이런 사람은 어떠한 결과에 대하여 자신이 열심히 하지 못해서 혹은 자신의 능력이 부족한 탓이라고 생각하고 과거의 일을 후회하거나 미래에 대해 걱정을 하면서 스트레스를 가중시킨다.

개인적 성격과 스트레스

개인의 특성 또는 성격에 따라 스트레스에 취약한 경우가 있다. 사람은 개인적인 성격과 기질에 따라 크게 A유형과 B유형으로 분류할 수 있다(Friedman & Rosenman, 1985). A유형은 성격을 조금 여유 있게 바꾸어서 서두르지 않도록 조절할 필요가 있다. 자신의 성격은 어디에 해당하는지 학습전략 포트폴리오에서 확인해 보도록 하자(학습전략 포트폴리오 '2. 스트레스 적응 유형' 참조).

〈표 11-2〉 A유형과 B유형의 성격적 특성

A유형	B유형
• 모든 승부, 심지어는 어린아이와 게임을 하더라도 꼭 이겨야 한다. • 다양한 과제를 동시에 추진하여 항상 한꺼번에 두 가지 이상의 일을 하려고 한다. • 기다리는 것을 참지 못한다. • 시간에 대한 강박관념이 있어 조금이라도 늦어지는 것을 참지 못한다. • 다른 사람이 하는 일을 믿지 못하는 경향이 있다.	• 매사에 여유가 있고 느긋하다. • 다소 늦더라도 서두르지 않고 한 가지씩 일을 처리한다. • 참을성이 있고 낙관적이다. • 경쟁심이 적고 화도 잘 안 내는 편이다. • 다른 사람이 하는 일을 믿고 기다리는 경향이 있다.

3 스트레스가 미치는 영향

스트레스는 실제로 존재하거나 혹은 존재하지 않더라도 존재한다고 느껴지는 위협에 대해 우리 몸 안에서 발생하는 물리적 · 심리적 반응이다. 대부분의 경우 사람들은 그동안 스트레스를 받았던 경험을 바탕으로 이것을 감지할 수 있다.

스트레스 반응은 인지적, 정서적, 생리적 증상, 행동반응 등 다양하게 유발된다. 생리증상으로는 혈압이 오르고, 맥박이 빨리 뛰고, 근육이 긴장되어 통증을 유발하고, 배변문제, 복통 등 소화장애를 초래하기도 한다. 또 호흡기가 자극받아 호흡이 빨라지기도 한다. 생식기능장애로 성욕 감퇴, 월경불순 등을 호소한다. 정서적 증상으로는 분노, 불안, 공포, 사기 저하, 우울, 소외감 등을 들 수 있다. 그리고 인지장애로는 기억력, 주의력, 집중력 등에 장애가 있을 수 있다. 스트레스로 인한 행동반응으로는 과도한 수면, 과식, 음주 등의 행동도 보이고, 신경질적 반응, 불면증, 적개심 등의 반응도 보인다. 또 난폭한 행동을 보이는 사람도 있다(변광호, 장현갑, 2005: 50-51).

또한 스트레스를 많이 받는 사람들은 면역기능이 약화된다. 이런 현상 때문에 신경을 쓰고 나면 감기에 잘 걸리게 된다. 학생들 중 시험기간에 스트레스로 인해 호흡기 감염에 대한 항체의 수준이 떨어져 고생하는 경우가 있다. 이 경우 면역기능이 떨어져 백신을 맞아도 시험이 끝날 때까지 감기가 지속되기도 한다.

4 스트레스의 강도에 영향을 미치는 요인

스트레스가 예측 가능한지, 통제 가능한지의 여부 그리고 어떻게 인지하고 해석하는지 등에 따라서 스트레스 강도가 다르게 나타난다.

- 첫째, 스트레스가 언제 어떻게 일어날 것인지 예측할 수 있는 상황에서는 스트레스를 덜 받는다.
- 둘째, 스트레스에 대해서 내가 여유롭게 조절하고 통제할 수 있다고 생각할 때는 스트레스를 덜 받는다.
- 셋째, 스트레스는 일 자체보다는 그것을 어떻게 해석하느냐에 따라 많이 달라진다. 여러분은 '포도주가 벌써 반 병밖에 남지 않았다.'와 '포도주가 아직도 반 병이나 남았다.'의 의미가 얼마나 차이가 있는지를 잘 알고 있을

것이다.

- 넷째, 스트레스 상황을 이겨내는 데는 자신감이 아주 중요한 역할을 한다. 할 수 있다는 마음이 있으면 스트레스는 줄어든다.
- 다섯째, 경험이 많고 친숙하면 스트레스를 적게 받는다. 새로운 일, 새로운 사람, 낯선 공간에서의 일은 스트레스를 가중시킨다.
- 여섯째, 정서적 지원과 관심은 스트레스를 극복하는 데 여러 가지로 도움이 될 수 있다. 대학생활을 시작하면서 친구관계나 선후배관계가 원만하고, 교수님과의 관계를 잘 맺는 학생은 학교생활에 잘 적응하고 스트레스도 덜 받는다.

5 스트레스에 대한 잘못된 대처법

학생들은 종종 스트레스로 인한 고통을 감소시키기 위해 잘못된 대처법을 사용한다. 대표적인 예로 술, 담배, 커피 등을 들 수 있다. 이러한 것들을 지속적으로 사용할 때 발생하는 문제점이 무엇인지 살펴보자.

1) 술(알코올)

알코올에 의해 나타나는 단기적인 증상은 기억과 사고의 기능 저하, 기분을 나쁘게 하고 우울증을 증가시킨다. 알코올로 인한 학습장애와 신체적 무기력 등은 정신질환에까지 이르게 되는 치명적인 요인이다. 알코올은 학생 자신의 술문제로 인해서 자신의 인생뿐만 아니라 자신을 둘러싼 가족구성원이나 친구, 선배에게도 영향을 미친다. 우리나라 사람의 약 22%는 평생 한 번 이상 알코올 중독증에 걸리며, 현재 알코올 중독증에 걸려 있는 사람도 전체 인구의 약 11%나 된다는 역학조사가 있다. 술을 선호하는 이유가 해방감을 갖기 위해서라고는 하나, 결국에는 문제해결이 아닌 스트레스를 가중시키는 결과를 초래하게 된다.

2) 담배

흡연자들은 흡연이 사람들을 편안하게 하며 집중력을 향상시킨다는 잘못된 믿음을 가지고 있다. 담배를 피울 때 편안함을 느끼는 주요 원인은 고무젖꼭지가 아기들을 편안하게 하는 것과 같은 원리로, 담배처럼 무언가를 빨고 있을 때 어머니의 품에 안겨 있는 것과 같은 안도감을 느끼기 때문이라고 한다.

무엇보다 흡연자들이 담배를 끊지 못하는 가장 큰 이유는 니코틴 중독이 매우 강하기 때문이다. 한 연구에서 16~17세 소녀를 대상으로 하루에 3개비의 담배를 보름 동안 피우게 하였더니 니코틴에 중독되었는데, 이러한 중독에서 벗어나려면 담배를 끊고 무려 20년이 지나야 완전히 없어진다는 결과가 나왔다. 그만큼 니코틴의 중독성이 얼마나 심각한 것인지 알 수 있다.

담배가 편안함을 준다는 환상과 잘못된 또래집단의 병폐 때문에 흡연자들은 신체적, 정신적으로 악순환의 고리에 빠진다. 흡연을 하는 동안 흡연자가 갖는 잘못된 안도감(?)이 오히려 기억력의 감소 등 엄청난 대가를 치르게 한다.

3) 수면제와 신경안정제

과도한 스트레스로 인해 불면증으로 고통받고 있는 학생들이 많은 것으로 알려져 있다. 수면제는 고민하는 일에서 벗어나 쉽게 잠을 청하는 방법이다. 대부분의 사람들에게 수면제는 가벼운 진정제 정도로 인식되고 있지만, 불행하게도 수면제와 신경안정제는 가장 중독성이 강한 약물 중 하나다. 수면제나 신경안정제를 일주일 이상 복용한 후 이를 중단하기는 상당히 어렵다. 초기에는 매우 효과가 좋은 것처럼 느껴지지만 나중에는 약 없이는 잠들 수 없을 정도로 중독성이 강하다.

4) 인스턴트식품

학생들은 보통 건강에 좋은 않은 인스턴트식품을 자주 섭취한다. 수업시간에 쫓겨 과자, 케이크, 비스킷, 햄버거 등 인스턴트식품을 애용한다. 이는 이러한 식품들이 먹기에 편리하며 시간을 단축시켜 주기 때문이다. 하지만 이들 식품에는 소금과 설탕이 다량 함유되어 있어 일시적으로는 기분을 좋게 만들지만, 곧 더욱 기분 나쁜 상태로 만드는 특성이 있다. 또 각종 식품첨가물과 인공색소가 함유된 인스턴트식품은 몸도 마음도 약하게 만든다. 또한 술이나 담배와 마찬가지로 인스턴트식품도 중독성이 있는 것으로 알려져 있다(신종호 역, 2004: 66).

5) 카페인

커피, 차, 코코아 그리고 탄산음료는 학생들 사이에서 인기가 있다. 이것들은 모두 신체적 · 정신적으로 자극적이며, 동시에 중독증상을 일으키는 카페인을 포함하고 있는 음료들이다. 영국에서 1,500명의 학생을 대상으로 한 조사에 따르면, 커피를 많이 마실수록 불안과 우울증에 빠지거나 스트레스와 관련된 질병을 앓고 있는 경우가 많았으며, 학업성적도 낮은 것으로 나타났다(신종호 역, 2004: 67). 한 잔의 커피에는 최대 115mg의 카페인이 포함되어 있으며, 차와 코코아에도 60mg의 카페인이 포함되어 있다. 게다가 차에 들어 있는 타닌 성분은 철의 흡수를 방해하는 역할을 한다. 이 때문에 식사 후에 차를 마시는 습관을 가진 사람은 철 결핍으로 인한 빈혈증상이 나타날 수도 있다. 이러한 현상은 특히 채식주의자인 여성에게 잘 나타난다. 인스턴트식품과 마찬가지로 카페인이 함유된 음료를 지속적으로 마시는 것은 영양결핍 및 피로와 불안증세를 야기할 수 있다.

6) 기타 약물 및 게임 중독

사람의 기분을 좋게 해 주는 약물로 환각제가 있는데, 이 또한 중독되면 많은 고통이 수반된다. 학생들이 흔히 잘 알고 있는 환각제로는 칸나비스(cannabis)와 엑스터시(ecstasy) 등이 있다. 이런 환각제는 사고작용을 저해하고, 화가 나게 하며, 우울증을 발생시킨다. 또한 심각한 뇌손상을 가져오게 하고, 장기적으로는 죽음에 이르게 할 수 있다.

게임 중독은 현실세계와 가상세계의 구분을 모호하게 하면서 점점 현실을 도

피하게 하는 원인이 된다. 심하면 기본적인 생활을 할 수 없는 무기력 증세를 보이게 된다.

6 스트레스의 해소 방안

1) 학업 스트레스 관리

집중할 수 있는 학습환경을 만들자

환경은 일의 능률에 큰 영향을 미친다. 집중할 수 있는 환경은 일을 시작할 때 심리적인 안정감을 준다. 자신이 가장 잘 집중할 수 있는 학습환경을 스스로 잘 아는 것이 중요하다.

집중하기 어려울 때는 좋아하는 일부터 하자

아무래도 의욕이 생기지 않을 때는 과감하게 좋아하는 일을 먼저 시작하도록 하자. 그편이 훨씬 효율적으로 마음의 안정을 찾을 수 있는 방법이다.

자신을 위한 '당근'을 설정해 두자

자신이 목표한 일을 성취했을 경우, 자신에게 줄 인센티브를 설정하는 것이 필요하다. 예를 들어, '이번 학기에 전액 장학금을 타게 되면 해외 배낭여행을 해야지.' 하는 식으로 자신에게 포상을 내리는 것이다. 이때의 당근은 거창한 무엇이 아니라 작은 당근이어도 충분하다. 맛있는 커피를 마신다거나, 주말에 보고 싶었던 영화나 비디오를 보기로 하는 등의 일상적인 당근이 적합하다.

'바로 지금'에 집중하자

탈무드에는 '지금 아니면 언제?'라는 질문이 나온다. 바로 지금 이 순간의 삶에 집중하지 않으면 대체 언제 그럴 기회가 또 오겠는가? 학습에 집중하지 못하는 경우는 대개 지금 하고 있는 일을 하면서도 다른 일에 대한 생각과 걱정을 할 때다. 현재 하고 있는 과제에 몰입하는 것이 바람직하다.

운동을 하자

운동을 하면 괴로운 마음에서 벗어나 고통이 줄어들고 기분이 좋아진다는 연구 결과가 많다. 운동을 하는 순간에는 괴로운 마음이 모두 사라지고 오직 운동을 하는 데 집중하게 된다. 운동이 끝난 후에는 몸과 마음에 이완작용이 생겨서 새로운 집중력이 생길 수 있다.

2) 자아 스트레스 관리

스트레스의 원인을 감지한다

기분이 나쁠 때, 불안할 때, 갈등으로 괴로워할 때 얼마나 많은 에너지를 쓰는지 한번 살펴보자. 그리고 그렇게 느끼는 진짜 원인이 무엇인지 생각해 보자. 그 원인이 사소한 일이라면 그렇게 에너지를 낭비할 필요가 없다. 자기 자신에게 이렇게 물어보자. 과연 이만한 가치가 있을까? 우리 모두가 사소한 일에 집착하면서 낭비하는 에너지를 긍정적인 방향으로 돌릴 수만 있다면 대학생활도 변화하게 될 것이다.

집중이 안 될수록 과감하게 마음을 편안하게 한다

스트레스를 줄이기 위해서는 마음을 편하게 하는 것이 중요하다. 지나치게 예민해지는 경우 스트레스가 발생한다. 예를 들어, 집중이 안 되고 할 일이 점점 많아진다고 그것을 만회하기 위해 휴식도 없이 매달리는 경우가 많은데, 결국 시간 낭비와 심신의 피로만 초래할 뿐이다.

마인드 컨트롤의 방법을 터득한다

스트레스가 주는 부정적인 측면을 줄일 수 있는 방법으로 마인드 컨트롤이 있다. 예를 들어, 차가 꽉 막혀 저녁식사 약속에 늦을 것 같다는 생각에 30분을 초조하게 보내기보다는 좋아하는 음악과 맛있는 음식을 즐기는 시간을 생각하며 30분을 보내는 것이다.

웃음은 스트레스를 해소하는 감초 역할을 한다

우리는 웃음이 스트레스를 완화시켜 준다는 사실을 알고 있으면서도 잘 웃지 않는다. 일부러 웃기만 해도 이는 에어로빅을 하는 것처럼 심장박동수와 혈압이 올라가는 효과가 있으며 긴장이 풀린다. 이는 명상의 효과와도 같다.

3) 상담을 통한 스트레스 관리

전문상담센터

학교에는 학생생활연구소와 같은 전문상담기관이 있고 여기에는 상담을 전담하는 전문직원들이 있다. 상담 전문직원들은 학생들의 복지에 많은 관심을 가지고 있다. 또한 그들은 학생들에게 현실적인 도움을 주려고 노력하고 있다. 예를 들면, 대학생들의 인성검사 등을 하거나, 대학생활 중 느끼는 여러 가지 문제에 대해 개별 또는 집단상담을 한다. 대학 내에 이러한 전문직원들이 있는지 또한 그런 역할을 누가 하는지 확인해둘 필요가 있다.

학습지원센터

대학 내에는 교육개발센터(center for teaching and learning)나 교수개발센터 등 학생들의 학습을 도와주는 기관이 있다. 여기에서 공부하는 요령(study skill)이나 대학생활의 안내를 받을 수 있다. 학생들이 수업시간에 배운 내용 중 이해하기 어려운 것이 있다면 학습도우미를 연결해 준다.

전화도움 서비스

사람들은 좀처럼 전화도움 서비스를 이용하지 않는다. 학교에서도 이에 대해 깊은 관심을 기울이지 않는다. 하지만 전화서비스는 자신의 문제에 대해 의논하는 데 의외로 많은 도움이 된다. 다만 이 서비스를 제공하는 상담자가 자격을 갖추고 있어야 하며, 서비스를 지속적으로 이용할 수 있는 여건도 마련되어야 한다.

Tip

스트레스에 대한 대처방법

1. 집중할 수 있는 환경을 스스로 만들어라.
2. 집중하기 어려울 때는 좋아하는 일부터 하자.
3. 자신을 위한 '당근'을 설정해 둔다.
4. 대학생활의 현실을 있는 그대로 받아들인다.
5. 집중력을 높이기 위한 방법을 모색하라.
6. 운동은 스트레스를 극복하는 좋은 방법이다.
7. 집중이 안 될수록 마음을 편하게 한다.
8. 틈틈이 휴식을 취하라.
9. 자신이 세운 스케줄에 목매지 마라.
10. 마인드 컨트롤의 방법을 터득하라.
11. 웃음은 스트레스를 해소하는 감초 역할을 한다.
12. 충분한 물을 섭취해서 신체적 수분 밸런스를 맞춘다.
13. 엔도르핀 생성에 도움이 되는 신나는 음악을 즐긴다.
14. 야외로 나가서 스트레스 호르몬과 혈당을 감소시켜 신체에 활력을 준다.

생각해 보기

1. 나의 스트레스 원인을 찾아보자.
2. 나의 스트레스 정도를 진단해 보고 문제가 있는지 확인해 보자.
3. 스트레스를 해소하기 위한 나의 잘못된 방법과 바람직한 방법은 무엇인가?

학습전략 포트폴리오 11

스트레스에 대처하기

누구나 스트레스 때문에 고통을 받아 보았을 것이다. 스트레스가 쌓일 때는 모든 일이 뜻대로 되지 않고, 자신의 능력을 제대로 발휘하지 못하는 경우가 많다.

하지만 스트레스를 잘 관리하였을 때는 오히려 일의 능률과 긴장감을 갖고 더 많은 일을 하는 경우도 있다.

스트레스에 효율적으로 대처하는 데 도움이 되는 방법 중 하나는 자신의 스트레스를 정확히 진단하고 이에 현명하게 대처하는 방법을 익히는 것이다. 스트레스에 잘 대처한다는 것은 자신을 잘 관리하는 능력(self leadership)에 속한다. 어떤 면에서는 스트레스에 잘 대처하는 것이 어려운 것처럼 보이지만, 자신의 스트레스를 정확히만 인식해도 이에 잘 대처할 수 있는 실마리를 찾을 수 있다.

구체적으로 스트레스에 대처하기 위해서 스트레스에 대한 자신의 취약성을 평가해 보고, 자신은 어떻게 스트레스에 적응하는 유형인지 그리고 스트레스가 어느 정도인지를 측정해 봄으로써 자신의 스트레스에 대처하는 방법을 찾아보자.

1 스트레스에 대한 취약성 평가하기

스트레스에 취약하다는 것은 과다한 스트레스 공격으로부터 상처 입기가 쉽다는 것을 뜻한다. 과다한 스트레스에 의해 발생할 수 있는 취약성 정도를 알아보자. '스트레스에 대해 취약성 검사'는 장현갑, 강성군(1996)이 고안해낸 검사이며, 여기에 그 내용을 발췌하여 싣는다.

이 검사는 각종 스트레스 요인에 대해 얼마나 잘 이겨내고 있는지를 알아보려는 것이다. 이 검사는 주관적이어서 검사를 받는 동안 일상생활을 반성해 볼 수 있는 기회를 가질 수 있으며, 나의 정신적 · 신체적 건강에 대해 평소 갖고 있는 관심도 알아볼 수 있다.

스트레스에 대한 취약성 검사

다음 질문에 대해 자기의 생각이나 행동이 '늘 그렇다'면 3점, '가끔 그렇다' 또는 '때때로 그렇다'일 경우는 1점, '거의 그렇지 않다'의 경우에는 0점을 준다.

1. 적절한 음식을 적당량 먹는다. ( )
2. 점심 때 술을 마시지 않는다. ( )
3. 일주일에 3번 정도는 땀이 날 정도로 운동을 한다. ( )
4. 친구나 친척과 정기적인 모임이나 동창모임을 갖는다. ( )
5. 나의 성생활에 만족한다. ( )
6. 적어도 한 가지 이상의 취미생활이나 규칙적으로 즐기는 흥밋거리가 있다. ( )
7. 주말에는 일하지 않고 쉬거나 취미생활을 한다. ( )
8. 규칙적으로 기도를 하거나 명상을 한다. ( )
9. 하루에 커피, 차 또는 콜라를 5잔 이상 마시지 않는다. ( )
10. 술보다 음료수를 더 좋아한다. ( )
11. 일상생활 가운데 적당한 신체 에너지를 사용하는 일을 한다. ( )
12. 규칙적으로 가족이나 친구들과 애정을 주고받는다. ( )
13. 규칙적으로 성적 만족감을 취한다. ( )
14. 매일 휴식시간을 갖는다. ( )
15. 할 수 있는 일(현실적인 일)만 하며, 과도하게 일하지 않는다. ( )

16. 나의 문제를 스스로 해결한다. ( )
17. 나의 신장에 맞는 적절한 체중을 유지한다. ( )
18. 혼자서는 술을 마시지 않는다. ( )
19. 엘리베이터를 타기보다는 계단을 이용한다. ( )
20. 부정적인 감정을 쌓아두기보다는 잘 표현한다. ( )
21. 성적으로 무기력하거나 냉담하지 않다. ( )
22. 적어도 일주일에 4일 정도는 7~8시간 잠을 잔다. ( )
23. 결코 일이 나의 생활을 지배하도록 내버려두지 않는다. ( )
24. 나 자신을 믿는다. ( )
25. 음식에 소금을 많이 넣지 않는다. ( )
26. 퇴근 후 집에서는 술을 잘 마시지 않는다. ( )
27. 규칙적인 운동 프로그램을 실천한다. ( )
28. 절친한 친구가 있어서 그들과 은밀한 문제를 논의할 수 있다. ( )
29. 애정 있는 성관계를 갖는다. ( )
30. 일주일에 적어도 한 번은 재미있는 일을 한다. ( )
31. 나 자신의 개인적인 일에 대해 말을 많이 한다. ( )
32. 내 마음이 평안하다는 느낌을 갖는다. ( )
33. 매일 규칙적으로 식사하고 군것질을 하지 않는다. ( )
34. 적당하게 술을 마시거나 전혀 마시지 않는다. ( )
35. 매주 한 가지 이상의 운동을 한다. ( )
36. 직장에 나를 정서적으로 지지해 주는 동료가 있다. ( )
37. 이성과 안정된 정서관계를 유지하길 좋아한다. ( )
38. 나 자신을 즐겁게 할 수 있다. ( )
39. 야간에는 일하지 않는다. ( )
40. 어떤 일이나 어떤 것에 대해 깊은 소속감을 갖는다. ( )
41. 규칙적으로 생수나 광천수를 마신다. ( )
42. 하루 5개비 이하의 담배를 피우거나 아예 피우지 않는다. ( )
43. 매일 산책하거나 길을 걷는다. ( )
44. 친구로부터 도움을 구하거나 필요하면 전문적 충고를 받는다. ( )
45. 성적 좌절감을 거의 느끼지 않는다. ( )
46. 아무것도 하지 않고 시간을 보낼 수 있다. ( )
47. 가정생활과 직장생활이 내게는 똑같이 중요하다. ( )
48. 스트레스 상황을 극복하는 것을 배운 적이 있다. ( )

취약성 프로파일							
A	B	C	D	E	F	G	H
1(　)	2(　)	3(　)	4(　)	5(　)	6(　)	7(　)	8(　)
9(　)	10(　)	11(　)	12(　)	13(　)	14(　)	15(　)	16(　)
17(　)	18(　)	19(　)	20(　)	21(　)	22(　)	23(　)	24(　)
25(　)	26(　)	27(　)	28(　)	29(　)	30(　)	31(　)	32(　)
33(　)	34(　)	35(　)	36(　)	37(　)	38(　)	39(　)	40(　)
41(　)	42(　)	43(　)	44(　)	45(　)	46(　)	47(　)	48(　)

점수의 해석	점수의 의미
A: 건강식	• 각 요인당 최대 점수는 18점이며, 최소 점수는 0점이다. • 솔직하게 응답하여 각 요인당 15점 이상 얻었다면 스트레스를 잘 이기고 있다는 증거다. • 9점 이하를 얻었다면 스트레스에 대한 반응이 부정적인 것이다. 다시 한 번 질문지를 살펴보고 낮은 점수를 받은 문항을 재검토한다.
B: 금연, 금주	
C: 운동 프로그램	
D: 정서적 안녕감	
E: 성생활의 충족도	
F: 이완과 오락	
G: 가정과 직장의 균형	
H: 자기이해와 자기수용	

위의 검사결과에 대한 자신의 생각을 서로 이야기해 보자.

2 스트레스 적응 유형

나는 스트레스 적응 유형 중에서 어디에 해당할까?

다음은 일상적인 행동에 있어 A유형과 B유형을 연속선상에서 나타내 보이는 척도다.

각 항목을 읽고 자신을 가장 잘 나타내는 번호를 ( ) 안에 써넣는다. 예를 들면, 약속시간에 거의 늦은 적이 없는 사람은 '7'을, 약속시간에 대해 별로 신경을 안 쓰고 늦는 경우도 많으나 정시에 가는 경우도 있으면 그 정도에 따라 '2' 혹은 '3'을 ( ) 안에 써넣는다.

1 2 3 4	5 6 7 8
B형	A형
( ) 약속시간에 대해서 태평이다.	한 번도 늦은 적이 없다.
( ) 경쟁적이 아니다.	아주 경쟁적이다.
( ) 급해도 서두르지 않는다.	항상 서두른다.
( ) 일을 순서대로 한다.	다음에 할 일을 앞질러 생각한다.
( ) 일을 천천히 한다.	일을 빨리하며 식사, 걸음걸이도 빠르다.
( ) 자신의 느낌에 대해서 잘 말한다.	자신의 느낌을 잘 말하지 않는다.
( ) 다방면에 흥미를 갖고 있다.	공부(일) 이외에 별로 취미가 없다.
	합계 ( )점

합계가 구해지면 그 점수에 3을 곱하여 다음의 점수표를 보고 자신은 어느 유형에 해당하는지 판단해 보자.

점수	유형
• 90점 미만	강한 B유형
• 90~99점	약한 B유형
• 100~105점	약한 A유형
• 106~119점	보통 A유형
• 120점 이상	강한 A유형
• 나의 유형은 ( )	

출처: 최애경(2006). 인간관계의 이해와 실천. 청람, p. 247

3 한국인의 생활변화 스트레스 척도

〈일반인〉

생활변화사건	생활 변화치
자식 사망	74
배우자 사망	73
부모 사망	66
이혼	63
형제자매 사망	60
혼외 정사	59
부모의 이혼, 재혼	53
별거	51
해고, 파면	50
정든 친구의 사망	50
결혼	50
징역	49
결혼약속	44
중병, 중상	44
사업의 일대 재정비	43

〈대학생〉

생활변화사건	생활 변화치
가까운 가족의 사망	100
수감	80
대학의 첫해나 마지막 해	63
임신(자기나, 자기에 의해)	60
심각한 개인적 질병 혹은 부상	53
결혼	50
인간관계문제	45
경제적 어려움	40
가까운 친구의 죽음	40
룸메이트와의 언쟁(이틀에 한 번 이상)	40
가족과의 의견 불일치	40
개인적 습관에서의 변화	30
환경의 변화	30
직업의 시작 또는 끝냄	30
선배나 교수와의 문제	25

직업 전환	43	뛰어난 개인적 성취	25
정년퇴직	41	학점 취득의 실패	25
해외취업	39	시험	20
유산	38	데이트의 증가나 감소	20
임신	37	공부조건의 변화	20
입학시험, 취직실패	37	전공에서의 변화	20
자식의 분가	36	수면습관에서의 변화	18
새 가족 등장	36	며칠간의 휴강	15
가족 1명의 병	35	식사습관의 변화	15
성취	35	가족과의 재회	15
주택, 사업, 부동산 매입	35	여가활동의 변화	15
정치적 신념의 변화	35	가벼운 질병이나 부상	15
시댁, 처가, 친척과의 알력	34	가벼운 법률 위반	11
학업의 시작, 중단	34		

출처: 이재창 외(1998). 인간관계론. 문음사.

앞의 해당 척도의 표를 보고 지난 12개월 동안 나에게 일어난 사건들을 각각에 체크하고 그것에 해당하는 점수들을 더해 보자.

점수 해석
• 100점 이하: 현재 내가 직면하고 있는 변화의 양은 높지 않다. 최근의 생활사건 변화로 과다한 긴장을 느끼지 않고 있다는 것이다.
• 101~250점: 이 범위 내에서 높은 점수를 받으면 받을수록 높은 압력을 경험한 셈이다. 점수가 250에 가까우면 지난해 꽤 심한 변화를 겪은 것이다.
• 251점 이상: 지난 12개월 동안 생활에 큰 변화를 경험한 것이 분명하다. 이런 경우는 다른 생활의 변화를 줄이거나 없애는 것이 좋다.

한국인의 생활변화 스트레스 척도표에 나타난 것 이외에 삶의 변화를 경험한 생활사건을 아래에 적어 보자.

4 스트레스 정도 측정

나는 지금 어느 정도의 스트레스를 받고 있는지 점검해 보자.

다음의 일상적인 증상 중 자신에게 해당되는 것에 체크해 보자.

문항	전혀 그렇지 않다 (0점)	약간 그렇다 (1점)	대체로 그렇다 (2점)	매우 그렇다 (3점)
1. 쉽게 짜증이 나고 기분의 변동이 심하다.				
2. 피부가 거칠고 각종 피부질환이 심해졌다.				
3. 온몸의 근육이 긴장되고 여기저기 쑤신다.				
4. 잠을 잘 못 자거나 깊은 잠을 못 자고 자주 깬다.				
5. 매사에 자신감이 없고 자기비하를 많이 한다.				
6. 별다른 이유 없이 불안 초조하다.				
7. 쉽게 피로감을 느낀다.				
8. 매사에 집중이 잘 안 되고 일의 능률이 떨어진다.				
9. 식욕이 없어 잘 안 먹거나 갑자기 폭식을 한다.				
10. 기억력이 나빠져 잘 잊어버린다.				
총점				

- 0~5점 이하: 거의 스트레스를 받고 있지 않음
- 6~10점: 약간 스트레스를 받고 있음
- 11~15점: 비교적 스트레스가 심한 편이므로 스트레스를 줄이기 위한 대책이 필요함
- 16~20점: 심한 스트레스를 받고 있으므로 신체상태에 대한 정기적인 검진과 더불어 스트레스를 줄이기 위한 적극적인 대책이 필요함
- 21점 이상: 매우 심한 스트레스를 받고 있으므로 당장 전문의를 찾아야 함

출처: 양창삼(2005). 인간관계의 이해. 창지사, p. 60.

5 왜곡된 생각 찾기

왜곡된 생각의 핵심을 빨리 포착할 수 있는 간단한 방법이 있다. 일단 종이 한 장과 펜을 준비한다. 그리고 대학생활에서 정말로 꼭 이루고 싶은 소망 한 가지를 적는다. '이번 학기 전액 장학금을 타고 싶다.' 등 소망을 적은 다음 왜 그 일을 이루어 내지 못하리라고 생각하는지 이유를 적어 본다. 무작정 떠오르는 대로 적지 말고 목표를 성취하는 데 정말로 방해가 된다고 생각되는 사항을 적는다.

다음의 내용 중 몇 개를 선택하여 출발점으로 삼아 보자(예시).

- 나는 똑똑하지 않다.
- 나는 재능이 없다.
- 나는 한 가지 일에 오래 몰두하지 못한다.
- 나는 장학금을 탈 만한 능력이 없다.
- 경쟁이 너무 심하다.
- 지금까지 전액 장학금을 탄 적이 없으니 이번에도 탈 것이라는 보장이 없다.

다 적었으면 이제 생각을 180도 전환시킬 차례다. 종이에 적은 부정적인 생각과 단어들을 하나하나 반박해 보자. 자신의 경험 속에서 부정적인 생각이 아닌

반대의 경우를 생각해 보자. 예를 들어, '나는 똑똑하지 않다.'라는 것에 대해서 언젠가 똑똑하다고 칭찬을 들었던 때를 상기해 보자. 나머지 내용도 이렇게 정리하면 부정적인 생각이 긍정적인 확신으로 조금씩 변하게 될 것이다. 물론 오랫동안 굳어 있던 부정적인 확신을 금방 바꿀 수는 없다. 하지만 이 방법을 사용하면 적어도 대학생활을 가로막는 일들이 무엇인지 알게 된다. 그리고 그 장애물을 치워버리는 데도 도움이 될 것이다.

6 감사의 일기 쓰기

마음의 중심을 찾아내고 스트레스를 이해할 수 있는 방법 가운데 하나로 '감사의 일기(a thinking journal)'를 쓰는 방법이 있다. 감사보다는 항상 부족하다는 의식, 더욱이 자칫 인생의 낙오자가 될 수 있다는 불안감이나, 이미 나는 뒤처져 있다는 열등감과 패배감으로 자신의 하루하루를 더 나쁜 상황으로 만들 수 있다. 이는 시작부터 무겁게 시작했기 때문이다. 감사의 일기는 하루를 마감하면서가 아니라 시작하면서 쓰는 일기다. 긍정의 열매를 얻으려면 처음부터 긍정의 씨앗을 심어야 한다. 자신의 마음속에 긍정적이고 낙관적인 미래를 가득 채울 수 있는 일을 생각하면서 하루를 시작해 보자.

다음의 내용 중 몇 개를 선택하여 출발점으로 삼아 보자(예시).

1. 내 인생을 긍정적인 방향으로 바꾸어놓은 사람들을 떠올린다.
2. 내가 잘할 수 있는 일이나 '난 이래서 내가 좋아!'라고 생각하는 항목을 적어 본다.
3. 사랑하는 감정이나 어려운 과제를 해결한 기쁨에 심장이 터져버릴 것 같던 순간을 떠올린다.
4. 내가 마음의 안정을 느끼는 장소는 어디인지 그리고 누구와 함께 있을 때 그랬는지를 생각해 본다.

이와 같이 감사하는 마음을 안겨주는 일을 한두 가지씩 생각하면서 하루를 시작해 보자. 여러분의 하루가 바뀔 것이다. 인생을 불안으로 채우지 마라. 인생은 소중한 것이다. 지금 감사하는 마음을 적어 보자.

학습전략 12

효과적인 프레젠테이션 기법

프레젠테이션이란 '한정된 시간 내에 발표자가 정보를 제시하여 청중들이 의사결정을 하도록 유도하는 과정'이라고 정의할 수 있다. 자신이 가진 생각이 아무리 좋다 하더라도 이를 다른 사람들에게 정확하게 전달하지 못한다면 그 생각은 다른 사람들의 주목을 받기 어렵다. 좋은 생각이 정확히 전달되려면 정확한 말로 표현되는 프레젠테이션 능력을 습득해야 한다. 프레젠테이션 능력은 프레젠테이션 기술에 대한 관심과 꾸준한 연습을 통하여 습득되고 개발될 수 있다.

1 프레젠테이션 능력은 왜 중요한가?

21세기 정보화 사회는 개인의 정보접근성이 매우 용이하다는 특성이 있다. 따라서 개인이 접근할 수 있는 정보를 다방면으로 폭넓게 수집하여 지식으로 표현해 내는 일은 매우 중요한 능력이 된다. 즉, 다양한 지식과 정보를 가공할 수 있는 이해력과 문제를 판단하고 분석하는 기획력, 수집된 정보를 바탕으로 상대와 의사소통을 할 수 있는 전달력이 필요하다. 이와 같은 이해력, 기획력, 전달력은 모두 커뮤니케이션 기법에서도 요구되는 능력이며, 이와 같은 능력이 종합되어야만 프레젠테이션을 효과적으로 수행할 수 있다.

2 프레젠테이션을 위한 준비

프레젠테이션을 경험해 보았던 사람이라면 누구나 두려움이나 불안감을 느낀 적이 있을 것이다. 극단적인 경우 청중 앞에 섰을 때 준비한 내용이 전혀 생각나지 않고 앞이 캄캄하여 당황하기도 한다. 이러한 불안감은 어디에서 오는 것인가? 그 불안감의 원인을 차근차근 분석해 보고 하나씩 극복해 나간다면 프레젠테이션을 기피의 대상이 아니라 즐거운 마음으로 맞을 수 있어, 자기발전에 도움이 될 것이다. 프레젠테이션에 대한 공포를 없애기 위하여 다음과 같이 사전점검을 실시해 보자.

1) 프레젠테이션을 위한 사전 점검

프레젠테이션에 앞서서 나의 장점과 단점을 생각해 보자. 내가 잘하는 점이나 다른 사람 앞에서 감추거나 피하고 싶은 점이 있다면 적어 본다. 그리고 프레젠테이션을 마친 다음 내가 청중으로부터 어떤 평가를 받고 싶은지도 생각해 보도록 하자.

〈표 12-1〉 프레젠터로서의 자기점검

문항	아니다	가끔 그렇다	자주 그렇다	거의 항상 그렇다
1. 나는 여러 사람 앞에서 말할 때 편안하다.				
2. 나는 여러 사람 앞에서 말할 때 부정적인 생각은 피한다.				
3. 말하는 동안 목소리가 떨리지 않고 안정적이다.				
4. 말하는 동안 몸이 긴장되지 않는다.				
5. 발표하기 전에 청중이 무엇을 기대하는지를 생각해 본다.				
6. 발표하는 동안 청중의 행동을 파악할 수 있다.				
7. 질문이나 청중의 반응을 통하여 상호작용을 이끌어 낼 수 있다.				
8. 요점을 정리하고 기억하기 위하여 노트를 이용한다.				
9. 노트는 간단하고 읽기 쉬우며 사용에 불편이 없다.				
10. 단어 몇 개로 만든 키워드 중심의 원고를 활용한다.				
11. 미리 발표연습을 한다.				
12. 청중에게 듣는 기쁨을 선사한다.				
13. 청중의 주의를 집중시키며 시작한다.				
14. 번호를 매겨 제시한다.				
15. 상황에 맞춰 목소리의 크기를 조절한다.				
16. 표현과 강조를 위해 목소리를 다양하게 구사한다.				
17. 요점을 정리하고 강조하는 데 시각자료를 이용한다.				
18. 시각자료는 단순하고 읽기 쉽다.				
19. 자연스러운 제스처를 사용한다.				
20. 청중과 눈을 마주치려고 의식적으로 노력한다.				
21. 질문을 예상하고 답변을 연습한다.				
22. 적절한 단어를 구사한다.				
23. 발표의 완급을 조절한다.				
24. 허용된 시간을 지킨다.				
25. 녹음을 하면서 큰 소리로 연습한다.				
항목별 소계				
총계				

출처: 정혜선(2003). 효과적인 프레젠테이션. 교수학습개발센터 워크숍 자료집.

위에 제시된 점검표의 각 문항에 대해 '아니다' 1점, '가끔 그렇다' 2점, '자주 그렇다' 3점, '거의 항상 그렇다' 4점으로 평가해 보자. 전체 항목의 점수를 합하여 총점을 낸 다음 나의 점수는 어느 정도인지 알아보자.

100~90점을 얻었다면 이미 매우 훌륭한 프레젠테이션 능력을 갖추었다고 할 수 있다. 89~75점을 얻었다면 그런대로 훌륭하다고 할 수 있다. 74~50점은 보통이며, 49~30점을 얻은 경우는 프레젠테이션 능력이 부족하다는 것을 의미하고, 29~0점을 얻은 경우는 많은 노력이 필요하다.

2) 불안감 극복하기

프레젠테이션에 대한 스트레스나 불안감을 스스로 만들어 내지 않도록 한다. 이를 위해서는 발표 때문에 발생하는 불안감을 유발시키는 요인을 제거하려는 노력이 필요하다. 아래의 항목은 발표불안을 없애기 위한 방안들이다. 자신에게 적용시킬 수 있는 방안이 무엇인지 찾아보고 적용해 보자.

- 프레젠테이션 불안을 완화시키기 위해서는 리허설(연습)이 가장 중요하다.
- 노력과 불안을 혼동하지 않도록 하며, 불안감을 참으며 도전하도록 노력한다.
- 프레젠테이션 자체에 압도되지 말고, 당당하게 맞선다는 마음을 갖는다.
- 자신을 있는 그대로 수용하고 받아들인다.
- 두려움 없이 프레젠테이션을 수행하는 발표자를 찾았다면 그를 모델로 삼아 프레젠테이션의 자세나 태도를 모방해 본다.
- 프레젠테이션을 수행하는 동안 자신을 의식하지 말고 수행에 몰입하여 참여한다.
- 결과에 대한 걱정보다 과정에 집중한다.
- 프레젠테이션은 나 자신 전체에 대한 평가가 아니며, 행동에 대한 평가라고 생각한다.

3) 프레젠테이션의 내용 구성하기

청중에게 메시지를 명확하게 전달하기 위하여 프레젠테이션의 내용은 일정한 구조를 갖추어야 한다. 메시지가 어떤 구조를 갖는 것이 적절한지는 프레젠테이션 내용과 밀접하게 연관되어 있으나, 글쓰기와 마찬가지로 도입-본론-결론의 구성을 갖는 것이 일반적이다. 이 중 도입부는 전체 내용의 5~10%가 포함되도록 구성해야 한다. 이때 청중의 관심을 유도하기 위하여 이야기나 시각자료, 프레젠테이션의 동기나 목적을 분명히 언급해야 한다. 전체 내용의 요점을 간략히 제시하거나 결론을 먼저 제시하는 것도 좋다.

본론은 전체 내용의 70~80%를 차지해야 한다. 도입에서 결론을 먼저 제시하였다면 결론에 대한 근거나 이유를 제시하는 방식으로 본론의 내용을 채우도록 한다. 본론의 내용은 크게 세 가지 정도의 논점이나 주제로 나누는 것이 좋고, 각 주제별로 소주제나 보조자료를 제시하도록 한다. 두 번째 논점으로 넘어가기 전에는 반드시 첫 번째 논점을 정리하고 다음 주제로 넘어감을 알리는 '전환'의 멘트를 활용해야 한다.

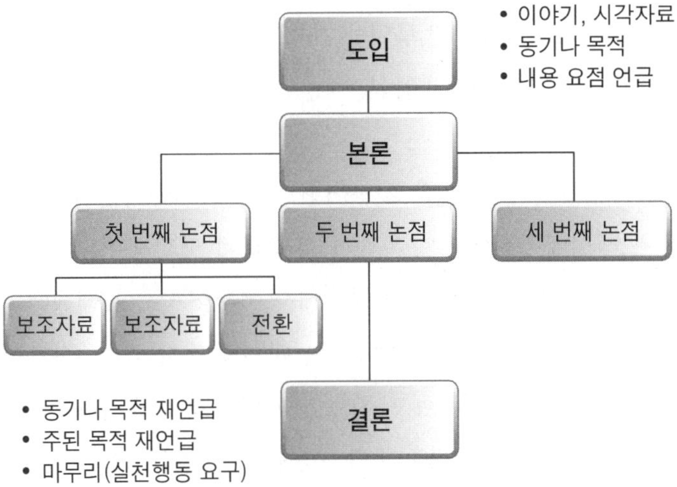

[그림 12-1] 프레젠테이션 내용의 구성

* 도입, 본론, 결론의 내용과 분량이 적절하게 조화되도록 한다.

결론부는 전체 내용의 5~10%를 넘지 않도록 하며, 프레젠테이션의 동기와 목적을 다시 한 번 확인하도록 한다. 특히 프레젠테이션의 주된 논점을 정리해 주면서 실천적인 행동을 요구하는 것으로 마무리한다.

일단 전체 내용을 구성한 뒤 이를 토대로 발표자료를 준비한다. 발표를 위하여 파워포인트 슬라이드를 활용하고자 한다면 제13장을 참고하도록 한다.

3 프레젠테이션 운영

1) 프레젠테이션의 목표를 설정하고 이를 제시하자

프레젠테이션의 목적이 무엇인지 먼저 생각해 보자. 일반적으로 프레젠테이션의 목적은 크게 네 가지로 구분할 수 있다.

- 확신을 주기 위한 프레젠테이션
- 정보를 제공하기 위한 프레젠테이션
- 동기부여를 함으로써 청중이 무엇을 하도록 유도하기 위한 프레젠테이션
- 즐거움을 주기 위한 프레젠테이션

위의 네 가지 중에서 자신의 발표가 어떤 목적에 부합되는지를 생각해 본다. 보통의 경우 프레젠테이션에는 주목적과 부목적이 포함되며, 2~3개의 목적이 혼합되어 적용되는 경우도 많다. 수업상황에서 이루어지는 프레젠테이션은 일반적으로 지식을 전달하거나 정보를 제공하는 데 주목적이 있다. 정보전달을 목적으로 하는 프레젠테이션의 경우에도 정보를 재미있게 전달할 수 있도록 즐거움을 주는 요소를 포함시켜 주면 더욱 좋다. 이때 잊지 말아야 할 것은 두 번째 목적은 잃더라도 첫 번째 목적은 반드시 잃지 않도록 해야 한다는 것이다. 또한 프레젠테이션을 시작하기에 앞서서 본 발표의 목적이 무엇인지를 분명히 제시하도록 하자. 아울러 언급한 프레젠테이션의 목적을 달성하기 위하여 발표내용의 구성

이 적합한지도 반드시 점검하도록 한다.

2) 큰 그림을 보여 주자

프레젠테이션을 시작할 때는 오늘 다룰 내용의 전체 골격을 제시하고 간략하게 설명함으로써 내용에 익숙하지 않은 청중의 이해를 높이도록 한다. 큰 그림은 이정표와 같다. 예를 들어, 서울에서 부산으로 가는데 서울-대전-대구를 거쳐 부산에 도착할 것임을 미리 알려 주는 것과 같다.

프레젠테이션의 큰 그림을 제시하려면 발표자가 내용을 준비할 때 구조화하는 과정을 거쳐야 한다. 구조화란 다룰 내용의 큰 주제와 세부 주제를 설정하는 것으로, 이때 각 주제 간의 위계가 적합한지를 반드시 점검해야 한다. 구조가 정해지면 각 주제에 따른 세부 내용을 포함시켜야 하는데, 이때 청중이 가장 이해하기 쉽고 메시지를 효율적으로 전달할 수 있는 방안을 고려해야 한다. 특히 메시지에 논리를 도입하려면 관련 분야의 선행 연구나 실제 사례를 포함시키고, 이를 지원할 수 있는 증거 자료를 추가하는 방식을 택하도록 한다.

3) 청중의 경험과 연관시키자

발표자인 본인은 프레젠테이션 내용에 너무나 익숙해 있으나, 청중은 그렇지 못하다. 흔히 발표자는 이 사실을 잊는 경우가 많다. 프레젠테이션은 청중의 시각에서 구성되고 진행되어야 하며, 청중에게 새로운 지식과 정보를 제공하는 학습과정으로 볼 수 있다. 발표자가 전달할 내용이 복잡하고 전문적인 지식을 다룬 것이라면 청중이 이를 어떻게 학습하고 이해할 것인가의 측면에 관심을 가져야 한다.

인간의 지식구조는 개념과 개념 간의 관계들이 얽혀서 마치 그물망과 같은 형태를 이루고 있다. 따라서 학습자는 새로운 정보가 들어오면 자신이 이미 알고 있는 사전지식과 새로운 정보를 연관시킴으로써 학습을 수행하게 된다. 즉, 청중의 지식구조, 청중이 갖고 있는 선행지식과 개념, 경험 등은 새로운 정보를 받아들이기 위한 발판이 된다.

따라서 발표자가 정보를 제공할 때는 청중이 갖고 있는 선행지식이나 경험이 무엇인지를 파악하고, 그것과 새로운 정보와의 연관성을 언급해야 한다. 청중은 프레젠테이션에서 제공하는 새로운 정보를 자신이 알고 있는 선행지식이나 경험과 끊임없이 연관시키면서 자신의 지식구조를 분화시켜 나가기 때문이다. 이런 관점에서 볼 때 청중의 이해를 높이려면 비유나 예시, 청중이 가진 경험 등을 활용하는 것이 효과적인 프레젠테이션을 수행하는 방안이 될 수 있다.

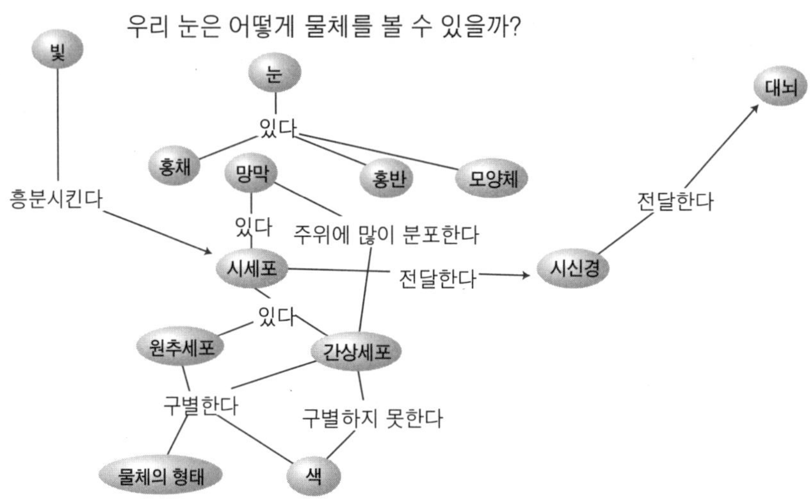

[그림 12-2] 시각에 관한 개념 체계도(개념과 개념 간의 연결로 이루어진 지식구조의 형태)

4) 프레젠테이션 마무리하기

프레젠테이션도 마무리를 해야 한다. 뜨개질에서 매듭을 제대로 짓지 않으면 올이 풀려나가서 원래 가진 실뭉치보다 더 나쁜 상태가 되고 마는 것처럼, 프레젠테이션도 이와 비슷하여서 내용을 잘 전달하였다 하더라도 마무리를 어떻게 하느냐는 매우 중요하다. 프레젠테이션의 마무리에는 내용 정리-전체 논점 요약-본론 내용 확인-결론이 포함되면 된다. 본론에서 이야기한 것을 다시 확인시키면서 프레젠테이션의 주된 논점을 요약하는 것도 중요하다. 결론에서는 실천행동(action plan)이 포함되기도 하는데, 자신이 다룬 내용을 어떻게 실천적으로 적용시킬 수 있는가에 관한 방법을 알려 줄 수 있다.

성공적인 프레젠테이션의 마무리를 위한 표현법을 찾아보자. 예를 들어, '이제부터 5분 동안 마무리하도록 하겠습니다.' 이렇게 말하는 순간 청중은 '드디어 5분이면 끝나는구나. 5분 동안 정신 차려 듣자.' 이런 생각을 하게 된다. '결론으로 넘어가기 전에 끝으로 짚고 넘어갈 것 한 가지' '요약하자면 세 가지……' '앞의 것은 다 잊어도 이 세 가지만 기억한다면……' 등의 표현을 활용해 보자. 이때 발표자는 자세를 곧게 하여 선 뒤, 당당하고 큰 소리로 확고하게 정리해야 한다. 발표가 다소 미흡했다 하더라도 마지막 5분의 마무리 시간에는 열정을 놓치면 안 된다. 확고한 말투와 자세를 활용할 것! 그것이 프레젠테이션 마무리의 중요한 요령이다.

4 설득력 있는 프레젠테이션을 위한 표현법

우리는 사람을 처음 대할 때 상대의 복장과 헤어스타일 등을 토대로 상대에 대한 인상을 갖게 되며, 말을 시작했을 때 목소리의 톤이나 고저, 강약, 속도에 따라서 상대방에 대해 긴장감 혹은 편안함 등을 느끼게 된다. 프레젠테이션과 같은 일회성 발표인 경우는 발표자가 처음 5분간 주는 느낌이나 인상은 강연에 대한 신뢰도와 연결되기도 한다. 프레젠테이션의 설득력을 높이기 위하여 언어적, 비언어적 표현법을 어떻게 활용할 것인지 살펴보자.

1) 언어적 표현법: 음성

음성은 발음, 음색, 고저, 강약, 속도 등으로 구성되지만 이들이 각각 독자적으로 분리되는 것은 아니다. 명확한 발음을 구사하는 것은 메시지를 전달하는 측면에서 매우 중요하다. 자음이 혼동되어 못 알아듣는 경우는 거의 없지만, 모음이 혼동될 때는 내용을 이해하기 어렵게 만들 수 있으므로 연습을 통하여 교정할 필요가 있다.

우리말은 높낮이가 많이 필요하지 않지만, 높낮이나 강약에 변화를 주면 매우 효과적이다. 음성의 톤을 통하여 높낮이의 차이를 드러내도록 한다. 톤을 높게 구사하면 긴장감을 주기 때문에 중요한 대목에서는 다소 높은 톤을 구사하는 것이 좋고, 평범하게 전달하고자 할 때는 천천히 낮은 톤을 활용하는 것이 좋다. 음성의 강약도 적절히 구사한다면 집중을 유도할 수 있고 전환점을 이루는 도구로 활용할 수 있다.

말의 속도는 쉽게 고쳐지지 않지만 내용의 난이도와 관련이 있다. 어려운 내용은 느린 속도로, 쉬운 내용은 다소 빠른 속도로 하는 것이 좋다. 문장 하나를 이야기할 때는 속도가 다소 빨라도 관계가 없다. 입이 귀보다는 빠를 수 없기 때문에 말이 다소 빠르다 해도 내용을 이해하는 데 문제가 되지 않는다. 그러나 문장과 문장에 단락이 없는 경우는 문제가 된다. 문장과 문장 사이에서 숨을 한 번 들이키는 쉼표(pause)만 준다면 말은 빠르게 느껴지지 않는다. 말이 지나치게 빠르다고 생각되면 발표하는 중간중간에 쉼표를 넣어 이를 교정하도록 한다. 중간에 쉬고, 숨을 들이키는 순간이 있으면 말의 중간중간에 단락이 생기게 된다. 이렇게 하면 말이 빨라지는 것을 보완하는 효과가 있다.

2) 비언어적 표현법: 표정, 눈맞춤, 몸동작

Mebrabian(1968)은 '언어 없는 커뮤니케이션(communication without words)'이라는 연구를 통하여 커뮤니케이션에서 활용되는 비언어적, 언어적 표현법의 중요성을 강조하였다. 비언어적인 표현을 통하여 커뮤니케이션의 55%가 이루어지고, 언어적인 표현에 의하여 38%, 나머지 7%만이 말의 내용을 통하여 커뮤니케이션이 이루어진다는 것이다. 비언어적인 표현법에는 자세, 눈맞춤, 표정, 몸동작 등이 포함된다. 결국 커뮤니케이션의 측면에서 본다면 내용의 7%만이 말을 통하여 전달되고 나머지 93%는 표현법에 의존하여 이루어짐을 의미한다. 그렇다면 비언어적 표현법을 하나씩 익혀 보자.

당당하면서 겸손한 느낌을 갖게 하는 표정이 이상적이지만 이런 표정을 짓기 어렵다면 살짝 미소를 짓도록 한다. 이때 청중과의 눈맞춤은 상호작용을 돕는 중요한 요소다. 준비한 자료를 보는 것은 무방하지만 청중과의 눈맞춤과 자료를 보는 시간의 비율은 7 : 3을 넘지 않는 것이 좋다. 눈맞춤은 왜 필요한가? 상대방의 기색을 살핀다는 데 목적이 있다. 청중의 반응을 느끼면서 발표의 진행에 대한 계획을 세우도록 하자. 또한 눈맞춤은 청중이 나에게 집중하도록 하는 효과를 가져온다. 청각(말)을 통한 정보와 시각(눈맞춤)이 일치할 때 청중은 정보를 받아들일 확률이 높아진다. 한 사람을 보고 문장을 마치고, 다음에는 전체를 보고 말을 한다. 다시 한 사람을 보고 이야기를 하고, 다음에는 전체를 봄으로써 청중의 긴장을 조절하도록 한다. 한 사람과 눈맞춤을 한다는 것이 부담스럽다면 청중 중의 한 사람을 정하고 이마 부근을 주시한다. 청중은 자신과 눈을 맞추고 있다는 느낌을 갖게 된다.

몸동작은 일단 자연스러운 것이 좋다. 예를 들어, '지금부터 세 가지만 이야기하겠습니다.'라고 말하였다면 '3'이라는 단어를 청중에게 인식시키기 위해서 말과 함께 손을 사용하는 것이 효과적이다. 몸동작은 표현해야 할 목적이 뚜렷할 때 사용하되, 아무 목적 없이 사용하는 것은 자제해야 한다. 몸동작의 활용에 대하여 본인이 잘 모르는 경우가 많다. 이런 경우에는 자신의 모습을 비디오로 녹화해 보거나, 거울 앞에서 연습해 보아야 한다. 몸동작을 사용할 때는 나라는 존재를 십분 활용하는 것이 좋기 때문에 몸 전체와 두 손을 사용하는 것이 좋다. 가능하면 두 손을 다 사용하고, 내용을 잘 전달하는 도구로 이들을 사용한다면 프레젠테이션의 설득력을 높이는 데 기여할 수 있다.

3) 청중과 상호작용을 높이기 위한 질문법

질문시간도 프레젠테이션에 포함되기 때문에 질문받기 전까지는 프레젠테이션의 50% 정도밖에 완성되지 않았다고 할 수 있다. 프레젠테이션을 성공적으로 마쳤다 해도 청중의 질문에 대하여 명쾌하게 답하지 못한다면 성공적인 프레젠테이션으로 평가받기 어렵다. 따라서 발표자는 당연히 청중에게 질문할 기회를 주어야 한다. '제가 한 시간 동안 발표할 예정인데, 중간중간이나 발표가 끝나고 질문을 하셔도 좋습니다만, 저는 발표 중간에 질문을 받는 것이 좋습니다." 등과 같이 청중이 질문할 수 있는 시간에 관하여 언급해두는 것이 좋다. 프레젠테이션의 완성도를 높이기 위하여 질문법의 원칙을 기억하도록 하자.

- 사전에 질문 리스트를 작성하여 준비해 둘 것
- 질문을 받은 경우 질문을 재진술함으로써 전체의 논의로 만들 것
- 답변은 간결하고 명확하게 할 것
- 비판적인 시각도 긍정적으로 수용할 것
- 답변이 만족스러웠는지 확인할 것

질문시간을 잘 활용하기 위해서는 질문리스트를 미리 만들어 준비하는 것이 좋다. '질문을 하십시오.' 이렇게 말한다고 해서 질문이 활발히 나올 것을 기대하기는 어렵다. 따라서 질문이 나오지 않을 경우에 대비하여 미리 질문을 준비해두고, 질문이 나오지 않는 경우 이 중에서 한두 가지를 선택하여 '제가 자주 받는 질문입니다.' 혹은 '이런 의문을 가지실 수 있을 것 같습니다.'라고 언급하고 준비한 질문에 대하여 설명하는 것도 좋은 방법이다.

청중이 질문하는 경우, 발표자는 심각하게 질문을 받게 되지만 그 순간 다른 청중들은 '아, 발표자와 질문자가 얘기하겠구나.' 하면서 산만해지게 된다. 그렇게 되면 질문자와 발표자 두 사람만의 대화가 되며, 발표자가 답변하는 동안 청중들은 지루함을 느끼게 된다. 또한 많은 경우 발표자는 질문을 받자마자 바로 답변을 한다. 이런 경우에는 질문의 가치가 매우 약해지는 결과를 가져올 수 있다. 일단 청중으로부터 질문을 받은 경우, 발표자는 그 질문의 요점을 정리하여 재진술하도록 한다. 이렇게 하면 질문의 요지를 정확하게 파악하였는지 확인할 수 있고, 동문서답을 피할 수 있으며, 질문의 중요성을 환기시켜서 청중들의 집중을 유도할 수 있다. 또한 질문을 재진술함으로써 자신의 답변을 머릿속에서 정리할 수 있는 시간적 여유를 얻게 된다.

프레젠테이션을 하다 보면 시간이 부족하여 준비한 자료를 다 보여 주지 못하는 경우가 생긴다. 보여 주지 못한 자료와 관련된 질문이 나오는 경우 그 자료를 제시하면서 답하면 효과적이다. 답변은 간결해야 한다. 혹시 답변이 부족하거나

지금 당장 답하기 어려운 질문이라면 상황을 설명한 뒤 '아, 그것은 제가 놓친 부분인데, 어떤 자료를 보면 답할 수 있을 것 같습니다.' 혹은 '추후에 이메일로 답변 해 드리겠습니다.' 등과 같이 처리하는 것이 바람직하다.

공개적으로 질문을 받았으나, 그 질문이 중요하지도 않고 발표내용과 전혀 관계가 없을 수도 있다. 어떤 경우에는 질문을 가장한 코멘트를 하거나, 심한 경우에는 비판적인 시각으로 공격하는 경우도 있다. 이때 발표자는 '내가 아까 다 설명했는데, 무슨 그런 질문을 하십니까?'와 같은 느낌을 청중에게 전하면 안 된다. '좋은 질문입니다. 답변을 하자면 이렇습니다.'와 같이 가급적 긍정적인 태도를 보이도록 한다.

반대의견이 나왔다면 그러한 의견이 나올 수 있다는 것을 먼저 받아들이는 수용적인 태도를 보이는 것이 중요하다. 만약 반대의견에 대하여 방어를 한다면 질문자는 더욱 공격적이 된다. 반대의견의 타당성을 일단 인정하고, 반대의견이 발생한 원인을 해결하기 위하여 다시 한 번 명확히 설명해 주도록 한다. '나의 설명이 부족하였던 것 같습니다.' '설명에서 표현이 잘못되었던 것 같습니다.' '설명에서 오해가 있었다고 생각됩니다.' 등의 답변을 통하여 책임을 발표자와 청중, 상황으로 분산시키고 다시 한 번 명확하게 설명한다. 이때 특별히 자료를 제시하여 그 문제를 해결할 수 있는 능력이 있음을 보여 주는 것도 필요하다. 증거자료를 제시하면서 해결능력을 보여 준다면 반대 의견이나 질문자의 요구를 만족시킬 수 있을 것이다. 답변할 수 없는 사항이거나, 제시한 자료와 상반되는 정보를 제시해야 하는 상황이 발생할 수도 있다. 이런 경우에는 반대의견을 일단 수긍한 뒤, 가능하면 솔직한 태도로 정보를 제공한다. 나의 의견에서 쟁점이 될 만한 사항을 다시 한 번 정리하면 질문자는 발표자에 대하여 신뢰감을 갖게 된다. 이렇게 되면 프레젠테이션을 통하여 얻을 수 있는 또 하나의 목표를 이룬 셈이다.

Tip

효과적인 프레젠테이션을 위하여

1. 청중이 누구이고 프레젠테이션을 통하여 기대하는 바가 무엇인지 생각해 보자.
2. 프레젠테이션의 목적이 무엇인지 명확히 설정한다.
3. 프레젠테이션의 목적이 설정되었다면 이를 달성하기 위한 내용을 구체화시킨다.
4. 발표내용은 큰 주제 세 가지를 넘지 않도록 하고, 각 주제에 따른 소주제를 위계에 맞추어 구성한다.
5. 각 주제와 관련된 자료를 제시하면 프레젠테이션의 설득력을 높일 수 있다.
6. 청중과의 커뮤니케이션을 높이기 위해서는 언어적 표현법, 비언어적 표현법이 매우 중요하다.
7. 언어적인 표현법에는 변화와 쉼표를 주도록 한다.
8. 발표불안을 해소하기 위해서는 내용에 대한 충분한 이해와 연습으로 준비하면 여유 있는 프레젠테이션을 운영할 수 있다.
9. 질문은 긍정적인 태도로 수용하며, 이에 관한 피드백을 제공한다.

생각해 보기

1. 프레젠테이션을 앞두고 불안감을 해소하기 위한 방안이 무엇인지 생각해 보자.
2. 자신이 관찰한 프레젠테이션 경험을 떠올리면서 잘못된 프레젠테이션이라고 판단했었다면 어떤 경우였는지 회상해 보자.

학습전략 포트폴리오 12

효과적인 프레젠테이션 기법

프레젠테이션은 전문가들만이 갖고 있는 특별한 기술이 아니다. 자신의 생각이나 아이디어나 경험 등의 제반 정보를 상대방에게 전달하고 설득하는 행위를 의미한다. 자신이 전달하고자 하는 내용을 잘 이해하고 있고 준비가 잘되었다면 어느 정도 자신감을 갖게 될 것이다.

자, 그러면 성공적인 프레젠테이션을 하기 위한 준비 작업을 시작해 보자.

1 학습내용 점검하기

앞 장에서 제시한 내용을 숙지한 뒤 프레젠테이션에 관한 학습을 마치고 다음의 사항을 학습하였는지 점검해 보자.

프레젠테이션을 위한 자세

- 프레젠테이션을 시작할 때 친숙한 분위기를 조성할 수 있는가?
- 프레젠테이션의 목적을 파악함으로써 그 프레젠테이션의 필요성을 이해하게 되었는가?
- 앞으로 프레젠테이션을 수행할 때 적극적이고 긍정적인 자세로 참여할 수 있는가?

프레젠테이션 분석

- 프레젠테이션의 목적을 명확하게 기술할 수 있는가?
- 청중의 특성을 파악할 수 있는가?
- 프레젠테이션을 위한 환경을 점검할 수 있는가?

성공적인 프레젠테이션의 필수요소

- 효과적인 프레젠테이션의 구성요소를 설명할 수 있는가?
- 프레젠테이션의 구성요소에 적합한 예를 작성할 수 있는가?

설득력 증진

- 프레젠테이션의 설득력을 높이기 위한 질문의 처리기법을 설명할 수 있는가?
- 청중의 질문과 반대의견을 효과적으로 처리할 수 있는가?
- 프레젠테이션의 시각적, 청각적 요소를 파악하고 표현할 수 있는가?

- 설득력을 높이기 위한 언어적, 비언어적 표현을 이해하고 있는가?

최종 마무리

- 자신이 습득한 지식과 기술과 태도를 발표할 수 있는가?
- 자신의 프레젠테이션에 대하여 스스로 평가하고 개선할 수 있는가?
- 습득한 지식에 근거하여 다른 사람의 프레젠테이션을 분석하고 평가할 수 있는가?

2 프레젠테이션을 위한 점검

프레젠테이션에 앞서서 준비할 사항을 정리해 본다. 특히 프레젠테이션의 목적이 무엇인지, 발표장의 상황은 어떠한지, 핸드아웃(handout), 발표를 위한 기자재 등을 꼼꼼히 점검해야 한다. 아래의 사항을 점검해 보고 프로그램을 주관하는 주최측에 요청할 사항이 무엇인지도 미리 검토해 두도록 하자.

1. 나의 프레젠테이션을 듣는 청중은 누구인가? 어떤 영역에서 일하는 사람인가? 혹은 어떤 직업을 가진 집단인가?

____

____

____

2. 청중은 나의 프레젠테이션을 통하여 무엇을 듣고 배우기를 기대하고 있는가?

____

____

____

3. 자신의 프레젠테이션의 목적은 무엇인가?

4. 발표의 주제는 무엇인가?

5. 발표시간과 발표장소(대형 강의실/세미나실/강당 등)를 구체적으로 적어 보자.

6. 발표를 수행할 본 프로그램은 어떤 형태로 진행할 예정인가?(학회/공청회/수업 발표 등)

7. 발표자료는 자신에게 주어진 발표시간에 알맞도록 적절하게 준비되었는가?

8. 자신 외에 발표에 참여하는 사람은 누구이고, 다른 발표자의 주제는 무엇인가?

____

____

____

9. (질문시간이 마련되어 있다면) 질문시간은 어느 정도로 예상하고 있는가? 할당된 질문시간에 맞추어 예상질문도 작성해 보자.

____

____

____

10. 프로그램의 진행자가 나를 소개하게 된다면 다음의 사항을 미리 작성하여 제출하도록 하자.

이름: ______________________________

소속: ______________________________

관련 영역의 경력: ______________________________

11. 발표에 필요한 핸드아웃과 발표를 위하여 필요한 기자재는 무엇인가?

____

____

____

3 프레젠테이션 분석을 위한 평가지

프레젠테이션 자가평가지

작성자 소속 : ______________ 이름 : ______________

관찰 영역	관찰 항목	강한 부정	…	보통	…	강한 긍정
		1	2	3	4	5
언어적 표현	• 목소리 크기가 적절한가?					
	• 말하는 속도가 적절한가?					
	• 발음이 정확한가?					
	• 내용에 따라 목소리에 변화가 있는가?					
비언어적 표현	• 얼굴 표정은 부드러운가?					
	• 모든 청중에게 골고루 시선을 주는가?					
	• 몸동작이 의도적이고 자연스러운가?					
	• 서 있는 자리를 적절히 옮겨주는가?					
	• 긍정적인 느낌을 줄 수 있는 태도를 취하는가?					
PT 진행	• PT에 열의가 느껴지는가?					
	• PT의 속도와 흐름은 적절한가?					
	• 시간 조절을 잘 하고 있는가?					
내용 구성	• PT 시작에서 목표를 명확하게 제시하였는가?					
	• 청중의 호기심을 유도하는가?					
	• 전달하고자 하는 내용을 명확하게 설명하였는가?					
	• 중요한 내용을 부각하는가? (요약, 정리)					
	• 끝맺음이 있는가?					
시각 자료	• 자료의 양은 적절한가?					
	• 말하는 내용을 보완하고 있는가?					
	• 자료의 글씨 혹은 그림이 시각적 효과를 주는가?					
	총점					

프레젠테이션 때 자신의 장점이라고 생각되는 점을 세 가지 이상 찾아보자.

시급히 개선해야 할 자신의 단점을 세 가지 정도 적어 보자.

⇨ 프레젠테이션 능력은 기술(technique)이다. 따라서 관심과 연습에 의해 꾸준히 향상될 수 있다!!!

학습전략 13

영어능력(영어 글쓰기, 프레젠테이션) 향상하기

1 영어 글쓰기

글에는 가벼운 에세이로부터 리포트, 학위논문에 이르기까지 여러 종류가 있다. 대학에서 흔히 활용되는 글쓰기는 주어진 과제를 공부한 결과를 보고하는 리포트와, 어떤 주제에 대한 연구수행 결과를 작성하는 논문 쓰기로 크게 구분할 수 있다. 글은 그 표현수단으로 한글이나 영어를 구사한다 하더라도 모두 자신의 생각을 담아내야 한다는 점에서 어려움이 있다. 그러나 자신의 의사를 올바르게 표현하기 위해서는 학습과정을 통해서 익힌 내용을 기록하는 능력이 함양되어야 하며, 따라서 글쓰기를 위한 기본 원칙을 반드시 익혀두어야 한다. 이 장에서는 영어 글쓰기를 위한 표현법을 중심으로 다루어 보도록 하자.

1) 좋은 글의 요소

전공 분야의 다양한 상황에서 작성되는 글을 효과적으로 쓰기 위해서는 필요한 요소들을 구체적으로 점검해야 한다. 이를테면 글의 내용과 구성, 문체와 형식 등이 적절한지 점검해야 한다. 여기서는 소재의 선택, 주요 아이디어의 전개와 묘사, 논증을 뒷받침하기 위한 근거의 제시, 서론과 결론, 전문용어의 활용, 참고문헌 등이 포함된다. 좋은 글을 쓰기 위해서 다음의 사항을 고려하도록 하자.

- 분량은 적절한가?
- 주어진 문제에 대한 답을 제시하는가? 그렇다면 답은 구체적인가, 개괄적인가?
- 다루어야 할 모든 측면을 골고루 다루고 있는가? 문제가 요구하는 것과 전혀 관련이 없거나, 크게 관련이 없는 부분은 없는가?
- 중심이 될 만한 논증을 명확하게 제시되고 있는가?
- 각 단락과 문장은 서로 논리적으로 연결되어 있는가?
- 도입과 결론은 적절한가?
- 글의 문체는 일정하고 적절한가?

- 언어는 명확하고 정확하게 구사되었는가?
- 글의 형식과 참고문헌 등은 요구하는 형식에 부합되도록 작성되었는가?

2) 글쓰기 단계

(1) Analysis by identifying problem/issue: 문제를 분석한다

글쓰기에 앞서 문제가 무엇인지를 이해하는 것이 중요하다. 이를 위해서는 먼저 주어진 주제 혹은 핵심 문제를 분석해야 한다. 예를 들어, 수업시간에 특정한 이론에 관하여 배우고, 학습한 이론을 현실에 적용하는 과제가 주어졌다고 가정해 보자. 이 주어진 과제를 분석하려면 ① 주어진 지시문에서 활용하고 있는 핵심 단어나 지시사항의 정확한 의미를 찾고, ② 배우고 있는 과목 혹은 관련된 단원 내용에서 다루는 이론과의 연관성을 드러내고, ③ 과제가 초점을 맞추고 있는 특정한 주제와 문제를 찾을 때 비로소 'so what' 질문에 대한 답을 제시할 수 있다.

(2) Writing a draft: 초안을 작성한다

글쓰기를 위한 과제가 무엇인지 파악되었다면 주어진 과제가 지닌 다양한 측면의 논의 중에서 하나의 관점을 선정해야 한다. 비록 내가 생각했던 관점이 정확한 답이 아닐지라도 내가 말하고 싶은 요점 몇 가지를 명확하게 정리하고, 그 요점에 대한 결론을 담은 답안의 개요나 간단한 초안을 작성해 본다. 이 경우 내가 가진 지식을 최대한 활용해서 초안을 작성하되, 주의할 사항은 다음과 같다.

- 글의 구조와 내용은?
- 적절한 문체인가?
- 글의 소재가 적절한가?
- 논증이 논리를 갖추고 있는가?
- 좋은 평가를 받을 수 있을 만한 요소들을 충분히 잘 드러내고 있는가?
- 남의 글을 표절하지 않았는가?

(3) Why study problem?: 글(연구)의 목적을 명확하게 밝힌다

아무런 목적 없이 그저 주어진 과제를 해결하려고 하기보다는 글쓰기 과제를 수행하는 것이 나의 학습에 어떤 도움이 되는지를 이해하고 시작하는 것이 중요하다. 그런 다음에 글(연구)의 문제를 명확하게 정의하고, 글(연구)을 쓰는 이유를 정리하며, 이를 명확하게 규정하여 드러내는 것이 첫 번째 단계다. 이때 아래의 표현법을 사용하는 것이 좋다.

- The aim of the present paper is to give …
- The main purpose of the experiment reported here was to …
- This study was designed to evaluate …

(4) Give background and brief literature review: 선행 연구와의 관계를 언급한다

작성하고자 하는 보고서나 리포트가 의미 있는 글이 되려면 관련된 분야의 선행 연구와 지금 다루고자 하는 내용과의 연관성을 밝혀두어야 한다. 선행 연구의 내용을 지나치게 많이 포함시킬 필요는 없지만, 그런 연구의 배경하에 본 연구(과제)가 수행되었음을 알리는 것은 중요하다. 이 경우 자신이 해결하고자 하는 글(연구)의 내용과 선행 연구와의 차이점이나 간극을 간결하게 부각시킨다. 선행 연구에서 다룬 내용을 새로운 관점으로 접근하고자 할 때 혹은 부정적이거나 대조적인 측면에서 관련성을 논의할 때는 다음 표현을 활용한다.

- Recently, there has been growing interest in …
- The development of … is a classic problem in …
- The … has become a favorite topic for analysis …
- The issue of … has always been important in …

- The possibility of … has generated wide interest in …
- Many investigations have recently turned to …
- Many researchers have recently investigated …
- Many recent studies have focused on …
- Several studies have shown that …
- A recent survey suggested that …
- *Although* considerable research has been devoted to …, *rather less* attention has been paid to …
- These studies have emphasized …, *as opposed to* …
- *However, little* information/ *little* data/ *little* work/ *little* attention/ *little* research …
- The research has tended to focus on …, *rather than* on …

(5) Specific and detail-oriented: 연구결과를 제시한다

연구결과를 제시할 때 혹은 연구문제를 해결하는 해법을 제시할 때는 너무 일반적인 내용만을 다루어서는 안 된다. 자신의 글에 독창성이 포함되도록 조사한 자료나 수행하였던 연구결과를 정리하고 제시한다. 이때 분석한 데이터로 제시하거나 tables, graphs, drawings으로 시각화하여 보여 주는 것이 좋다. 데이터를 제시한 뒤에는 이에 대한 해석 혹은 분석을 포함시켜야 한다.

단순히 연구결과를 언급할 때는 report, add, point out, remark, describe 등의 동사를 활용하고, 결과에 주관적인 견해를 함께 기술할 때는 agree, affirm, assert, claim, determine, clarify, disagree, doubt, question, emphasize의 동사를 활용한다.

- This paper *reports* on the results obtained …
- In this paper we *give preliminary results for* …
- The present work *extends* the use of the last model by …
- Table 1 *shows (presents, illustrates, summarizes, demonstrates, contains)* … the results of the second experiment.
- The results of the second experiment *are given in (shown in, illustrated in, presented in, listed in)* Table 1.

(6) Discussion: 연구결과를 논의한다

연구결과에 대한 논의단계에서 가장 중요한 것은 연구를 통하여 얻어진 결과(experiment)나 관점(hypotheses and predictions)이 담고 있는 의미를 요약하는 일이다. 이때 자신이 다루었던 연구결과가 이전의 선행 연구들과 관련 또는 비교하여 어떤 차이점이 있는지 살펴보고, 만약 있다면 이를 부각시키면서 자신의 견해와 의미를 강조하도록 한다. 이때 연구의 제한점이 되었던 사항도 간략하게 언급하면 좋다. 이와 함께 주의해야 할 것은 앞에서 이미 사용했던 문구를 반복해서 사용하지 않는다는 점이고, 연구자가 중요하게 생각하여 글 속에 담고자 하는 의미를 잃지 않도록 해야 한다는 점이다. 이 경우 다음과 같은 표현을 쓰는 것이 좋다.

- On the whole, … / In the main, …
- The overall results indicate … /The results, overall, indicate…
- In general, the experimental samples resisted …
- It should be noted that this study has been primarily concerned with …
- This analysis has concentrated on …
- The findings of this study are restricted to …

- This study has addressed only the question of …
- The limitations of this study are clear …
- We would like to point out that we have not …
- Notwithstanding is its limitation, this study does suggest …
- Despite its preliminary character, the research would seem to indicate …
- However exploratory, this study may offer some insight into …

(7) Conclusions: 결론으로 매듭짓는다

결론에서는 글을 시작할 때 설정했던 연구의 목적(study aims)과 연구과제의 핵심(key questions)을 다시 한 번 정리하면 좋다. 그런 다음에 글(연구)을 통하여 발견된 점(finding) 혹은 관점을 명확하게 요약한다. 이때는 다른 정보를 새롭게 추가하려 하지 말고 이미 언급된 핵심적인 사항만 간결하게 다루도록 한다.

3) 영어 글쓰기의 전략

(1) Be more explicit about its structure and purpose: 명확하게 쓰자

현학적으로 표현된 한국말을 영어로 바로 옮기기는 것은 매우 어려운 일이다. 그러나 자신이 하고 싶은 말의 의미가 분명하다면 이를 간단한 구문 혹은 문장으로 만드는 일은 어렵지 않을 것이다. 그런 다음 꾸며 주거나 추가할 구문을 첨부해 가도록 하자. 이때 중요한 것은 내가 하고 싶은 말, 주장하고 싶은 의미를 일단 명확하게 정리하는 것이다.

글의 모호함을 없애고 내용을 명확하게 표현하려면 문법적인 오류를 검토해서 가능한 한 오류가 없는 글을 쓰도록 노력해야 한다. 그리고 모호하거나(vague) 비과학적인(unscientific) 표현, 은어(jargon) 사용, 지나치게 생략된 글(lacks details)은 이해하기 어려울 뿐만 아니라 글의 신뢰성(credibility)까지 떨어뜨린다는 점을 잊지 말자. 특히 'huge' 'exciting' 'interesting' 'good' 'much' 'very' 등과 같이 주관적인 표현은 삼가는 것이 좋다.

다음의 예문을 참고하도록 하자.

Example: We *conducted an investigation* of it.

Revision: We *investigated* it.

Example: This paper *gives an analysis of* the problem and offers a solution.

Revision: This paper *analyzes* the problem and solves it.

Example: There was *considerable erosion of* the land from the floods.

Revision: The floods *considerably eroded* the land.

(2) Simplify: 간결하게 쓰자

문장의 뜻이 명확하지 않은 이유는 수없이 많지만, 그중 가장 흔한 사례는 불분명한 주어, 주어와 동사의 불일치 그리고 불필요한 단어나 구절의 반복(redundancies) 등이다. 한 문장 속에 너무 많은 정보를 담으려 하지 말고, 군더더기를 빼 주면 표현이 한결 명확해진다. 아래 두 가지 예문을 비교해 보자. Redundant는 중복된 문장을 가리키고 Lean은 군살을 뺀 문장을 뜻한다.

Redundant: The solution is first stirred, *and then* heated.

Lean: The solution is first stirred, *then* heated. ('and'는 불필요한 중복)

Redundant: This report describes work done *during the period from March 1965 to March 1966*.

Lean: This report describes work done *from March 1965 to March 1966*.
('during the period'는 불필요한 중복)

Redundant: The amplitude is proportional to the <u>*time*</u> <u>*interval*</u> between zero crossings.
Lean: The amplitude is proportional to the <u>*interval*</u> between zero crossings.
('time'은 불필요한 중복)

Redundant: This set operated for <u>*a duration of ten hours*</u>.
Lean: This set operated for <u>*ten hours*</u>.
('a duration of'는 불필요한 중복)

Redundant: The timer measures intervals of up to <u>*ten hours in duration*</u>.
Lean: The timer measures intervals of up to <u>*ten hours*</u>.
('in duration'은 불필요한 중복)

〈표 13-1〉 명확한 표현법, 모호한 표현법

Vague	Clear	Vague	Clear
a considerable amount of a great deal of a large number of a considerable number of a majority of a number of	much much many many most few, several	in terms of is defined as it is clearly that it should be noted that it' s my understanding that	about is clearly note that I understand that
at the present time prior to during the course of at an early date at a rapid rate at an earlier date	now before while soon rapidly previously	despite the fact that in all cases in some cases a great number of times it is often the case that	although always sometimes often often
based on the fact that due to the fact that for the reason that on account of	because because because because	on the grounds that owing to the fact that give rise to it is recommended that	because, since because, since cause we recommend
by means of on the based on	by, with by	in case in the event that	if if

출처: 김형순(2006). 영어논문작성법. 서울대학교 교수학습개발센터 워크숍 자료집.

(3) Understandable: 이해하기 쉽게 쓰자

영어 문장을 이해하기 쉽게 구성하려면 능동적(active) 표현법을 사용하는 것이 좋다. 무생물 주어에 익숙하지 않은 한국사람들은 수동적(passive) 표현법을 활용하려는 경향이 있다. 그러나 글의 명확성을 높이려면 주어가 행동을 수행하는 방식으로 표현되는 능동적 표현법을 활용하는 것이 효과적이다. 아래의 예시를 참고하도록 하자.

Passive: In this project, three psychological experiments *were performed* by the authors so that the technical problems for the auralization of a sound field could *be clarified*.

Active: In this project, the authors *performed* three psychological experiments *to clarify* the technical problems for the auralization of a sound field.

Passive: The matter of personnel health hazards associated with airborne free chlorine or other gases apparently has *not been considered* in this excavation plan.

Active: *Excavation planners* apparently *have not considered* how airborne free chlorine or other gases might cause health hazards to personnel.

Passive: *It should be noted that* the final report from headquarters is the most important.

Active: *The final report from headquarters* is the most important.

(4) Tense: 시제 표현법을 익힌다

영어 문장에서 동사는 매우 중요한 위치를 지니고 있다. 더욱이 동사를 통한 시제(verb tense)를 맞추는 일은 문장의 생명이라고 할 수 있다. 일반적으로 논문이나 글에서 연구결과(results)나 연구과정(procedure)을 서술할 때는 과거시제로, 지식이나 사실(common knowledge)은 언급할 때는 현재시제로 쓰는 것이 보통이다.

(5) Weak verbs make writing boring, strong verbs make writing lively: 글에 현장감을 줄 수 있는 동사를 활용한다

어떤 동사를 선택하는가에 따라서 문장은 전혀 다르게 표현된다. 예를 들어, 존재를 나타내는 동사(is, was, were, etc.)나 소유를 표현하는 동사(have, had, will have, etc.)를 자주 사용하면 글의 현장감이 떨어져서 읽는 사람이 지루해질 수 있다.

Weak: Thousands of plant species *are* on the earth.
Revision: Thousands of plant species *populate* the earth.

Weak: Abnormal ECG findings *are* good teaching tools.
Revision: Abnormal ECG findings *teach* us how to interpret ECGs.

Weak: We *had an accident* with the experimental rocket.
Revision: Our experimental rocket *crashed*.

The most difficult thing in writing … is finding the analogy or metaphor to illustrate a point or problem. −Aristoteles−

I notice that you use plain, simple language, short words, and brief sentences. That is the way to write English−it is the modern way and the best way. Stick to it and don't let fluff and flowers and verbosity creep in.
−Mark Twain−

2 영어 프레젠테이션

영어로 발표하려면 일단 유창한 영어능력이 기본이 되어야 한다고 생각할 수 있다. 그러나 주요 사항을 중심으로 철저하게 계획을 세워 준비한다면 영어 말하기 실력이 다소 부족하다 해도 준비되지 않은 유창한 영어 프레젠테이션보다 설득력을 가질 수 있다. 일반적으로 구두 발표의 장점은 주제를 생동감 있게 전달할 수 있다는 점, 복잡하고 심도 있게 주제에 대하여 토론할 수 있다는 점, 시각적인 자료를 활용하여 청중의 이해를 높일 수 있다는 점이다. 프레젠테이션의 기본 전략에 관해서는 제12장을 참고하도록 하자. 이 장에서는 영어 프레젠테이션을 위한 표현법을 익혀 보자.

1) 영어 발표를 위한 사전준비

발표를 준비하기에 앞서 다음의 사항을 점검해야 한다.

(1) Define the audience/clarify the objectives/purpose: 청중의 요구를 파악하고 발표목적을 명확히 한다

자신의 발표를 들을 청중을 누구인지 파악해야 한다. 그런 다음, 청중이 이 발표를 통하여 기대하는 바가 무엇인지를 점검한 뒤 발표의 목적을 분명하게 정하도록 한다.

Tell the audience what you're going to say	⇨	Say it!	⇨	Tell the audience what you've said

(2) Plan the content: 내용을 구성한다

발표의 목적을 달성하기 위한 내용을 구성해 본다. 이때 전달할 내용을 몇 가지 주제로 쪼개고, 각 주제에 포함시킬 소주제를 정하도록 한다. 그리고 큰 주제와 소 주제 사이에 위계(hierachy)가 적절한지 반드시 점검하도록 한다. 이것이 구조화 과정이다.

(3) Design suitable visual aids/control the length:
내용을 시각화하고 길이를 조절한다

발표내용을 구조화하였다면 이를 시각화하도록 한다. 내용을 잘 표현할 수 있는 그림이나 도표, 이미지 등을 포함시킨다. 발표시간에 적합하도록 내용의 길이를 조정해야 한다. 파워포인트 슬라이드를 활용한다면 1개의 슬라이드가 30초~1분 정도 소요된다고 생각하면 적당하다.

(4) Follow a clear structure: **단계별로 전개한다**

명확한 구조를 가진 내용은 introduction → main parts → summary → conclusion의 단계로 전개하면 된다.

Introduction	Outline	Questions	Part 1
I'd like to talk today about …	I've divided my talk into …	If you have any questions, please …	Let's start with … So that covers …

Part 2	Part 3	Summary	Conclusion
That brings me to … Let's leave that there …	… and turn to …	To sum up …	In conclusion …

2) 영어 프레젠테이션을 위한 표현법

(1) Introduction의 **표현법**

프레젠테이션에서 시작 부분은 매우 중요하다. 프레젠테이션은 목적을 명확하게 밝힘으로써 청중이 들어야 할 이유를 알게 하여 프레젠테이션에 주의를 집중시킬 수 있다. 시작 부분에는 일반적으로 이름과 소속을 포함하여 자신을 소개하고, 인사말 등을 포함시키는 것이 좋다.

□ Introduction

- your name and position
- the title/subject of your presentation
- the length of time you will take
- the main parts or points you will cover
- any visual aids you will use
- when the audience may ask questions
- a reference to the audience: a human touch

□ Greeting, Name, Position

- Good morning. My name's(…). I'm the new Finance Manager …
- Ladies and gentleman. It's an honour to have the opportunity to address such a distinguished audience …
- Good morning. Let me start by saying ust a few words about my own background. I started out in …
- Welcome to Standard Electronics. I know I've met some of you, but just for the benefit of those I haven't, my name's(…).

□ Length

- I shall only take (…) minutes of your time.
- I plan to be brief.
- This should only last (…) minutes.

□ Title/Subject/Object

- I'd like to talk (to you) today about …
- I'm going to present the recent …
  to explain our position on …
  to brief you on …
  to inform you about …
  to describe …
- The subject of my talk
  focus presentation
  topic learn about …
- The purpose of this talk is to update you on …
  to put you in the picture about …
  to give you the background to …
- This talk is designed to act as a springboard for discussion.
  to start the ball rolling.

(2) 주요 내용 표현하기

Outline/Main parts 표현법

- I've divided my presentation into four sections/parts. They are …
- The subject can be looked at under the following headings: …
- We can break this area down into the following fields:
  Firstly/first of all…, Secondly/then/next…, Thirdly/and then we come to…
  Finally/lastly/last of all…

과거시제를 활용할 때는 some time ago, last year, in the past, back in 1978 등의 시제부사를 활용할 수 있고, 최근의 상황을 나타낼 때는 over the last few years, recently, since 1992 등을, 현재의 사실을 소개할 때는 currently, at the moment, now, at present 등의 표현을 활용하는 것이 좋다.

아이디어 연결하기

아이디어를 연결해 주는 연결어(linkers)를 활용하면 전달하고자 하는 내용이 보다 명확해지고 쉼표(pause)를 둘 수 있기 때문에 프레젠테이션의 속도에 변화를 줄 수 있다.

〈표 13-2〉 아이디어를 연결할 때 유용한 표현법

<table>
<tr><th>순서(Sequencing/Order)</th><th>이유(Cause)</th><th>대조(Contrasting)</th><th>비교(Comparing)</th></tr>
<tr><td rowspan="5">• firstly, … secondly … thirdly
• then … next … finally/ lastly …
• let' s start with …
• let' s move/go on to …
• now we come to …
• 상황을 언급할 때 쓰는 표현 that bring us to …
• 토픽을 언급할 때 쓰는 표현 that' s leave that …
• that covers …
• let' s get back to …</td><td>• therefore
• so
• as a result
• that' s why</td><td>• but
• however</td><td>• similarly
• in the same way</td></tr>
<tr><th>요약(Summary)</th><th>결론(Concluding)</th><th>강조(Highlighting)</th></tr>
<tr><td>• to sum up
• in brief
• in short</td><td>• in conclusion
• to conclude</td><td>• in particular
• especially</td></tr>
<tr><th>전환(Digressing)</th><th>예시(Example)</th><th>일반화(Generalizing)</th></tr>
<tr><td>• by the way
• in passing</td><td>• for example
• for instance
• such as</td><td>• usually
• generally
• as a rule</td></tr>
</table>

(3) 시각자료(Visual aids) 활용하기

시각화는 발표내용의 전체 맥락을 한눈에 파악하도록 메시지를 그림으로 표현하는 과정이다. 시각적 자료는 많은 정보를 단시간에 전달할 수 있고 텍스트 위주의 설명보다 청중의 기억을 높이고 강한 인상을 주어 주의를 집중시킬 수 있다. 시각자료가 효과적으로 제작되었는가를 판단할 때는 수(number), 디자인(design), 내용과의 연관성(relevance)을 기준으로 평가할 수 있다. 시각자료의 제작단계는 다음과 같다.

- raw data 수집 및 가공: 프레젠테이션 내용과 관련하여 필요한 자료를 수집하고, 이를 제시할 수 있는 형태로 가공한다.
- 레이아웃 결정: 제시할 자료의 특성에 따라 그래프의 형태를 결정할 수 있다. 언어 데이터인 경우 차트로 만들고 수치 데이터는 그래프로 만들 수 있다. 언어데이터에서는 핵심 키워드를 먼저 선택하고 키워드 간의 논리적 관계를 찾는다. 수치데이터에는 막대그래프, 선 그래프, 원 그래프 등이 있다.
- 그래프 그리기: 그래프는 문장, 기호, 화살표, 선, 면, 도형, 지면 등으로 구성된다. 언어 데이터의 경우 키워드 사이의 관계를 사각형, 원, 화살표 등을 활용하여 도형으로 표현할 수 있다. 수치 데이터의 경우, 여러 종류의 데이터를 비교할 때는 막대그래프, 일정 기간에 걸친 변화를 보여 줄 때는 선 그래프, 상호 간의 비율을 제시할 때는 원 그래프를 활용하는 것이 효율적이다.

〈표 13-3〉 세 가지 그래프의 특성

종류	막대 그래프	선 그래프	원 그래프
형태	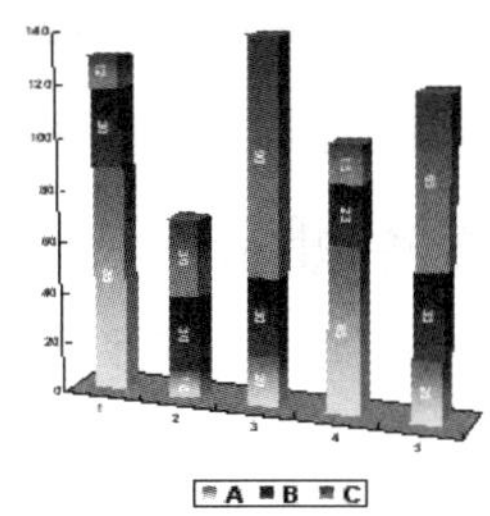 IT 정보 유통의 성과	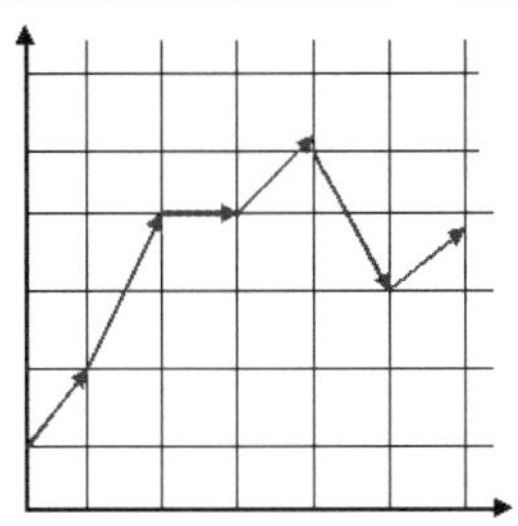 연도별 출산율	 반도체 시장점유율
특성	여러 종류의 데이터를 비교하는 데 편리	일정기간에 걸친 변화를 보여 주기에 적합	상호 간의 비율을 제시하는 데 효율적
예	• 회사별 매출액 비교 • 성별 결혼연령 비교 • 상품별 판매량 비교	• 주식시장 가격 동향 • 생산성 증가 추이 • 연도별 출산율 감소 추이	• 회사별 시장점유율 • 성별 인구구성비

- Signalling to end

That brings me to the end of my presentation

That completes my presentation

Before I stop / finish, let me just say …

That covers all I wanted to say today

- Summarizing / Concluding

Let me just run our the key points again.

I'll briefly summarize the main issues.

To sum up …

Briefly …

As you can see, there are some very good reasons …

In conclusion …

I'd like to leave you with the following thought/idea.

- Recommending

So, I would suggest that we …

I'd like to propose … (more formal)

In my opinion, the only way forward is …

- Closing

Thank you for your attention.

Thank you for listening.

I hope you will have gained an insight into …

I know you've all travelled a long way.

- Inviting for questions

I'd be glad to try and answer any questions.

So, let's throw it open to questions.

Are there any questions?

(6) 질문하기

프레젠테이션은 청중과의 상호작용이 매우 중요한 요소다. 질문은 청중과 상호작용을 유도하는 좋은 도구가 된다. 질문을 받을 때는 긍정적인 태도를 보이도록 하고, 질문받은 내용은 다시 한 번 재구성하여 정리하도록 하자. 질문을 재구성(clarifying a question)하면 질문자의 의도나 질문의 핵심이 명확하게 정리되며, 짧은 시간이나마 생각할 시간의 여유를 갖고 답하게 되는 효과가 있다. 그리고 질문에 답을 한 뒤에는 답이 만족스러웠는지 확인하는 것이 좋다.

- Polite questions

Do you have any plans for a new production plants?

Do you mind if I ask you

Would telling me if whether(what / where / etc) …

Could/Can you tell me …

I'm interested to know …

I'd like to know …

- Polite answers

I'd be glad to answer any questions at the end of my talk.

If you have any questions, please feel free to interrupt.

Please interrupt me if there's something which needs clarifying. Otherwise, there'll be time for discussion at the end.

Go ahead / Please do / Certainly.

That's a good question.

That's interesting.

- Clarifying a question

  If I understand you correctly, you are saying / asking …

  I didn't quite catch that.

  Could you go over that again?

  I'm not sure what you're getting at.

- Avoiding giving an answer

  Perhaps we could deal with that later.

  Can we talk about that on another occasion?

  I'm afraid that's not my field.

  I don't have the figures with me.

  I'm sure Mr (…) could answer that question.

  That's interesting, but I'd prefer not to answer that today.

- Checking the questioner is satisfied

  Does that answer your question?

  Is that clear?

  May we go on?

A talk is a voyage with a purpose, and it must be charted. The person who starts out going nowhere, generally gets there.

—Dale Carnegie—

Repetition is the mother of skill.

—Dr. John Deluca—

Tip

영어 글쓰기를 위하여

1. 연구과제에 대한 지침을 주의 깊게 읽는다.
2. 선행 연구를 검토하면서 문제에서 요구하는 다양한 측면과 관점을 검토한 뒤 어떤 관점에 초점을 둘지 결정한다.
3. 자신의 논제에 대하여 깊이 있게 연구하고 논문이나 책을 참고하여 개요를 작성한다.
4. 각 단락의 요점이 무엇인지, 요점을 한 문장으로 표현할 수 있는지 검토한다.
5. 각 문장과 문장, 각 단락과 단락은 서로 논리적으로 연결되도록 작성한다.
6. 자료를 보면서 쓴다면 표절할 가능성이 높다. 자료를 덮고 나의 표현으로 작성하도록 한다.
7. 내용이 알기 쉽게 쓰였는지, 문법상 틀린 내용은 없는지, 간결한지, 연구과제와 관련 있는지 등을 체크하면서 수정한다.
8. 증거자료 중에 빠진 것은 없는지 확인하면서 꼼꼼히 교정하고, 참고문헌은 형식에 맞게 정리하였는지 검토한다.

생각해 보기

1. 영어 글쓰기의 7단계를 정리해 보자.
2. 영어 글쓰기 표현법 중에서 자신이 쉽게 저지르는 실수가 있었다면 이를 적어 보고, 수정할 수 있는 구체적인 방안을 생각해 보자.
3. 영어 프레젠테이션을 준비할 때 고려해야 할 다섯 가지를 정리해 보자.
4. 아이디어를 연결해 줄 수 있는 표현법을 적어 보자.

학습전략 포트폴리오 13

영어능력(영어 글쓰기, 프레젠테이션) 향상하기

글쓰기를 직업으로 하는 전문작가라 할지라도 계획하고 초고를 쓰고, 이를 다시 수정하는 일을 반복한다. 영어로 표현된 글쓰기 혹은 말하기 능력을 향상시키려면 일단 영어로 단일한 문장을 여러 번 써 보도록 한다. 문장의 기본 구조를 가지고 큰 개념을 서술하는 연습을 충분히 한다면 나중에 복잡한 구조를 가진 문장으로 통합시키기 쉽다.

1 영어 프레젠테이션을 위한 글쓰기 연습

영어로 작성된 글은 프레젠테이션이나 발표를 위한 문장으로 적절하지 않는 경우가 있다. 문어적 표현과 구어적 표현에 다소 차이가 있기 때문이다. 구어적 표현은 긴 문장으로 시작되는 절(clauses)이나 6음절(six-syllable words) 이상으로 된 문장으로 시작하지 않는 것이 좋다. 듣는 사람은 40단어 이상으로 구성된 문장은 이해하기 어렵다. 긴 문장으로 표현할 경우에는 반드시 쉼표(pause)를 주어야 한다.

아래의 표는 구어적 표현과 문어적 표현 사이에서 볼 수 있는 차이점을 제시한 것이다. 표에 제시된 사항을 참고하여 신문기사의 일부를 구어적 표현으로 전환해서 작성해 보자.

Written language	Spoken language
• long sentences • complex vocabulary • complex arguments • impersonal style	• shorter sentences • simple vocabulary • simpler arguments • personal style

〈예시문〉

Here's a sentence from The Washington Post that was, of course, written for the eye. Write it as if you were talking to your friend over the back fence.

Example:

An unexpected surge in employment last month paradoxically sent the stock and bond markets into a tailspin yesterday, as traders pushed aside the good news and focused instead on the likelihood that a stronger economy could mean higher interest rates.

You rewrite:

Possible Answer, written for the ear:

There was an unexpected rise in employment last month, which caused stock and bond prices to fall. Experts say the higher employment figures could mean higher interest rates.

2 영어 프레젠테이션을 위한 문서 작성

프레젠테이션을 위한 자료를 구성하기에 앞서서 다음에 제시된 사항을 구체적으로 작성해 보자.

Outline for a presentation

Objective

Open

Transition

1. Point

Stories/Example(s)

Transition

2. Point

Stories/Example(s)

Transition

3. Point

Stories/Example(s)

Transition: "I've given you a lot of information–I want to hear what's on your mind …"

Question–and Answer Segment

Transition

Close

In Conclude

3 영어 프레젠테이션 점검을 위한 평가지

Checklist for presentation						
Area	Criteria	very bad 1	2	aver-age 3	4	very good 5
Overall	• Does he consider the audience?					
	• Does he have clear objectives (to inform, to amuse, to persuade, to train)?					
System	• Is his presentation well prepared?					
	• Is there a clear structure (beginning, middle, end)?					
	• Does he link the parts together?					
	• Is the content relevant and interesting?					
	• Has he considered the timing?					
Delivery	• Does he speak clearly?					
	• Does he speak at the right speed?					
	• Does he use appropriate language?					
Body language	• Does he use her body to emphasize meaning?					
	• Does he maintain eye contact with the audience?					
	• Does he appear confident and positive?					
Visual aids	• Are the visual aids clear?					
	• Do they support his message?					
	• Does he use the equipment professional?					
	Total					

학습전략 14

시험관리전략

시험을 치르는 주요 목적은 그것으로부터 학습하는 데에 있다. 현명한 학생은 시험이 매우 유용한 학습 경험이 될 수 있다는 것을 안다. 시험에서 자신의 실수를 이해하는 것은 앞으로 치를 시험에 대한 통찰력을 갖는 데 도움이 된다.

따라서 특정 교과목의 시험을 준비하고, 실제 시험을 치르고, 더 나아가 시험결과에 대해 반성적으로 분석하는 과정을 통하여 그동안 자신의 학습방법과 학습량이 과연 적합하였는지를 파악할 수 있다. 이런 의미에서 시험을 치르는 주요 목적 중의 하나는 시험준비 과정을 통해 자기주도적으로 학습을 할 수 있는 기회를 갖도록 하는 데 있다.

그러면 어떻게 하면 부담스러운 시험을 효과적으로 준비할 수 있는지 알아보도록 하자.

1 시험불안을 없애는 방법

준비하기

시험불안에서 벗어나기 위해 가장 중요한 일은 시험에 대해 준비하는 것이다. 시험 시작 몇 주 전에 미리 시험에 대한 학습자료를 복습하도록 한다. 시험에 대비하는 것은 육체적으로 준비한다는 것, 즉 잘 먹고 충분한 휴식을 취한다는 것을 의미한다. 시험 전날 밤을 꼬박 새워 공부하지 말고 충분히 잠을 잔다. 아침식사를 거르지 말고 시험장소에는 일찍 도착해서 정신적으로 준비하는 것도 좋다.

긍정적 다짐

시험불안을 감소시키는 가장 좋은 방법은 긍정적 다짐을 반복하는 것이다. '이 과목은 공부하기 어려워. 모르겠어. 시험을 망칠지도 몰라.' 같은 부정적인 생각을 '어려워도 할 수 있어. 시험에서 잘할 수 있을 거야.' 등 긍정적인 자기지시로 대치한다. 그리고 어려운 문제보다 쉬운 문제를 풀어 성취감이나 자신감을 가진 후, 나머지 문제를 푼다.

시각화

성공적으로 시험을 마치는 모습을 상상한다. 시험 전에 자신 있게 조용히 시험에 임하고 있는 자신의 모습을 그려 본다. 질문에 쉽게 답하고 시간이 남아 답을 점검하고 있는 모습을 상상한다. 최선을 다하고 기분 좋게 시험장을 떠나는 모습을 상상한다. 시각화를 습관화하면 시험불안으로부터 벗어나는 데 도움이 된다.

긴장 풀기

긴장할수록 집중을 할 수 없다. 긴장을 풀 수 있는 다음과 같은 방법을 실행해 본다.

- 심호흡을 한다: 많은 사람이 초조해지면 숨이 가빠진다. 시험 시작 전에 잠시 눈을 감고 숨을 깊이 들이마셨다가 내쉰다. 특히 어렵게 보이는 시험문제를 마주할 때 이것을 반복한다. 몇 초밖에 걸리지 않지만 마음을 진정시켜 준다.
- 답안을 작성하기 전에 잠깐 동안 문제지를 훑어본다: 어떤 문제를 풀어야 하는지 알면 한결 마음이 안정된다. 시험 그 자체를 알지 못하는 것이 긴장감의 실제 원인이다.
- 각 시험문제에 얼마의 시간을 배정해야 하는지 살펴본다: 서술형 문제는 예상 답변시간을 계산한다.
- 잠시 몸의 긴장을 푸는 동작을 한다: 머리 위로 손을 뻗거나 목을 몇 차례 돌려 본다. 육체적 긴장을 풀면 보다 잘 집중할 수 있다.

2 시험준비전략 세우기

막바지 시험준비계획표 짜기

시험 시작 2주 전부터 '시험준비계획표'를 작성한다. 시간표 형태의 표에 식사, 수면, 아르바이트 등을 위한 시간을 먼저 적어놓는다. 다음에 수업시간을 적는다. 시험공부기간이라도 수업에 빠지지 않는다. 수업에 빠지면 교수님이 수업시간에 시험에 대해 힌트를 주셨을 때 많은 손해를 보게 된다. 마지막으로 보고서(과제물)를 위한 시간을 써넣는다. 본격적으로 시험공부에 들어가기 전에 확실히 과제물을 끝낼 수 있도록 한다. 과제물을 끝내지 못하면 시험공부와 겹쳐서 시간관리를 효율적으로 하기 어려워진다. 이 외의 시간은 모두 시험공부에 투자하는데, 계획표에 '공부'라고 막연히 써놓지 말고 과목과 공부시간, 공부할 내용과 분량 등을 명확히 기입한다. 실천 가능한 계획을 세우고 한 번 세운 계획은 반드시 달성하도록 최선을 다한다.

시험주간계획표 짜기

시험에 들어가기 전의 주말에는 '시험주간'을 위한 계획표를 구체적으로 작성한다. 시험에서 최고의 실력을 발휘하려면 정신적으로, 정서적으로, 신체적으로 좋은 컨디션을 유지해야 한다. 그러기 위해서는 시험 보는 주에 이르기 전에 모든 시험 준비가 완료되어 있어야 한다. '시험주간'의 시험 보기 전 시간에는 중요한 내용들을 여유 있게 훑어 볼 수 있도록 시간을 계획한다. 시험 보러 들어가기 전에는 그동안의 공부내용을 조용하게 잘 되새겨 보면서 머릿속을 정리하고, 그 자세를 흩트리지 않은 상태에서 시험을 치르도록 한다.

3 시험의 유형 이해하기

객관식 시험의 문제유형에는 선다형, 진위형, 연결형, 단답형, 완결형 등이 있다. 아래에서는 각 유형별 특징을 간략히 소개한다.

객관식 시험

- 선다형: 진술문과 몇 개의 선택지를 같이 제시하고 학생들로 하여금 정답을 고르도록 하는 유형으로, 정답은 한 개 이상으로 구성할 수 있다. 이 유형은 특히 정의, 원칙, 목적, 인과관계 등을 포함하는 문제에 활용된다.
- 진위형: 진술문을 제시하고 그것의 진위 또는 긍정과 부정에 대한 이분법적인 판단을 요구하는 유형이다.
- 연결형: 일련의 용어, 명칭, 개념, 정의 등으로 구성된 문제 리스트와 내용 또는 항목으로 이루어진 응답 리스트에서 서로 관계 있는 것을 찾아 연결하도록 하는 유형이다.
- 단답형: 간단한 단어, 구 또는 문장 등의 형태로 답을 기록하게 하는 유형이다. 일반적으로 정의, 개념, 법칙, 사실 등을 묻는 경우가 많다.
- 완결형: 진술문 가운데 일부분을 (　　) 형태로 비워두고 그에 적당한 단어나

기호를 넣어 진술문을 완성하도록 하는 유형이다.

논술형 시험

논술형 시험은 한 개 또는 몇 개의 문장으로 상황을 제시하고 이에 대해 학생들이 논술식으로 답을 작성하는 유형이다. 논술형 평가는 어떤 정보에 대한 이해도나 요인분석능력 또는 어떤 상황이나 사실에 대한 판단능력 등을 파악하기 위해 많이 사용되는 방법으로서, 작성된 내용의 깊이와 함께 글을 조직적으로 구성하는 능력까지도 평가한다.

구두시험

특정 주제나 학습한 내용에 대해 자신의 생각이나 의견을 말하거나, 새로운 상황을 추측하게 하거나, 관련성을 논하도록 함으로써 준비도, 이해력, 표현력, 의사소통능력을 평가하는 유형이다.

수필형 문항

자기의 느낌이나 신념 또는 어떤 사항에 대한 공약 등을 수필식으로 기술하도록 하는 유형이다. 수필형 문항은 학생들에게 단순히 아는 것 이상의 응답을 요구하기 때문에 특정 교육을 받은 후, 교육을 받기 전에는 깨닫지 못했던 이점을 학생이 인식하고 행동하도록 자극시키는 경우에 활용된다.

4 시험에 사용되는 용어

아래 표는 대학 시험문제에 자주 사용되는 용어들의 뜻을 간단히 정리해놓은 것이다. 시험출제자의 의도에 맞게 답안을 작성하는 것은 좋은 점수를 받기 위한 선결조건이다.

〈표 14-1〉 시험에 사용되는 용어

용어	의미
논증하다	어떤 것에 대해 근거를 제시한다.
분석하다	서로 다른 부분으로 분리하여 자세하게 서술한다.
판단하다	주제의 가치를 발견하도록 드러낸다.
논평하다	주제에 관해 개인적인 의견을 제시하다.
비교하다	유사점과 상이점을 찾은 후에 평균보다 높은지 낮은지를 평가한다.
숙고하다	깊이 생각하고 의미를 명확히 밝힌다.
대조하다/ 구별하다/ 차별화하다	차이점을 찾는다.
정의하다	정확한 의미를 찾는다.
증명하다	원리, 주장 등이 옳은지 혹은 그른지 밝힌다.
기술하다	상세한 설명을 한다.
토론하다	하나의 결론에 이르기 전에 해당 논제에 관한 모든 관점에 대해 논하고, 논거를 뒷받침할 수 있는 증거를 제시하며, 논거의 윤곽을 잡고, 함축된 의미를 파악한다.
평가하다	타당한 근거를 바탕으로 이론 혹은 아이디어의 가치를 매긴다.
검토하다	자세하게 살펴본다.
설명하다	보다 쉽게 말한다. 근거를 제시한다. 해석한다.
탐구하다	모든 관점에서 샅샅이 검토한다.
예시하다	실례, 도표 혹은 그림을 이용해서 보여 준다.
해석하다	의미를 부여한다.
정당화하다	반론을 기대하며 특정 관점에 대한 증거를 제시한다.
개괄하다	상세하게 설명하지 않고 중요한 요소만 제시한다. 이 방법은 하나의 요점이 다른 요점과 어떻게 연결되고 발전되고 또는 어떤 관계를 맺고 있는지를 보여 줄 때 사용한다.
진술하다	명확하지만 간단하게 설명한다.
요약하다	중요한 요점을 상세한 설명이나 실례 없이 제시한다.

5 시험 실전전략 세우기

학생들은 단 몇 시간 동안의 시험시간에 특정 교과목을 이해하는 능력이나 과제에 대한 수행능력을 입증해야 한다. 시험을 잘 치르는 데는 무엇보다도 실력이 중요하지만, 종종 시험 당일 학생의 마음상태와 같은 환경적인 요인, 제한시간 내에 시간을 분배하는 방법 등의 기술이 영향을 미치기도 한다.

시험시작 전

- 최소한 시험시작 5분 전에 강의실에 도착한다.
- 자신이 가장 편하게 생각되는 위치에 앉는다.
- 시험감독의 지시사항을 경청한다.

시험지를 받고 난 직후

- 잊어버리기 쉬운 것을 적어둔다: 시험공부를 하면서 정리하기 어려웠던 용어나 잊어버리기 쉬운 개념, 요점 등을 재빨리 적어두면 실제 답안을 작성할 때 좋은 실마리가 될 수 있다.
- 먼저 문제 전체를 훑어본다: 시험문제지를 받자마자 1번부터 몰입하지 말고, 전체적으로 문제의 난이도를 파악한다. 먼저 풀면 좋을 만한 문제를 정하거나, 다른 문제와의 연관성을 통해 힌트를 얻을 수도 있고, 전체적인 감을 잡을 수도 있다.
- 각 시험문제별로 시간을 배분한다: 문제의 난이도, 점수비중 등을 고려해서 시간을 배분한다. 답안을 모두 적은 후, 마지막으로 전체적으로 점검하기 위해 10분 정도를 배분하는 것이 좋다.

시험답안 작성 시

- 쉬운 문제부터 답안을 작성한다: 처음부터 어려운 문제에 많은 시간을 소비하

게 되면 시간에 쫓겨 쉬운 문제도 풀지 못하는 경우가 있다. 잘 알고 있는 문제부터 풀고 나면 심리적인 안정감도 생기고, 자신감도 생겨 다음 문제를 해결하는 데 효과적이다.

- 시간이 모자라는 경우에는 핵심 요점이라도 적는다: 만약 시간이 없어서 답안을 작성하기 어려울 경우에는 공란으로 비워두는 것보다는 요점이라도 적는 것이 좋다. 특히 문제마다 점수 비중이 있는 경우 공란으로 남겨두면 좋은 점수를 받기가 어렵다.
- 시간이 남는 경우에는 답안을 완벽하게 보완한다: 우선 전체적으로 문제의 의도에 맞게 답안이 작성되었는지를 검토하고 철자나 문맥 등을 다시 확인한다. 또한 적합한 부연이나 예시 등을 보충하여 답안의 질을 좀 더 높일 수 있다.

6 논술형 답안 작성 전략[1)]

대학에서의 시험은 고등학교와는 달리 주관식 논술형으로 제시되는 경우가 많다. 논술형 시험에서는 학생들이 문제의 의도를 정확하게 이해하고 논리적으로 작성해야 한다.

문제의 의도를 정확히 파악한다

- 문제를 신중하게 읽고 질문에서 요구하는 바가 무엇인지 정확히 파악하도록 한다.
- 시험공부를 하면서 예상문제에 대한 답안을 작성하는 연습을 하면 논술형 시험에서 출제자의 의도를 빠른 시간에 정확하게 파악할 수 있다. 만약 예비 시험문제와 완전히 일치하지 않는 경우라도 이미 공부했던 소주제들을 실제 시험주제에 맞게 재구성 및 통합할 수 있다.
- 특별히 논술연습을 하지 못한 학생은 시험문제와 관련하여 수업시간에 교수

1) 출처: 손연아(2009). 성공적인 대학생활을 위한 학습길잡이(2판). 단국대학교 교육개발인증원.

님이 강조한 내용, 이를 정리한 노트 필기, 시험공부하면서 복습한 참고자료 등의 내용을 상기하면서 질문의 초점을 파악한다.

답안의 윤곽을 잡는다

- 먼저 답안에 중점적으로 포함시킬 중심 내용에 대한 목차를 간단히 적어 본다. 문제의 범위에 따라 중심 내용을 2~4개로 설정할 수 있는데, 우선 이를 명확히 하고 각 중심 내용을 어떻게 기술할 것인가에 대한 개요를 간단히 적는다.
- 중심 내용이 설정되면 이를 어떻게 논리적으로 전개해 나갈 것인가에 대해 생각한다. 즉, 서론에는 주어진 시험문제 주제와 관련하여 왜 이런 내용들을 숙고할 필요가 있는지 또는 어떤 순서로 답안을 작성할 것인지 등을 포함시키기 위한 윤곽을 잡는다.
- 마지막으로 이를 어떻게 종합하여 결론을 맺을지에 대해 생각하고 간단히 적어 본다.

앞에서 계획한 답안 작성의 순서에 따라 논술한다

- 서론의 경우, 너무 일반적인 사실의 나열로 장황해지지 않도록 유의한다. 서론이 길면 전체적으로 논술의 초점이 흐려질 우려가 있다.
- 본론의 경우, 앞에서 윤곽을 잡은 2~4개의 중심 내용으로 먼저 목차를 구성하고 이에 대한 구체적인 설명을 추가한다. 이때 모호하거나 어려운 용어를 쓰지 말고 간략하면서도 명료하게 쓰는 것이 좋다. 채점자가 쉽게 논의의 핵심을 파악할 수 있어야 좋은 점수를 받을 수 있기 때문이다. 그리고 문장의 앞뒤에 적합한 연결어구를 사용하여 논리적으로 표현한다.

마무리(결론/결어)를 명쾌하게 기술한다

- 시험문제가 요구한 사항(분석하라/비교하라/논의하라/설명하라 등)에 따라 마무리는 명확하고 단정적으로 정리한다.

- 분석 및 비교가 주목적인 경우는 답안의 내용을 한두 문장으로 요약하여 다시 한 번 부각시킬 수 있다.
- 논의 및 설명이 주목적인 경우에는 답안의 내용을 간단히 요약하는 것과 더불어 자신의 견해(생각)를 명확하게 밝힌다. 더 나아가 이와 관련하여 앞으로 어떤 점을 탐구해야 하는지에 대한 간단한 방향 제시를 하는 것도 좋다.

답안내용을 전체적으로 검토하고 수정한다

- 가장 먼저 고민했던 문제의 의도를 상기하면서 전체적으로 논술의 윤곽을 잘 잡았는지 검토한다.
- 윤곽에 따라 논술이 잘 이루어졌는지 검토한다. 특히 본론에 들어갈 중심 내용이 잘 기술되었는지 신중하게 검토한다. 그리고 서론과 결론 부분에서 논술의 내용과 관련이 없는 내용을 장황하게 적었는지도 검토한다.
- 검토결과에 따라 답안내용을 전체적으로 수정 · 보완한다.

Tip

시험준비 8단계 전략

1단계: 시험에 대한 정보를 명확하게 파악한다.

시험일자, 요일, 시간, 시험유형(선택형, 서술형), 배점 등 가장 필수적인 정보에 대해 명확하게 확인한다.

2단계: 교재 내용을 이해한다.

제목, 주제, 개념, 공식, 핵심 내용 등을 중심으로 교재내용을 암기하기보다는 이해하는 데 주력한다.

3단계: 기출문제를 구해서 활용한다.

이를 통해 출제경향을 파악하고 핵심 내용을 정리하는 데 적극 활용한다.

4단계: 노트 필기 내용을 주의 깊게 살펴본다.

교재나 노트 내용 가운데 강조된 내용이 있으면 시험에 나올 가능성이 매우 높다.

5단계: 시험내용을 핵심별로 정리, 요약한다.

시험내용을 공부하면서 나름대로 정리, 요약해두면 시험을 앞두고 반복학습하는 데 시간을 절약할 수 있다.

6단계: 정리 · 요약한 내용을 장기기억 속에 저장한다.

2단계에서 이해한 내용과 5단계에서 정리, 요약한 내용을 장기기억 속에 저장해 둔다. 시험에서는 단기기억으로 암기해둔 내용으로는 효력을 발휘할 수 없다.

7단계: 출제자의 입장이 되어 본다.

'교수님이 어떤 문제를 출제할까?' '내가 출제자라면 어떤 문제를 낼까?'를 생각하면서 공부하면 학습동기를 극대화할 수 있다.

8단계: 스스로 시험문제를 내고 진단해 본다.

스스로 출제자가 되어 문제를 출제해 본 다음 실제 답안을 작성해 보면 미처 생각하지 못한 부분과 부족한 점을 발견할 수 있고, 보완할 수 있는 기회를 가질 수 있다.

생각해 보기

1. 평소 나의 시험준비 방법에 대한 개선점은 무엇인가?
2. 이 장에 대한 학습을 마친 후, 어떤 방법으로 시험준비를 해야 할지 생각해 보자.

학습전략 포트폴리오 14

시험관리전략

좋은 학점을 받기 위해서는 평소에 수업에 대한 예습과 복습을 미루지 않고 하면서 시험에 철저히 대비하는 것이 중요하다. 그리고 시험에 임박해서는 주어진 시간과 노트를 조직적으로 활용하면 평소에 쌓아 왔던 노력이 한층 더 빛을 발할 수 있을 것이다. 나의 시험불안 정도를 측정해 보고, 실제 시험에서 효과적으로 답안을 작성하는 방법을 찾아보자.

1 시험불안 정도 측정

학생들은 시험을 앞두고 누구나 한 번쯤 시험불안을 경험해 본 적이 있을 것이다. 시험날짜가 다가올 때, 시험 당일에 또는 시험을 보는 도중에 불안, 초조함을 느끼거나 가슴이 두근거리고 진땀이 나는 등의 신체적 증상을 경험하곤 한다. 아래의 표를 활용하여 평소 자신의 시험불안 정도를 점검해 보고 이러한 불안요소를 없애기 위한 방법을 찾아보자.

점검 내용	항상 그렇다	자주 그렇다	가끔 그렇다	거의 그렇지 않다	전혀 그렇지 않다
1. 시험을 보기 전이나 시험을 보는 동안 손에 땀이 나는 경우가 많다.					
2. 시험을 보는 동안 가끔 시야가 흐려진다.					
3. 시험문제 중에는 내가 잘 풀지 못하는 함정 문제들이 종종 출제되곤 한다.					
4. 나는 시험점수 이상으로 시험문제와 관련된 주제에 대해 더 많이 알고 있는 경우가 종종 있다.					
5. 일정한 시간 동안에 능력을 발휘해야 하기 때문에 시험은 불공평하다고 생각한다.					
6. 시험을 보는 동안 시험을 잘 보지 못하면 어떤 일이 일어날 것인가에 대해 걱정한다.					
7. 열심히 공부하지만 시험점수는 썩 좋지 않은 편이다.					

2 시험을 치른 이후 시험에 대한 경험 평가

실제로 시험을 치른 이후에 자신의 시험준비 및 실전 경험을 아래 표를 활용하여 평가해 보고, 이에 대한 개선방안을 찾아보자.

평가 내용	5점 척도				
	5	4	3	2	1
1. 해당 과목에 대해 얼마나 알고 있었는가?					
2. 자신이 한 복습의 양은 충분한가?					
3. 자신이 한 복습의 질은 충분한가?					
4. 바로 전날 밤 얼마나 공부하였는가?					
5. 얼마나 침착하였는가?					
6. 얼마나 기억을 잘하였는가?					
7. 예상문제를 잘 추출하였는가?					
8. 얼마나 빨리 생각하였는가?					
9. 얼마나 빨리 썼는가?					
10. 글씨체가 얼마나 읽기 편하였는가?					
11. 질문을 얼마나 주의깊게 읽었는가?					
12. 시험시간관리를 얼마나 잘하였는가?					
13. 얼마나 문제에 충실하게 답안을 작성하였는가?					
14. 얼마나 보기 편하게 답안을 작성하였는가?					
15. 자신이 쓴 답안을 다시 읽어 본 후, 얼마나 잘 수정하였는가?					

다른 학생들과 '시험불안을 없애는 방법'과 자기만의 '시험준비 및 실전전략'에 대해 토의하고 그 내용을 정리해 보자.

시험불안을 없애는 방법

-
-
-
-
-
-
-

나만의 시험준비 및 실전전략

-
-
-
-
-
-
-

3 완벽한 답안 작성을 위한 훈련

기존 답안에 대해 다른 학생들과 토론해 본다

시험을 본 후에는 힘들었던, 더 이상 생각하기도 싫은 답안에 대해 친구와 깊이 검토하고 토론해 보는 사람은 거의 없을 것이다. 그러나 시험 후의 토론은 다음 시험을 위해 매우 의미 있는 시사점들을 제공해 줄 수 있다.

예시 답안지를 읽어 보고 분석해 보면 답안 작성의 초점을 명확히 인식할 수 있다

다음에 예시한 두 답안을 읽어 보고 자신이 채점자가 되어 분석기준에 따라 점수를 매겨 보고 그 이유를 제시해 보자. 그러한 훈련을 통해서 혼자서도 답안 작성 요령을 구체적으로 터득할 수 있다.

답안내용을 분석하기 위한 기준 틀		
분석기준	예시 답안 A	예시 답안 B
1. 문제에서 묻고 있는 사항을 답이 모두 다루고 있는가?		
2. 답의 기술방식이 논리적이고 체계적인가?		
3. 문제에서 요구하고 있는 전문용어나 개념으로 답을 기술했는가?		
4. 필요한 단락 구분이 잘되어 있는가?		
5. 답의 요지나 결론이 잘 나타나 있는가?		

다음의 두 가지 예시 답안을 위의 기준에 따라 평가해 보고, 강점과 약점을 파악해 보자.

[문제] 러시아 농노제도의 기원과 특성을 설명해 보시오.

예시 답안 A

러시아의 척박한 자연조건하에서 남부 초원지대에서는 밀을, 북부 삼림지대에서는 보리나 호밀, 귀리 등을 화전식으로, 그런 후에는 3포식 체제로 경작하는 러시아 농업은 환경에 대한 절대적인 노동력 부족의 상황이었다. 공동방위의 필요성이 그 성립에 중요한 요소인 키예프 공국의 구성 이후 국민의 절대다수는 농민인 스메르지였고, 그들의 '굴뚝과 쟁기'에 부가되던 세금은 침입 이후 인두세로 바뀌고, 마을 공동체 단위에 연대책임을 지우게 된다. 키예프 시대 때부터 부채를 갚지 못한 사람은 농노가 되었으나, 그것이 전 국민적으로 확대된 것은 모스크바 시대 이후다. 낮은 농업생산성과 과도한 조세부담으로 스스로의 땅을 버리고 수도원이나 보다 형편이 나은 대도시 소유자들의 농노로 전락해 가는 상황이 몽고지배 때부터 있었으며, 국가에 대한 봉사의 대가로 받는 파메스츠에를 가진 공직자들의 수입을 안정시키기 위해 농민의 이주와 도망간 농노에 제한을 두는 법들이 만들어지고, 이윽고 15세기 말엔 농민의 이주를 완전히 막는 법이 만들어져, 농민들은 땅에 속박되고 국민의 절대다수가 농노로 전락하게 된다.

예시 답안 B

키예프 공국 후기부터 러시아에서는 농민의 예속화 현상이 벌어졌다. 농민들이 지주에게 예속되는 현상은 이후 몽고 침입 등의 외침과 전쟁, 사회적 혼란으로 인해 가속화되는 경향이 있었다. 이러한 현상은 러시아에서 농노제가 발생하게 된 원인 중 하나로 볼 수 있다. 그러나 보다 근본적인 원인으로 국가의 역할을 고려하여야 한다. 러시아는 광활한 영토를 가지고 있음으로 해서 농지보다는 노동력이 상대적으로 가치를 지니고 있었다. 따라서 자연스러운 상태였다면 농민들의 지위는 보다 강화될 수 있는 여건이었다 할 수 있다(중세 말기 유럽에서 인구의 감소가 농민의 지위 향상을 가져왔던 예도 있었다).

그러나 당시 러시아는 전쟁을 수행하기 위해 군사적 봉사를 담당하는 계층에게 영토를 지급했고, 이 계층을 유지시키기 위해서는 영토 내의 노동력을 유지시켜야만 했다. 따라서 국가는 농민들이 보다 나은 조건을 찾아 이주하는 것을 금지하는 법령을 1694년에 제정하게 되었다. 이에 따라 농민들은 성 게오르기 축일 무렵에만 이주할 수 있게 되었으며, 농노들이 도주하였을 때 법령에 따라 그들을 강제로 귀환시킬 수 있었다.

이와 같은 일련의 조치들로 인해 농노제가 발생했고 농민들이 토지에 예속되는 결과를 낳았다. 유럽의 농노제가 농민과 지주의 쌍무적 계약, 즉 농노들이 지주에게 지대납부를 비롯하여 여러 가지 봉건적 의무를 수행하는 대신 지주는 농노를 보호해 주는 방식의 계약에 의해 발생되었다고 한다면, 러시아의 농노제는 군사적 필요성에 의해 발생되었다고 할 수 있다. 러시아에서의 농노제가 이처럼 군사적 목적 때문에 발생한 것이기에 군사적 충돌이 잦았던 남부, 남동부, 서부에서 농노제가 보다 철저하게 전개되었던 것에 비해 북부는 자유농의 비율이 많았다.

4 논술형 답안 작성 연습

실제 논술형 시험을 치르기 전에 아래의 형식에 따라 내용을 간략히 채워 본다. 모든 논술형 답안이 이 형식을 완벽하게 따라야 할 필요는 없다. 이것은 논술형 답안을 작성할 때 하나의 골격으로 보면 된다.

Ⅰ. 서론

1) 도입문장: ______________________________

2) 주제 설정의 계기: ______________________________

3) 주제문: ______________________________

Ⅱ. 첫째 단락

1) 중심 아이디어(주제문 지지): ______________________________

2) 첫 번째 예: ______________________________

3) 두 번째 예: ______________________________

4) 세 번째 예: ______

5) 요약(결론적 논변): ______

III. 둘째 단락

1) 중심 아이디어(주제문 지지): ______

2) 첫 번째 예: ______

3) 두 번째 예: ______

4) 세 번째 예: ______

5) 요약(결론적 논변): ______

IV. 셋째 단락

1) 중심 아이디어(주제문 지지): ______

2) 첫 번째 예: ______

3) 두 번째 예: ______

4) 세 번째 예: ______

5) 요약(결론적 논변): ______

V. 결론

1) 주제의 재진술: ______

2) 요약: ______

3) 평가: ______

4) 결론 진술: ______

학습전략 15

나만의 학습전략 개발하기

나 자신이 항상 남들보다 공부에 많은 노력을 기울였다고 생각하는데도 좋은 결과를 얻지 못했다면, 한 번 자신의 학습전략에 대해 깊게 생각해 볼 필요가 있다. '학습전략'은 학습효과를 최대화하기 위해 의식적으로 취하는 행동방식 및 인지양식을 말한다. 처해 있는 환경에서 스스로에게 적합한 학습전략을 선택하고 사용하기 위해 처음에는 많은 노력이 필요하겠지만, 오랜 시간 동안 사용하다 보면 자연스럽게 나만의 학습전략이 되어 커다란 노력을 들이지 않고도 효율적으로 공부할 수 있을 것이다.

지금부터 학습전략의 여러 유형들을 살펴보고, 나만의 학습전략을 개발하는 방법에 대해 알아보도록 하자.

1 학습전략이란?

첫째, 학습전략(learning strategy)이란 효과적으로 공부하는 방법, 즉 학습자가 자신의 학습효과를 높이기 위해 의도적으로 취하는 행동방식과 인지양식을 가리킨다.

둘째, 학습 스타일에는 의식적인 노력이 포함되어 있지 않은 데 반하여, 학습전략에는 구체적 목표를 설정하고 이것을 달성하기 위한 의식적인 노력이 포함된다.

2 학습전략의 유형

대학생의 학습전략을 측정하기 위한 표준화된 검사가 국내에는 아직 개발되어 있지 않다. 여기에서는 Wild와 Schiefele(1994)의 학습전략검사를 활용하여 자신의 학습전략을 파악하는 방법을 소개하기로 한다.

조직화 전략

학습내용의 범위가 넓을 때 이를 체계화하여 고차원적인 지식구조를 형성하는 것을 말한다.

- 학습한 내용에 대해 체계화할 수 있는 요약표를 만든다.
- 중요한 전공용어와 개념 정의에 관한 표를 만든다.
- 공부할 분량이 많아지면 내용이 어떤 구조로 이루어져 있는지 적어 본다.
- 교재나 노트 필기의 중요한 곳에는 밑줄을 친다.
- 노트 필기, 수업교재 혹은 참고문헌의 주요 사항을 정리하여 짧게 요약한다.
- 학습내용을 잘 기억할 수 있도록 구성해 본다.
- 필기내용을 정독한 후 중요한 요점들을 정리한다.

- 중요한 내용을 요약하여 잘 기억나도록 한다.
- 수업내용을 좀 더 체계적으로 파악해 보기 위해 표, 그래프 혹은 그림 등을 만든다.

정교화 전략

새로운 학습내용을 기존의 지식구조에 잘 연결시켜 심층적으로 이해하는 것을 의미한다.

- 수강하고 있는 교과목들의 내용이 서로 연관이 있는지를 생각해 본다.
- 새로운 개념을 실제 현장에서 어떻게 적용할 수 있는지 생각해 본다.
- 새로운 개념이나 이론을 내가 이미 알고 있는 것들과 연결지으려고 시도해 본다.
- 학습한 내용을 머릿속에 떠올려 본다.
- 지금 공부한 내용과 내가 이미 알고 있는 것을 서로 연결해 본다.
- 학습한 내용에 대한 구체적인 예를 생각해 본다.
- 공부한 내용을 자신의 경험과 연결시킨다.
- 공부한 내용이 일상생활에 도움이 되는지 생각해 본다.

비판적 검토 전략

비판적 검토 전략은 공부할 내용에 접했을 때 그 논제나 근거에 대하여 비판적으로 의문을 제기하는 것을 의미한다.

- 지금 읽고 있는 글이 정말로 설득력이 있는지 스스로에게 물어본다.
- 교재에 서술된 이론이나 해석이 충분한 증거들로 뒷받침되어 있는지 검토해 본다.
- 교과서에 수록된 주장이나 결론에 대한 다른 대안들이 있을 수 있는지 깊게 생각해 본다.
- 여러 텍스트의 서로 모순된 생각들을 해결해 보는 것에 흥미를 느낀다.

- 지금 공부하고 있는 내용을 출발점으로 하여 나의 아이디어를 발전시켜 본다.
- 글을 비판적으로 읽는다.
- 여러 다양한 이론들의 장단점을 비교해 본다.
- 공부한 것에 대해 비판적으로 검토해 본다.

반복전략

공부할 내용(사실이나 규칙 등)을 단순 반복을 통해 기억하는 것을 의미한다.

- 학습내용을 반복을 통해 암기한다.
- 필기한 것을 몇 번씩 반복하여 읽는다.
- 시험에서 중요한 내용을 잘 기억해 내기 위해 주요 개념들을 암기한다.
- 중요한 전공용어들을 요약표로 만들어 암기한다.
- 글을 정독한 후 각 단락이 끝날 때마다 외워 본다.
- 규칙, 전공용어 및 공식을 암기한다.
- 교재와 필기를 통해 학습한 내용을 가능한 한 외운다.

초인지전략

공부할 내용, 분량, 방식 등에 대한 계획활동, 상황에 적합한 학습전략의 선택에 대한 검토활동 그리고 자신이 선택한 전략에 대한 조절활동 등을 의미한다.

- 어떤 부분을 특히 중점적으로 공부해야 하는지를 공부하기 전에 생각해 본다.
- 어려운 글을 읽을 때는 늘어난 학습부담에 맞추려고 한다(예: 읽는 속도를 늦춤).
- 교재를 읽을 때 모두 이해하지 못하면 부족한 부분을 찾아내어 보완한 후 다시 한 번 교재를 정독한다.
- 공부하기 전에 어디까지 해야 할지를 미리 결정한다.
- 공부하기 전에 어떻게 하면 가장 효율적으로 할 수 있을지에 대해 생각해 본다.
- 어떤 순서로 공부해야 할지 사전에 꼼꼼히 따져 본다.
- 공부한 것을 모두 이해했는지 확인해 보기 위해 내용에 대해 스스로에게 질

문해 본다.

- 학습이 덜된 부분을 찾기 위해 교재를 보지 않고 요약해 본다.
- 내용을 잘 이해했는지 확인해 보기 위해 다른 연습문제들을 추가적으로 풀어 본다.
- 내가 잘 이해했는지 확인해 보기 위해 공부한 내용을 친구들에게 설명한다.
- 교재내용에 대해 확실하게 이해할 수 없을 때에는 다시 한 번 천천히 교재를 정독한다.

노력전략

학습목표를 달성하기 위하여 어느 정도의 노력을 할 준비가 되어 있는가를 의미한다.

- 공부할 분량을 정했을 때 그것을 마치려고 노력한다.
- 학습할 내용에 흥미가 전혀 없어도 노력해 본다.
- 학습내용이 너무 어렵거나 복잡해도 포기하지 않는다.
- 꼭 필요한 경우 늦은 밤이나 주말에도 공부한다.
- 공부를 시작하기로 결정하기까지 대체로 오래 걸리지 않는다.
- 시험 전에 범위 전체를 다시 한 번 검토해 볼 수 있도록 시간을 충분히 갖는다.
- 다른 친구들보다 공부에 더 많은 시간을 투자한다.
- 시험을 잘 치를 수 있다는 확신이 들 때까지 오랫동안 공부한다.

집중전략

공부할 때 집중하는 정도를 의미한다.

- 공부할 때 집중력이 쉽게 떨어지지 않는다.
- 하고 있는 일에 잘 집중한다.
- 주의력이 한 곳에 잘 집중된다.
- 공부할 때 주의가 다른 곳으로 향하지 않는다.

시간관리전략

공부할 때 시간계획을 어느 정도 미리 세우고 지켜 나가는 것을 의미한다.

- 공부할 때는 학습시간표에 따라 한다.
- 언제 공부해야 할지에 대해 시간을 결정한다.
- 매일 몇 시간 공부해야 할지에 대한 계획표를 짠다.
- 각각의 학습단계를 위해 필요한 시간분량을 사전에 정한다.

학습환경 조성 전략

방해받지 않고 집중적으로 공부하기 위하여 외적인 공부환경을 만들려고 노력하는 것을 의미한다.

- 집중이 잘되는 장소에서 공부한다.
- 공부할 때 가능한 한 산만해지지 않도록 환경을 조성한다.
- 항상 같은 곳에서 공부한다.
- 공부할 때는 조용한 분위기를 조성한다.
- 공부하는 곳에서 모든 것을 쉽게 찾을 수 있도록 한다.
- 가장 중요한 학습교재는 공부하는 곳에서 쉽게 손이 닿는 곳에 둔다.

스터디그룹 활용 전략

협동학습을 하는 정도 혹은 협동학습의 필요성을 인식하는 정도를 의미한다.

- 친구들과 함께 교재를 읽거나 숙제를 한다.
- 공부한 내용에 관해 친구들과 토론하는 시간을 갖는다.
- 필기한 것을 친구들의 것과 비교해 본다.
- 친구들과 교재내용에 대해 서로 질문해 본다.
- 학습내용에 대해 전혀 이해할 수 없을 때에는 다른 사람의 도움을 받는다.
- 명확하게 이해할 수 없는 부분이 있으면 친구들의 도움을 청한다.
- 노트 필기에 빠진 부분이 많을 경우에는 친구에게 물어본다.

학습교재 활용 전략

심층적인 학습을 위하여 추가적인 자료나 참고문헌을 활용하는 것을 의미한다.

- 학습내용을 명확하게 이해할 수 없을 때는 다른 참고문헌을 계속해서 찾아본다.
- 이해하기 어려운 전공용어가 있으면 사전을 찾아본다.
- 정보가 부족하면 다양한 출처들(예: 강의노트, 교재, 학술지 등)을 찾아본다.
- 노트 필기가 완벽하지 못할 때는 참고도서를 찾아본다.

Tip

효과적인 학습전략 개발을 위한 10가지 습관

1. 무엇을 공부하고 얼마나 오래 얼마나 많이 공부할지를 결정한다.
2. 어려운 과제를 먼저 한다.
3. 공부할 수 있는 특별한 장소를 정한다.
4. 단기간 내에 스스로 완수해 낼 수 있는 작은 목표들을 정한다.
5. 일정 시간 공부하고 짧은 휴식시간을 가진다.
6. 공부하는 내용을 가지고 관계나 개념을 조직하고 윤곽을 그린다.
7. 문제에 대해 더 나은 해결책을 찾는다.
8. 더 이상 생산적으로 공부할 수 없을 때는 공부하기를 멈춘다.
9. 친구와 함께 공부한다.
10. 무슨 일을 끝마치고 공부를 시작하겠다는 마음을 버린다.

생각해 보기

1. 학습전략 유형 중 내가 가장 빈번하게 구사하고 있는 전략은 무엇인가?
2. 그 전략들은 어떤 과정을 거쳐 학습되었다고 생각하는가?
3. 학습전략 유형 중 내게 가장 약한 전략은 무엇인가?
4. 그러한 훈련을 위하여 어떠한 노력이 도움이 될 수 있을지 생각해 보자.

학습전략 포트폴리오 15

나만의 학습전략 개발하기

의식하지 않더라도 누구나 공부할 때는 자신만의 방법을 사용한다. 그러나 그 방법이 효과적이지 못해 공부할 때마다 어려움을 겪는 학생들이 많다. 또한 고등학교 때까지 계획되어 있는 생활을 하다가 대학에 진학하고 나서 자유로운 생활과 더불어 자신이 스스로 계획을 세워 삶을 살아야 하는 많은 학생들은 공부할 때 많은 어려움을 겪게 마련이다.

자유로워진 시간을 잘 이용하면서 자신에게 맞는 학습법을 찾아 효율적으로 공부하는 것이 중요하다.

나만의 학습전략

모든 사람에게는 자기만의 학습전략이 있습니다.
제가 공부할 때 가장 싫어했던 부분들은
"이렇게 하면 공부가 잘되던데, 넌 왜 그렇냐?" 이런 말이었습니다.
중 · 고등학교 때 공부 좀 한다는 녀석들 보면 다들 그 방법은 제각각이었습니다.
물론 개인의 재능이나 지능 그리고 환경적인 영향이 다르기 때문입니다.
핵심에 접근하는 방법은 그만큼 많습니다.
보다 효율적이고 효과적인 방법이 무엇인지…… 그 결론은 자신이 내려야 합니다.

–수필 같은 공인회계사 블로그 중에서–

1 나의 학습전략 파악하기

"나를 알고 적을 알아야 백전백승"이라는 말이 있다. 나의 학습전략을 먼저 잘 파악하고 있어야 그것이 효과적인지, 어떤 점에서 개선할 필요가 있는지를 탐구할 수 있다. 대학생의 학습전략을 측정하기 위한 표준화된 검사가 국내에는 아직 개발되어 있지 않기 때문에 Wild와 Schiefele(1994)의 학습전략 검사도구를 통하여 나의 학습전략 사용 정도를 측정해 보도록 하자.

아래 문항을 보고 자신의 행동에 대해 5단계 척도로 체크해 보자.

문항	전혀 없음	거의 없음	가끔	자주	매우 자주
1. 수업내용을 좀 더 체계적으로 잘 파악하기 위해 표, 그래프 혹은 그림 등을 만든다.					
2. 수강하고 있는 교과목들의 내용이 서로 연관되는지를 생각해 본다.					
3. 지금 읽고 있는 글이 정말로 설득력이 있는지 스스로에게 물어본다.					
4. 학습내용을 반복을 통해 암기한다.					
5. 그 주제의 어떤 부분을 특히 중점적으로 공부해야 하는지 학습하기 전에 생각해 본다.					
6. 어려운 글을 읽을 때는 나의 학습기술을 늘어난 학습부담에 맞추려고 한다(예: 읽는 속도를 늦춤).					
7. 친구들과 함께 교재를 읽거나 숙제를 한다.					
8. 학습내용을 명확하게 이해할 수 없을 때에는 다른 참고문헌을 계속해서 찾아본다.					
9. 학습하고자 하는 분량을 결정했을 때 그것을 마치려고 노력한다.					
10. 공부할 때 집중력이 쉽게 떨어지지 않는다.					
11. 공부할 때는 학습시간표에 따라 한다.					
12. 공부할 때는 집중이 잘되는 장소에서 한다.					
13. 교재를 읽을 때 모두 이해하지 못하면 부족한 부분을 찾아내어 보완한 후 다시 한 번 교재를 정독한다.					
14. 가장 중요한 내용을 요약하여 잘 기억나도록 한다.					
15. 공부한 내용에 관해 친구들과 토론하는 시간을 갖는다.					
16. 이해 못하는 전공용어가 있으면 사전을 찾아본다.					
17. 낯선 개념을 실제 현장에서 어떻게 적용할 수 있는지 생각해 본다.					
18. 교재에 서술된 이론이나 해석이 충분한 증거들로 뒷받침되어 있는지 검토해 본다.					
19. 필기한 것을 몇 번씩 반복하여 읽는다.					
20. 공부하기 전에 어디까지 해야 할지를 미리 결정한다.					
21. 학습할 내용에 흥미가 전혀 없어도 노력해 본다.					

22. 하고 있는 일에 잘 집중한다.					
23. 언제 공부해야 할지에 대해 시간을 결정한다.					
24. 공부할 때 가능한 한 산만해지지 않도록 환경을 조성한다.					
25. 필기내용을 정독한 후 가장 중요한 요점들로 정리한다.					
26. 필기한 것을 친구들의 것과 비교해 본다.					
27. 정보가 부족하면 다양한 출처들(예: 강의노트, 교재, 학술지 등)을 찾아본다.					
28. 새로운 개념이나 이론을 내가 이미 알고 있는 것들과 연결 지으려고 시도해 본다.					
29. 교과서에 수록된 주장이나 결론에 대한 다른 대안들이 있을 수 있는지 깊이 생각해 본다.					
30. 시험에서 중요한 내용을 잘 기억해 내기 위해 주요 개념들을 암기한다.					
31. 공부를 하기 전에 어떻게 하면 가장 효율적으로 할 수 있을지에 대해 생각해 본다.					
32. 학습내용이 너무 어렵거나 복잡해도 포기하지 않는다.					
33. 공부할 때는 주의력이 한 곳에 잘 집중된다.					
34. 매일 몇 시간 공부해야 할지에 대해 계획표를 짠다.					
35. 공부할 때는 항상 같은 곳에서 한다.					
36. 학습내용을 잘 기억할 수 있도록 구성해 본다.					
37. 친구들이 교재내용에 대해 나에게 질문하도록 하고 나 또한 그들에게 질문해 본다.					
38. 노트 필기가 완벽하지 못할 때는 참고도서를 찾아본다.					
39. 학습한 내용을 머릿속에 떠올려 본다.					
40. 지금 공부하고 있는 내용을 출발점으로 하여 나의 아이디어를 발전시켜 본다.					
41. 중요한 전공용어들은 요약표로 만들어 암기한다.					
42. 어떤 순서로 공부해야 할지 사전에 꼼꼼히 따져 본다.					
43. 꼭 필요한 경우엔 늦은 밤이나 주말에도 공부한다.					
44. 공부할 때 쉽게 집중이 된다.					
45. 각각의 학습단계를 위해 필요한 시간분량을 사전에 정한다.					
46. 공부할 때는 조용한 분위기를 조성하려고 한다.					

47. 노트 필기, 수업교재 혹은 참고문헌의 주요 사항을 정리하여 짧게 요약한다.					
48. 학습내용에 대해 전혀 이해할 수 없을 때에는 다른 사람의 도움을 받는다.					
49. 지금 공부한 내용과 내가 이미 알고 있는 것을 연결해 보려 한다.					
50. 여러 텍스트의 서로 모순된 생각들을 해결해 보는 것이 아주 흥미롭다.					
51. 글을 정독한 후 각 단락이 끝날 때마다 외워 본다.					
52. 공부한 것을 모두 이해했는지 확인해 보기 위해 내용에 대해 스스로에게 질문해 본다.					
53. 공부를 시작하기로 결정하게 되기까지 대체로 오래 걸리지 않는다.					
54. 공부할 때 주의가 다른 곳으로 향하지 않는다.					
55. 공부하는 곳에서 모든 것을 쉽게 찾을 수 있다.					
56. 교재나 노트 필기의 중요한 곳에는 밑줄을 친다.					
57. 명확하게 이해할 수 없는 부분이 있으면 친구들의 도움을 청한다.					
58. 학습한 내용에 대한 구체적인 예를 생각해 내려고 시도해 본다.					
59. 글을 대체로 비판적으로 읽는다.					
60. 규칙, 전공용어 및 공식을 암기한다.					
61. 학습이 덜 된 부분을 찾기 위해 교재를 보지 않고 요약해 본다.					
62. 시험 전에 범위 전체를 다시 한 번 검토해 볼 수 있도록 시간을 충분히 갖는다.					
63. 나의 집중력은 오래 간다.					
64. 가장 중요한 학습교재는 공부하는 곳에서 금방 손이 닿는 곳에 있다.					
65. 공부할 분량이 많아지면 내용이 어떤 구조로 이루어져 있는지 적어 본다.					
66. 노트 필기에 빠진 부분이 많을 경우에는 친구에게 물어본다.					
67. 공부한 내용을 나의 경험과 연결시킨다.					
68. 여러 다양한 이론들의 장단점을 비교해 본다.					
69. 교재와 필기를 통해 학습한 내용을 가능한 한 외운다.					
70. 내용을 잘 이해했는지 확인해 보기 위해 다른 연습문제들을 추가적으로 풀어 본다.					

71. 다른 친구들보다 공부에 더 많은 시간을 투자한다.					
72. 중요한 전공용어와 개념 정의에 관한 표를 만든다.					
73. 공부한 내용이 일상생활에 도움이 되는지 생각해 본다.					
74. 학습한 것에 대해 비판적으로 검토해 본다.					
75. 내가 잘 이해했는지 확인해 보기 위해 공부한 내용을 친구들에게 설명한다.					
76. 시험을 잘 치를 수 있다는 확신이 들 때까지 오랫동안 공부한다.					
77. 교재내용에 대해 확실하게 이해할 수 없을 때에는 다시 한 번 천천히 교재를 정독한다.					

채점방법

① 전혀 없음 1점, 거의 없음 2점, 가끔 3점, 자주 4점, 매우 자주 5점으로 채점한다.

② 각 영역당 점수를 합산하여 기입한다.

- 조직화 전략 (8): 문항번호 1+14+25+36+47+56+65+72 =
- 정교화 전략 (8): 문항번호 2+17+28+39+49+58+67+73 =
- 비판적 검토 전략 (8): 문항번호 3+18+29+40+50+59+68+74 =
- 반복전략 (7): 문항번호 4+19+30+41+51+60+69 =
- 초인지전략 (11): 문항번호 5+6+13+20+31+42+52+61+70+75+77 =
- 노력전략 (8): 문항번호 9+21+32+43+53+62+71+76 =
- 집중전략 (6): 문항번호 10+22+33+44+54+63 =
- 시간관리전략 (4): 문항번호 11+23+34+45 =
- 학습환경 조성 전략 (6): 문항번호 12+24+35+46+55+64 =
- 스터디그룹 활용 전략 (7): 문항번호 7+15+26+37+48+57+66 =
- 학습교재 활용 전략 (4): 문항번호 8+16+27+38 =

③ 아래 표( ) 안에 각 항목의 합산점수를 기입한다.

조직화 전략	( )/40	공부할 내용에 대해 스스로 재구성해 봄(예: 요약하기, 표나 그래프 만들기)
정교화 전략	( )/40	새로운 학습내용을 기존의 지식구조에 잘 연결시켜 심층이해를 시도함
비판적 검토 전략	( )/40	비판적인 사고과정을 통해 공부한 내용을 좀 더 잘 이해함
반복전략	( )/35	반복을 통해 암기함
초인지전략	( )/55	공부할 내용과 분량에 대한 계획 검사 및 상황에 적합한 학습전략의 선택 및 적용을 포함함
노력전략	( )/40	목표를 달성하기 위해 기울이는 노력
집중전략	( )/30	공부할 때 집중하는 정도
시간관리전략	( )/20	시간계획을 하여 이를 지키는 정도
학습환경 조성 전략	( )/30	집중이 잘 유지되는 효율적인 학습환경이 조성된 정도
스터디그룹 활용 전략	( )/35	협동학습을 하는 정도
학습교재 활용 전략	( )/20	심층이해를 위해 폭넓은 교재를 이용함

위의 표에 나타나는 점수는 학습전략 사용 정도를 알려 주는 것으로, 모두 사용했을 때 나타나는 점수(우측의 점수)에 비해 자신의 사용 정도(좌측의 점수)가 어느 정도인지 알려 준다. 따라서 우측 점수에 비해 좌측 점수가 높을수록 긍정적인 결과로, 해당 영역에 대한 학습전략을 많이 사용한다고 해석할 수 있다. 한편으로 전체적으로 자신이 많이 사용하는 학습전략에 비해 낮은 점수를 보이는 학습전략이 있을 경우에는 이를 보완하기 위해 노력하는 것이 좋겠다.

2 부족한 학습전략 보충하기

조직화 전략이 부족한 경우

① 공부한 내용을 표로 정리하여 내용을 정리하고 상호비교하는 방법(예시: 박테리아의 유형 구분)

박테리아 이름	구조	기능	길이	요소

② 중심 개념이나 아이디어 조직도 차트 만들기(예시: 포유류의 유형)

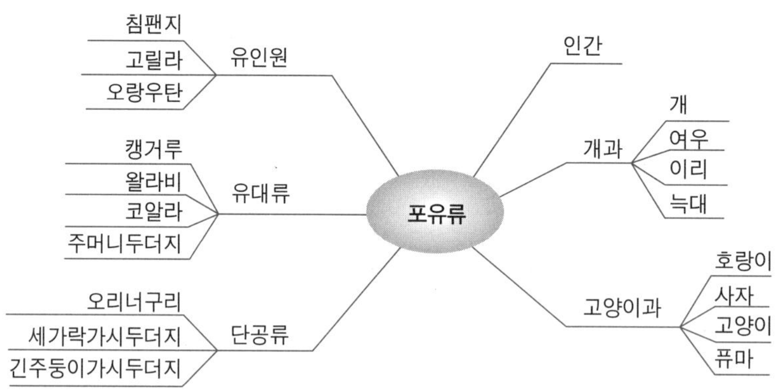

정교화 전략이 부족한 경우

① 원리 설명하기: 다른 학생과 함께 공부하거나 그룹으로 공부하면서 자신이 배운 것을 함께 공부하는 학생에게 설명해 본다. 정보를 단순하게 외워서 말하지 말고 그 원인과 방식을 설명하도록 한다.

② 실례 찾기: 실례는 복잡한 개념을 이해하는 데 도움을 준다.

③ 이미지 활용하기: 그림으로 기억을 강하게 하자. 언어와 그림을 연결시킴으로써 더 잘 이해가 될 수 있을 뿐만 아니라 시험 답안을 쉽게 작성할 수 있게

된다. 인간의 기억이 가치 있는 이유는 심상을 그릴 수 있는 정신능력이 있기 때문이다.

④ 이미 알고 있는 것에서 출발하기: 학습한 내용이 자신이 좋아하는 것 또는 자신의 기억 속에 학습한 내용과 연관되는지 확인한다. 받아들인 정보를 이해하고 기억하는 것은 이미 알고 있는 배경지식에 기초해서 이루어진다. 다른 사람으로부터 이야기를 들을 때에는 자신의 기존 지식에 비추어서 그가 의미하는 바를 이해하게 된다. 따라서 기존 지식과 연결되면 이해도 잘되고 기억도 잘된다.

비판적 검토 전략이 부족한 경우

질문활동을 통한 비판적 학습능력 개발하기

비판적 학습능력 개발을 위한 하나의 교육활동으로서 학습자료에 대한 질문 제기와 이에 대한 자신의 생각 정리하기 활동을 생각해 볼 수 있다. 이러한 활동이 효과적으로 적용되기 위해서는 비판적 학습활동을 위해 적용될 수 있는 질문들을 유형별로 알아야 한다. 이와 관련하여 학습자가 활용할 수 있는 질문의 유형과 각 유형에 해당하는 구체적 질문의 예를 제시하면 다음과 같다.

① 명료화를 위한 질문
- 본 학습자료에서 저자가 전달하고 싶어하는 가장 핵심적인 주제는 무엇인가?
- 문맥이나 생각의 논리적 연계 측면에서 모호한 내용은 무엇인가?

② 가정을 탐사하는 질문
- 저자가 자신의 주장을 전개하면서 가지고 있는 기본 가정은 무엇인가?
- 저자가 가정하고 있는 것들 외에 어떤 다른 가정들이 있을 수 있는가?

③ 이유, 증거 및 원인을 탐사하는 질문
- 저자가 제시하는 증거는 신뢰할 만한 출처에서 나온 것인가?
- 저자는 어떠한 논리적 추론을 통해 결론에 도달하였는가?

④ 견해나 시각에 대한 질문

- 저자와 견해를 달리하는 사람들은 어떠한 지지근거를 가지고 있는가?
- 저자의 견해가 갖는 한계점은 무엇이며, 그 대안은 무엇이 될 수 있는가?

⑤ 함의와 결말을 탐사하는 질문

- 저자가 내린 결론이 실제에 시사하는 바는 무엇인가?
- 저자가 제안하고 있는 방법들을 적용하는 데 고려되어야 하는 다른 요인들은 무엇인가?

⑥ 문제에 대한 질문

- 저자가 설정한 문제(주제)는 중요한 문제라고 할 수 있는가?
- 저자가 설정한 문제에 대한 논의를 시작하기 전에 선행되어 논의해야 할 내용은 무엇인가?

반복전략이 부족한 경우

① 노트를 잘 정리하고 교재를 읽으면서 중요한 부분은 밑줄을 긋고 메모하는 습관을 가진다.

② 규칙적으로 복습한다.

- 수업이 끝난 직후, 수업시간에 학습한 내용을 다시 훑어 보면 기억력이 4배 정도 향상된다.
- 주말에 한 주에 학습한 내용을 복습하면 그 주에 학습한 강의내용과 자료들이 체계적으로 통합되어 장기기억에 저장하기 쉬워진다.
- 한 달에 한 번 날짜를 정해두고 한 달 동안 배운 내용을 복습하고 A4 한두 장 분량으로 배운 내용을 간략히 정리해 본다.
- 시험준비를 할 때는 그동안 복습했던 내용 중 자신이 기억하고 있는 부분과 잊은 부분이 무엇인지 체크한 다음, 중요한 내용인데 자신이 잊어버린 내용을 중심으로 공부한다.

③ 배운 것을 암송한다.

- 학습한 내용을 오래 기억하기 위해 다양한 감각기관을 동시에 사용한다.

눈으로 보고, 입으로 말하며, 종이에 적으면서 공부한다.

- 암송방법
  - 읽는다: 한 번에 한 단락씩 읽는다. 읽어 가면서 중심 내용을 뽑아 낸다. 노트를 암송하는 경우라면 필기한 내용이 바로 중심 내용이기 때문에 더 수월하다. 교과서를 암송할 때에는 핵심은 보통 한 단락에 하나밖에 없다는 사실을 명심해야 한다.
  - 변환한다: 한 단락을 읽고 중심 내용을 뽑아냈으면, 그것을 한두 개의 단어로 압축하거나 혹은 그 내용을 물어보는 질문으로 변환시켜 본다.
  - 혼자 시험해 본다: 변환한 것을 가지고 얼마나 학습이 되었는지 시험해 본다. 핵심적인 단어나 질문을 이용하여 중심 내용을 큰 소리로 말해 보거나 종이에 적어 본다.

④ 암기 카드를 만든다.

- 중요하고 잘 외워지지 않는 내용은 암기 카드를 만들어서 활용한다.

초인지전략이 부족한 경우

① 초인지의 활용 단계

- 공부목표 설정하기: 새로운 내용을 공부하기 전에 자료를 어떻게 조직화할지 생각하기 위해 자료를 대충 훑어 보고 나서 공부할 목표를 설정한다.
- 주의집중이 안 될 때마다 교재에 자기만의 표식을 해 두기
- 교재를 읽은 후 혹은 수업 후 자신에게 질문하면서 복습하기
- 공부목표를 얼마나 잘 달성하고 있는지 점검하고 방법 수정하기

② 1분 페이퍼 기법을 사용한 초인지전략 활용법

- 1분 페이퍼 기법이란 강의를 듣고 나서 1~2분간 다음의 질문에 대한 답을 노트에 간단히 적어 보는 방법이다.
  - 오늘 수업의 중심 아이디어는 무엇인가?
  - 오늘 강의에서 의문사항은 무엇인가?

- 1분 페이퍼 기법을 사용하기 위해 학생들은 교수님의 강의를 들으면서 다음과 같은 질문을 자신에게 계속 하게 되어 수업에 집중할 수 있다.
  - 여기서 중요한 아이디어는 무엇인가?
  - 내가 이해하지 못한 것은 무엇이고, 이해하지 못한 것을 몇 마디 조리 있는 문장으로 표현하려면 어떻게 해야 하는가?

노력전략이 부족한 경우

① 분명한 학습목표를 설정한다.

② 스터디그룹을 조직하여 협동학습을 한다.

스터디그룹을 조직하여 학습하게 되면 공부하는 시간이 더 역동적이고 흥미로울 수 있다. 자기가 맡은 학습분량을 완수하기 위해 준비를 하게 되고, 다른 구성원들과 공부한 내용을 토론하면서 몰랐던 부분을 알 수 있고, 다른 아이디어들도 얻을 수 있다.

③ 졸업한 후에 어느 정도의 연봉을 받고 싶은지를 계산해 본다.

그리고 현재 자신의 행동으로 비추어 보아 그 정도의 연봉을 받을 자격이 있을지를 자문해 보라.

④ 책상 위에 격려가 되는 말들을 적어둔다.

자신에게 긍정적인 영향을 주는 말과 목표를 적어두고 볼 때마다 상기하라.

⑤ 공부하고 있는 과목에 흥미를 가진다.

그러기 위해 자신의 멘토를 정하는 것이 좋다. 자신과 같은 분야에서 성공한 선배나 교수님의 학습방법과 진로방향에 대한 조언을 얻어 공부하고 있는 분야에 대한 관심을 더 가질 수 있다.

⑥ 마감효과를 이용한다.

해야 하는 과제에 대한 데드라인을 정한다. 그 기간 내에 과제를 완수하려고 최대한의 노력을 기울인다. 그리고 정해진 시간 내에 과제를 마무리했을 때는 자신에게 보상을 해 준다.

⑦ 분산학습을 한다.

분산학습은 중간중간 쉬어 가면서 공부시간을 여러 번으로 짧게 나누어 학습하는 것이다. 유의성이 없는 학습과제를 할 때나 학습과제의 난이도가 높을 때, 학습의 초보단계일 때, 학습의 동기유발이 낮을 때, 많은 노력과 시간이 요구되는 학습상황에서는 집중학습보다는 분산학습이 더 바람직하다.

집중전략이 부족한 경우

① 평상시 공부할 때 어느 정도 집중하는지 기록해 본다.
② 이에 대해 자기반성을 해 본다.
③ 다음날 공부 집중시간을 체크한다.
④ 집중시간 10분 늘이기를 계획하고, 이를 지켰다면 ○표, 지키지 못했다면 ×표를 한다.

평균 집중시간	(분)	평균 집중시간	(분)
1회		3회	
2회		4회	
○ 개수		× 개수	
자기반성			

시간관리전략이 부족한 경우(8장 참조)

① 일의 중요도와 긴급도에 따라서 해야 할 일을 시간에 따라 나누고 계획을 세워 본다.

공부목표	
시간	학습계획

② 자신의 시간관리에 대해 스스로 자기평가해 본다.

유지할 사항	
개선할 사항	

학습환경 조성 전략이 부족한 경우

학습환경 구조화 방법

① 물리적 학습환경 구조화: 주변 정리 및 정돈을 한다.

- 자신만의 '집중 존'이 무엇인지 파악한다. 과거에 최고의 실력을 발휘했던 상황을 구체적으로 기록해 본다.
- 집중력 향상을 위해 공부하기에 적당한 조용한 장소를 찾는다.
- 학습만을 위해 책상을 사용한다. 그 책상에 앉으면 자동적으로 학습에 대한 생각을 하게 될 것이다. 그리고 책상 위는 최대한 단순하게 꾸민다.
- 편안한 의자에 앉아서 공부하고, 침대에 누워서 학습하지 않는다.
- 학습에 방해되는 요소를 제거한다. 학습할 땐 전화나 휴대전화기를 차단시키고, 학습하는 동안 텔레비전, 오디오, 라디오 등은 꺼둔다.
- 학습하는 동안에 발생하는 부가적인 문제는 주위 사람에게 도움을 요청한다. 학습을 하고 있을 때 어려운 점이 있으면 친구나 가족들에게 도움을 요청하고 학습에만 집중한다.

- 집중하기 시작했다면 주변은 그대로 둔다.
- 제한시간을 정하고 시계는 보지 말고 타이머를 활용한다.

② 심리적 학습환경 조성: 마음 가라앉히고 공부하기

- 손을 무릎 위에 얹고 편안한 자세로 의자에 앉는다.
- 길게 그리고 깊게 심호흡을 한다. 맑고 깨끗한 공기가 폐에 가득 들어가도록 심호흡을 한다.
- 깊게 숨을 내쉰다. 폐의 공기가 빠지고 수축된다. 숨을 내쉴 때 긴장, 잡념들도 함께 발산시킨다.
- 심호흡을 세 번 정도 더 한다.
- 모든 근육을 풀어 준다.
- 눈을 감고 즐거운 장면을 떠올려 본다. 즐겁고 유쾌한 모습의 자신을 상상해 본다.
- 이러한 상태에서 공부를 준비한다고 생각해 본다.

스터디그룹 활용 전략이 부족한 경우

① 효과적인 스터디그룹 운영을 위한 체크리스트

내용	확인
스터디그룹의 분위기가 우호적이며 편안한가?	
구성원들이 공동의 목표를 분명하게 알고 있는가?	
구성원들이 학습활동과 의사결정에 모두 참여하고 있는가?	
구성원 간 칭찬하기, 격려하기, 동조하기 등의 의사소통활동이 자주 일어나는가?	
구성원들은 다른 사람의 발언을 잘 경청하는가?	
역할분담이 잘되고 있는가?	
구성원 상호 간 가르치고 배우는 활동이 잘 일어나는가?	
의견 차이는 민주적으로 해결되는가?	
그룹의 운영규칙이나 질서가 있는가?	
구성원 간 과제에 대한 질문이 자주 나오는가?	

② 효과적인 스터디그룹 운영을 위한 커뮤니케이션 전략

- 'I' 메시지를 사용하여 자신의 의사를 명확하게 전달한다.
- 전달할 내용은 완전한 문장으로 구체적으로 만들어 전달한다.
- 같은 메시지를 언어적 · 비언어적 단서, 그림, 문자 등의 방법을 사용하여 여러 번 전달하여 상대방의 이해를 돕는다.
- 이야기를 듣고 피드백을 할 때는 찬성 또는 반대의 의사표현을 하는 것을 되도록 피하고, 상대방이 이야기한 내용을 가감하지 않고, 상대방이 전달하고자 하는 의미를 이해하고 있음을 표시하는 것이 도움이 된다.
- 문제가 되는 행동에 대해 지적할 때는 그 행동에 대해서만 얘기하고 그에 대한 부정적인 평가는 덧붙이지 않는다.
- 문제점을 지적할 때는 긍정적인 내용–부정적인 내용–긍정적인 내용의 방식으로 이야기하는 것이 좋다.

학습교재 활용 전략이 부족한 경우

① SQ4R법을 활용한 교재 읽기 전략

- 개관하기(Survey)
  - 서문을 읽는다.
  - 목차를 읽는다.
  - 책장을 넘겨 가며 각 장의 소제목과 그 소제목 밑의 문장을 몇 줄 읽어 본다.
  - 각 장마다 요약이 되어 있다면 개관할 때 그 요약을 읽는다.
- 질문하기(Question)
  - 의문을 갖는 것은 학습목표를 갖게 되는 것이다.
  - 질문을 이용하여 자기 자신이 읽은 것을 점검해 본다.
- 읽기(Read)
  - 저자가 강조한 부분(밑줄, 고딕체 등)은 특히 신경써서 읽고, 전체 내용과의 관련성을 파악한다.

–본문 외에 표, 그래프, 그림 등은 내용을 잘 전달해 줄 수 있도록 의도적으로 삽입한 것이므로 빼놓지 말고 본다.

- 암기하기(Recite)

–암기할 때는 소제목 단위로 암기한다.

–중요한 부분에 밑줄을 긋는 것도 암기단계에서 하는 일이다.

–밑줄은 문장 전체가 아니라 중요한 한두 단어에만 긋는 것이 좋다.

- 쓰기(wRite)

–이제 읽고 암기한 내용을 써 보도록 한다. 암기한 내용 쓰기는 이해 정도, 의문 해결, 중요 내용 암기 등을 확인하는 아주 좋은 방법이다.

- 재검토하기(Review)

–앞서 공부한 목차와 제목들을 훑어 보면서 그 내용이 무엇인지, 전체적인 내용은 무엇인지 다시 되새겨 본다.

② 교재를 읽으면서 노트 정리하는 방법

읽은 내용을 모두 기억할 수는 없다. 따라서 읽은 내용을 자기만의 노트 필기 방법으로 기록해두어야 한다.

- Tree 구조를 이용하여 노트를 정리한다.

각 장, 절 제목을 쓰면서 구조화하여 내용을 정리한다. 주개념, 하위개념, 세부사항으로 분류되는 내용은 Tree 구조를 사용하여 정리한다.

- 각 장의 학습목표와 학습내용의 주제가 무엇인지 파악하고 제일 먼저 기입한다. 학습목표나 학습내용의 주제를 명확하게 적는 습관을 가지면, 교재를 읽는 동안 교재내용에 집중하게 되고 교재의 핵심 내용을 파악하려고 노력하게 될 것이다.
- 노트에 질문을 위한 공간을 남겨둔다.

노트의 왼쪽이나 오른쪽 사이드(자신이 메모하기 편한 곳)에 약 5cm 정도의 공간을 남겨두고 복습할 때 생각나는 단어나 질문 보충내용들을 덧붙일 수 있도록 한다.

- 노트에 자신의 선행지식과 교재내용의 연관되는 부분을 기록할 수 있는

공간을 남겨서 선행지식과 교재내용을 연관시켜 보면서 지식을 구조화할 수 있다.

- 관심 영역이나 전공 영역에 교재에 나온 내용을 어떻게 적용시킬 수 있는지 기록할 수 있는 공간을 마련해서, 교재를 다 읽고 나서 지식의 적용범위까지 생각하여 기록한다.
- 교재를 다 읽고 나서 읽은 내용을 마인드맵을 이용하여 요약해 본다.

Tip

부족한 학습전략, 어떻게 보충할까?

조직화	• 벽에 개념지도를 붙여 교재나 강의내용을 요약해 본다. • 공부한 내용을 5~9문장으로 요약해 본다. • 노트 필기를 공유할 수 있는 파트너를 정한다. • 24시간 안에 노트를 재정리하기로 자신과 약속한다.
정교화	• 교재의 제목과 삽화를 미리 보고 질문을 만든 다음 답을 찾아가며 교재를 읽어 본다. • 수동적으로 수업을 듣지 말고, 끊임없이 머릿속으로 질문을 만들어 가며 강의와 교재내용에서 질문의 답을 찾으려 노력한다. 새로운 용어에 대하여 '~란 무엇인가?'라는 질문을 해 본다.
비판적 검토	• 공부내용을 자신의 언어로 다시 풀어 이해하려고 노력한다. • 남의 의견을 효과적으로 이해하려면 판단하지 말고 경청한다. • 스스로 끊임없이 질문하고 답을 찾는 연습을 한다. • 주어진 문제를 다각도에서 답을 찾아본다. • 하나의 정답이 구해지면 또 다른 답을 찾아본다.
반복	• 수업이 끝나자마자 복습한다. • 다양한 감각기관을 활용한다. • 수시로 반복한다. • 의미화하여 암기한다.

초인지	• 예습을 할 때 읽은 부분에 대해 질문을 생각하며 요지를 파악한다. • 수업자료를 이해하기 어려우면 자료를 읽는 방법을 달리하여 다시 읽어 본다. • 수업시간에 공부한 내용을 스스로에게 질문하여 제대로 이해했는지 확인한다. • 교수님의 가르치는 스타일에 맞추어 공부 방법을 달리한다. • 자료를 끝까지 읽기 전에 자료에 나오게 될 것이라 예상되는 내용을 짐작해 본다. • 공부할 때 잘 이해되지 않는 것이 무엇인지 확인해 본다.
노력	• 학습의욕을 북돋우는 방법을 찾아본다. • 어떤 과제를 끝냈거나, 하루 또는 한 주의 일을 마무리하면 자신에게 상을 준다. • 매주 자신의 학습목표를 친구들에게 알린다. • 책상머리에 격려가 될 만한 표현들을 만들어 붙여 둔다. • 학교생활에 열성적이고 나의 학습의욕을 부추겨 줄 수 있는 친구들과 자주 어울린다. • 의도적으로 데드라인을 정해 둔다.
집중	• 공부할 때에는 조용한 시간과 장소를 찾는다. • 주의를 분산시키는 것을 목록화하고 이 요소들을 극복할 계획을 세운다. • 책상을 항상 깨끗이 정리해 둔다. • 침대에 누워서 공부하지 않는다. • 공부할 때에는 휴대폰, 인터넷을 차단한다.
시간관리	• 큰 일도 세부 실행목표로 쪼개어 세부 계획을 세운다. • 방해요인을 적어 보고 멀리할 수 있는 방법을 찾는다. • 스스로 할 일과 도움받아야 할 일을 구분한다. • 하기 싫은 것부터 먼저 처리한다. • 자투리시간을 최대한 활용한다. • 스스로에게 칭찬하고 보상한다. • 계획표는 잘 보이는 곳에 붙여 둔다.
학습환경 조성	• 규칙적으로 공부할 수 있는 장소를 정한다. • 규칙적으로 공부하는 시간을 정한다. • 공부에 필요한 도구목록을 작성하고 손에 닿는 곳에 잘 정리한다. 공부 방해요인을 기록하고 퇴치하는 방법을 기록한다.

스터디그룹 활용	• 마음이 맞고 공부목표가 비슷한 학생을 찾는다. • 열심히 수업에 참여하고, 질문을 많이 하고, 노트 필기를 잘하는 학생을 찾는다. • 시험문제에 대해 브레인스토밍한다. • 다른 학생에게 자신의 부족한 학습내용에 대해 가르쳐 달라고 요청한다.
학습교재 활용	• 반드시 서론과 목차를 먼저 읽고 전체적인 윤곽을 파악한다. • 교재에 두드러지게 인쇄된 내용을 훑어 본다. • 요약 부분을 읽고 전체 내용에 관한 전반적인 흐름을 파악한다. • 부록을 훑어 본다.

학습전략 16

또 다른 시작, 알찬 방학 설계하기

이제 기말고사가 끝나고 방학이 시작된다.

지난 학기의 방학생활을 반성하면서 이번 방학을 어떻게 보낼지 계획해 보자. 의미 있는 방학을 보내기 위한 방법은 무엇인가? 계획대로 실천하고, 시간을 알차게 보낼 수 있는 방법에 대해 모색해 보자.

소중한 방학을 알차게 보내기 위해 우선적으로 해야 할 일은 무엇인가? 학기 중 하지 못했던 공부도 보충하고, 자기발전에 도움이 되는 일을 찾아 실천해 보자. 예를 들어, 학기 중 하기 힘들었던 어학공부나 전공공부를 보충하는 계획, 여행이나 아르바이트 등을 계획할 수도 있다. '방학'은 자기 계발을 위한 절호의 기회다.

70여 일이나 되는 기나긴 방학…… 방학을 좀 더 보람 있고 알차게 보낼 수 있는 방법을 알아보자.

1 방학의 계획과 준비

방학계획은 미리 세울수록 좋다

방학을 잘 보내는 결정적인 출발점은 '계획'이다. 계획이 확실히 세워져 있는 사람은 대부분의 일을 순조롭게 진행해 나간다. 반대로 계획이 제대로 잡혀 있지 않은 사람은 "이것도 해야 하고, 저것도 해야 하는데……" 하면서 시간에 쫓기는 '우왕좌왕병'에 걸리고 만다. 예를 들어, '영어공부 해야지.' '아르바이트도 해야지.' '여행도 다녀야지.' '여유로운 시간도 가져야지.' 등등…… 학기 중 미루어놓았던 일을 한꺼번에 해야겠다는 생각으로 방학을 맞이한다. 이렇게 하고 싶은 일을 생각만 해서는 계획이 될 수 없다. 만약 이런 식으로 계획한다면 실제 방학이 끝났을 때 방학을 제대로 보내지 못했거나 후회를 하는 일이 생기게 마련이다.

방학계획은 방학이 시작하기 전에 세운다. 가능한 빨리 세울수록 좋다. 유럽의 대학생들은 방학계획을 새 학기가 시작될 때 또는 그 이전에 세운다. 방학 때 자신에게 주어지는 시간을 어떻게 보낼 것인지 전체적으로 미리 생각해 보고 구체적인 스케줄을 짜는 일까지 하면 좋다. 특히 해외연수나 여행 또는 인턴십이나 아르바이트를 계획하는 경우에는 학기 중에 미리 예약을 해야 더 좋은 조건에서 할 수 있으니 미리 계획해 두는 것이 좋겠다.

계획을 세우면서 목표의식을 가지자

방학을 잘 활용하지 못하고 계속 시행착오만 하다가 헛되게 방학을 보내는 사람들이 있다. 이런 사람들의 문제는 바로 '목표의식'이다. 목표의식이 희미하거나 너무 많아서 잘못된 것이다. 오래전 미국의 예일 대학에서 졸업생들에게 미래의 목표에 대한 질문을 했다. 그 결과 3%만이 자신의 목표와 활동계획을 기록했다. 그 졸업생을 대상으로 20년이 지난 후 다시 조사해 보았는데, 목표와 활동계획을 기록한 3%의 학생들이 나머지 97%의 동기생들보다 사회적 지위뿐만 아니라 수입도 월등하게 높았다고 한다. 목표가 분명하면 그것을 실현할 기회가 따라온다

(유성은, 2006: 162).

- 목표는 명확해야 한다: 목표가 막연한 기대나 소원이 되어서는 안 된다. 목표를 명확히 하기 위해서는 한 가지 목표에 대해 한 가지 결과만을 생각해야 한다. 그리고 가능한 한 수량화할수록 목표가 분명해진다. '책을 많이 읽는다.' 보다는 '10일 동안 교양도서 1권을 읽는다.' '방학 동안 영어책을 두 번 완독한다.'가 더 명확하다.
- 목표는 달성 가능해야 한다: 달성하기 너무 어려운 목표나 너무 쉬운 목표는 좌절감이나 나태를 불러일으키기 쉽다. 그러므로 자신의 능력과 환경을 충분히 고려해서 목표를 세워야 한다. 예를 들어, '하루에 영어 단어 10개를 외운다.' '매일 40분씩 걷는다.'와 같은 목표는 누구나 실행을 확인할 수 있는 것들이다.
- 목표는 끝나는 시간이 있어야 한다: 오늘 해도 좋고, 내일 해도 좋고, 시간이 나면 언제 해도 좋은 것은 목표가 아니다. 시간은 목표를 달성하는 데 중요한 역할을 한다. 마감효과라는 것이 있다. 목표로 한 시간이 얼마 남지 않았을 때 혼신의 힘을 다해 일하게 된다.
- 목표는 소요시간과 연계되어야 한다: 방학기간의 목표를 세우고, 이를 달성하기 위해서 어떻게 시간을 '분배'할 것인가가 바로 계획이다. 예를 들어, 외국어 능력을 향상시키는 것이 목표라면 이를 달성하기 위한 공부시간을 확보하는 것이 계획이 되는 것이다.

우선순위를 정하자

우선순위를 정하는 일은 여러 가지 일 중에서 '마음이 내키는 대로'라는 습관을 버리게 해 준다. 우선순위를 정하는 것은 심사숙고해서 결정해야 한다. 특히 중요한 일과 긴급한 일을 구분하는 센스를 기르고 중요한 것을 먼저 한다. 예를 들어, 어떤 학생은 방학기간 중에 전공과 외국어공부를 하기로 했다. 그런데 친구의 소개로 아르바이트 할 기회가 생겼다. 수입도 짭짤하고 재미도 있어 방학 내내 아르바이트를 했다. 이 학생의 경우가 우선순위를 잘못 선택한 예가 될 것이다.

방학 때도 자투리시간은 보너스 역할을 한다

자투리시간은 의도적으로 계획해서 만든 시간이 아니다. 일을 하는 중에 자연히 생기는 것이다. 누구에게나 자투리시간은 예기치 않게 발생할 뿐만 아니라 크기나 횟수도 일정하지 않다. 자투리시간의 양에 따른 활용방법은 다음과 같다.

〈표 16-1〉 **자투리시간의 활용방법**

시간	내용
5분 내외	간단한 통화, 문자 보내기, 엽서 한 장 쓰기, 줄넘기, 명언이나 단어 외우기, 맨손체조 등
15분 내외	영어회화 공부, 작은 악기 연습, 신문 읽기, 책의 일부 읽기, 음악감상 등
30분 내외	책상 정리, 서재 청소, 산책, 간단한 회의, 시사주간지 읽기 등

효과적인 방학과 비효과적인 방학은 차이가 있다

효과적인 방학을 보내는 사람과 비효과적인 방학을 보내는 사람은 다음과 같은 차이가 있다.

〈표 16-2〉 **효과적인 방학과 비효과적인 방학**

효과적인 방학	비효과적인 방학
• 시간을 컨트롤할 수 있다. • 중요한 일을 우선적으로 한다. • 일의 의미에 관심을 갖는다. • 계획에 따라 일관되게 생활한다. • 생활의 균형과 조화를 이룬다. • 방학이 끝날 때 성취의 기쁨과 보람을 느낀다.	• 시간에 끌려다닌다. • 시시한 일을 할 때가 많다. • 일의 의미보다 시간을 보내는 데 관심을 갖는다. • 기분에 따라 움직이므로 일관성이 없다. • 생활이 불규칙적이고 혼란스럽다. • 방학이 끝날 때 상쾌하지 않거나 후회가 남는다.

구체적으로 방학을 보내는 데 기본적인 틀을 제시하면 다음과 같다.

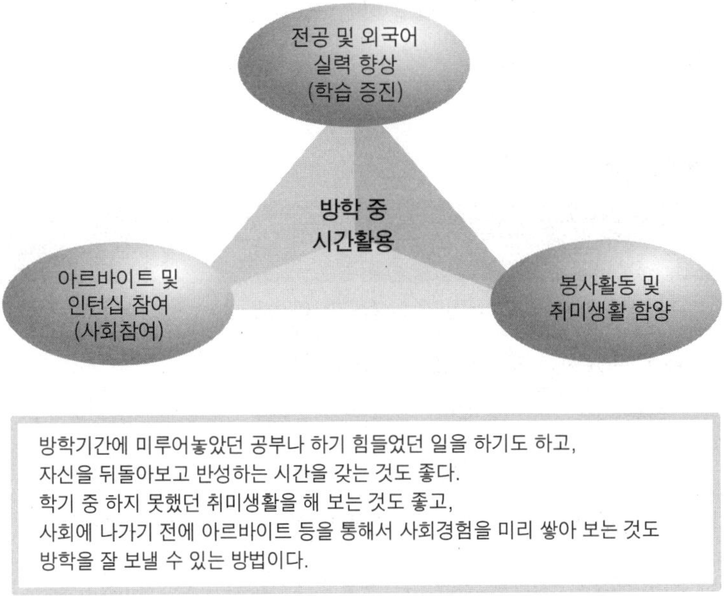

[그림 16-1] 방학의 활용법

출처: 남서울대학교 교육개발센터. 겨울방학 알차게 보내기(2006. 4)

2 전공학습 증진

전공에 대한 적성 진단해 보기

많은 학생들이 전공에 대해서 혼란을 겪는 이유 중 하나가 자신을 객관적으로 올바르게 파악하지 못하고, 주변의 상황에 이끌려 가기 때문이다. 대학 이전까지 어른들에 의해 끌려온 인생에서, 이제는 모든 것을 자신이 찾아서 선택하고 결정해야 하는 자립심이 요구된다(김광수 외 4인, 2003: 120). 자신의 스타일이 어떤지, 자신의 적성은 무엇인지 등을 분명히 파악해야만 비로소 자신의 장점을 극대화하고 단점을 줄여나갈 수 있다. 자신의 삶의 스타일이 어떤지를 진단해 보는 작업이 필요하다. 전공에 대한 적성을 진단해 보기 위해서는 여러 가지 방법이 있다.

예를 들어, 가치관검사, 흥미검사, 성격검사, 적성검사 등이 있고, 진로성숙도

검사도구 등도 있다. 성인을 대상으로 하는 유형별 검사도구를 보면 다음과 같다(김봉환, 김병석, 정철영, 2003).

〈표 16-3〉 진로탐색을 위한 검사도구

검사명		대상	저자	발행처	발행연도
가치관검사	개인가치관검사	고, 대, 일반	황응연, 이경혜	K.T.C	1987
	대인가치관검사	고, 대, 일반	황응연, 이경혜	K.T.C	1987
	가치관검사	대, 일반	김인자, 황응연	서강대사회문제연구소	1974
흥미검사	직업흥미검사	중~일반	이상노	중앙적성연구소	1972
성격검사	KPI 성격검사	대	행동과학연구소	행동과학연구소	1993
	MBTI	고~성인	김정택 외 2인	한국심리검사연구소	1990
적성검사	직업적성검사	중~일반	김재은	한국심리적성연구소	1990

자격증에 도전하기

취업을 대비하고자 하는 사람들은 다양한 자격증에 도전해 보는 것이 좋다. 최근 '귀족 자격증'이라는 게 있는데, 이는 취업에 유리한 자격증과 회사가 원하는 자격증들을 말한다. 기업에서 인력채용 시 가산점을 부여하고 있는 자격증으로는 공인회계사(CPA), 재무관리사(CFA), 금융자산관리사 등 전문적인 자격증이 있고, 최근 들어 기업들이 선호하는 전문분야 자격증으로는 정보처리산업기사, 전자상거래관리사, 정보통신산업기사, CCNA(시스코시스템즈 네트워크 관련 자격증), OCP(DB 관리 프로그램 전문가 자격증), 투자상담사 등이 꼽히고 있다. 기업들은 정보기술(IT) 관련 자격증 가운데 일반적으로 쉽게 딸 수 있는 자격증보다는 MCSE(마이크로소프트 공인 시스템 엔지니어 자격증), CCNA, OCP 등 전문적인 자격증을 요구하고 있다. 이 밖에도 자신의 필요에 맞는 자격증 정보를 알아보고 공부하면 유익하다.

운전면허가 없는 학생들은 운전면허자격증에 도전해 볼 수 있다. 운전면허시험도 필기, 기능, 주행을 모두 합격해야 하므로 어느 정도 시간이 필요하다. 저학년 학생들이라면 방학을 이용해 취득하는 것도 바람직하다. 운전면허를 취득하는 것도 커다란 성취감을 불러일으킬 수 있다.

전공별 취업 및 진로를 위한 네크워크 형성하기

인맥이나 학연과 같은 네트워크는 우리나라에만 존재하는 것이 아니라 세계 어느 나라에서나 존재하는 공통적인 현상이다. 취업하고자 할 때 네트워크는 큰 자산이 된다. 기회가 있을 때마다 많은 사람들을 만나고 알아두면 진로 및 취업에 커다란 도움을 받을 수 있다. 특히 자신의 전공분야에 취업한 선배를 만나보는 일은 앞으로 발전적인 관계를 형성하는 데 매우 귀중한 만남이 될 것이다.

또한 비슷한 관심을 가지고 있는 사람들을 만나고 싶으면 각종 협회나 단체 혹은 동호회 등에 가입하여 활동하는 것도 사람 네트워크를 넓히는 길이다(최애경, 2006: 402). 이들 기관들은 정기적으로 모임을 개최함으로써 회원들의 자기 계발을 도모하는 한편, 정보를 교환하고 특별한 관심을 가진 사람들을 연결하는 자리를 마련해 준다. 회원이 되면 직업에 관련된 상담과 직장알선까지 정보를 얻고 서비스를 제공받을 수 있다.

전공 기초과목 다지기

우선 한 학기 동안 활용했던 교재와 노트는 따로 정리하고, 제출했던 과제도 버리지 말고 모아둔다. 특히 과제물 중에서 포트폴리오를 작성했던 내용은 나중에 자신의 학습이력을 정리하는 데 도움이 될 것이다. 비록 지금 전공이 마음에 맞지 않는다 해도 현실을 무시하거나 외면하지 말아야 한다(연세대학교 출판부, 2001: 56). 인문사회계열의 학생은 '조사연구방법'에 대한 내용을 별도로 학습해 둘 필요가 있다. 통계처리방법이나 각종 워드 및 파워포인트 등을 통한 프레젠테이션 자료 만드는 방법 등은 별도의 교육 프로그램에 참여하여 실력을 쌓아놓는다. 이공계열의 학생은 수학, 물리, 화학, 통계 등과 같은 기초학문을 미리 학습하여 전공공부를 할 때 이해하지 못해서 중도에 포기하지 않도록 해야 한다.

공모전에 도전하기

요즘은 많은 기업들이 대학생을 대상으로 각종 공모전을 실시하고 있다. 공모전은 경험과 상금, 게다가 취업특전까지 주고 있지만, 바쁜 학기 중에는 감히 엄두를 내지 못하는 것이 대부분이다. 어느 때보다 여유로운 방학기간에 공모전에 도전해 보자. 공모전 준비기간을 벌기 위해서는 그만큼 정보 습득이 빨라야 한다. 정보를 접할 수 있는 다양한 관련 사이트나 기업기획전 등을 평소에 관심 있게 관리하는 것도 방법이다.

3 외국어학습 증진

목표를 정하고 실천하기

자신의 영어실력에 대한 객관적 수치인 점수를 정하는 것이 우선이다. 목표를 정하고 그 방법을 구상해야 한다. 예를 들어, 토익과 토플은 점수를 따는 데 차이가 있겠지만 길게는 1년, 짧게는 3개월을 열심히 공부하면 원하는 점수대를 받을 수 있다. 혼자 공부하는 것보다 시험의 유형을 짚어 주는 영어전문학원에 다니는 것도 유리할 수 있다. 유학을 준비하는 학생이라면 토플 공부를 해야 한다. 왜냐하면 외국 대학의 원서요강에서는 토플 점수를 원하기 때문이다. 일반적으로 토익보다는 토플이 좀 더 까다롭다.

영어학습 사이트 활용하기

무조건 어학원 등 사설학원을 찾기 전에 인터넷을 이용하여 공부를 시작해 보자. 마음만 먹으면 읽기, 쓰기 공부뿐 아니라 하루 종일 원어민이 현지식 발음으로 생생하게 영어를 들려주는 인터넷 사이트를 이용하면 훨씬 더 효과적으로 영어공부를 할 수 있다.

해외연수 및 배낭여행은 신중하게 계획을 세우기

기초적인 외국어공부를 끝마쳤다면 어학연수를 가 보는 것도 좋다. 남이 간다고 해서 따라가는 것은 돈낭비이고 시간낭비다. 어학연수 계획이 서면 인터넷과 유학원 또는 최근 연수를 다녀온 사람들을 통해 정보를 최대한 많이 얻는다. 몇 개의 학교로 압축이 되면 직접 그 학교의 홈페이지에 들어가 자세한 정보를 얻고, 어학연수 담당자에게 자료를 요청하면 학교안내서와 원서, 비용, 숙박시설에 대한 정보를 보내준다. 각 학교의 개강시기, 주당 수업시간표, 학교의 부대시설 등을 체크해 본 후 학비와 생활비를 고려해 합리적인 기관을 선택한다.

4 아르바이트 및 인턴십 참여

아르바이트

방학이라고 집에만 있을 것이 아니다. 노동으로 얻는 보람과 돈의 소중함을 알 수 있는 아르바이트도 중요한 항목이다. 아르바이트의 종류는 단순 노동력을 활용하는 아르바이트에서부터 자신의 전공경력에 도움이 되는 아르바이트까지 여러 종류가 있다. 이왕이면 금전보다는 자기 계발에 도움이 되고 취업으로까지 연결되는 생산적인 아르바이트를 알아본다. 자신의 전공과 관련된 직종을 집중적으로 알아본 후, 원하는 직종과 관계가 있으면 일단 도전해 본다.

인턴십 참여

많은 기업들이 인턴십 제도를 채택하고 있다. 인턴십 제도란 미리 원하는 일자리를 경험해 볼 수 있고, 입사 시 우대, 가산점을 받는 등 여러 해택을 얻을 수 있는 것이다. 그래서 '취업의 지름길'로 통한다. 빠른 취업을 원하는 4학년 학생들은 적극적으로 공략할 필요가 있다. 인턴십도 배우는 학습의 과정이다. 일하기 전에 반드시 왜 하는지 알고, 일을 할 때 원인과 과정, 결과를 잘 연결시켜서 목적의식을 갖고, 일의 큰 흐름을 파악한다. 특히 매일 할 일의 순서를 정해 메모하고 새로운 것을 접할 때마다 그 내용을 기록해두는 습관을 갖는다.

5 봉사활동 및 취미생활 함양

섬김의 리더십! 봉사활동

방학 동안 주위에 도움을 필요로 하는 사람들에게 작은 도움을 나누어 주면서 '섬김의 리더십'을 실천하는 방학생활을 해 보는 일도 중요하다. 봉사활동에 참여함으로써 자신을 보다 객관적으로 바라볼 수 있으며, 동시에 타인과 함께 하는 마음도 가질 수 있다. 또한 자신이 속해 있는 사회에 대해 공동체의식과 사회적 책임을 공감하는 기회를 얻게 된다. 봉사활동은 교육적 차원에서 사회적 협력과 이타적인 헌신의 덕성을 함양하는 전인교육의 장이 될 수 있다(이석열, 2003). 대학생들이 하고 있는 사회봉사활동으로는 청소년선도, 자연환경보전운동, 시민질서운동, 소비자보호운동, 문화유적보호운동, 의료봉사, 기술봉사, 법률상담, 여가생활지도, 주한외국인 생활안내 등 여러 가지가 있다.

여행은 견문을 넓히는 기회

20대에 꼭 해 봐야 할 여러 가지 일들 중 견문을 넓힐 수 있는 자연스러운 방법은 여행이다. 훌쩍 떠나고 싶었지만, 학교수업 때문에 엄두도 못 내봤을 장거리 여행을 해 보자. 특히 장거리 여행은 사회인이 되기 전에 필수적으로 감행해 봐야 할 모험이다.

규칙적인 기상과 운동!

방학기간에는 기상시간이 불규칙해질 수 있는데, 불규칙한 기상은 신체의 균형을 깨는 큰 요인으로 작용하며, 개강 후 신체적응이 어려워진다. 방학기간이라도 건강관리에 필요한 수면시간을 정하고 실천한다. 이는 대학 졸업 후 사회인이 되었을 때도 영향을 미친다. 들쭉날쭉한 대학생활의 불규칙한 생활에 익숙해져 있는 사람들이 입사초기 가장 힘들어하는 것은 바로 기상시간이다. 또한 많은 의사들이 권하는 가장 효과적인 운동은 '걷기'다.

독서와 글쓰기

긴 방학 동안 학기 중에 미뤄두었던 독서에 빠져 보는 것은 어떨까? 독서로부터 얻은 마음의 양식은 대학생활의 중요한 영양분으로 작용하는데, 이는 여러분을 대학생활의 주연 혹은 조연으로 만들 수도 있다. 독서와 글쓰기는 성공적인 학업을 위한 기본 능력이 되기 때문에 방학 동안 특히 많이 연습할 수 있도록 한다. 되풀이해서 읽을 책이 있다는 것은 행복한 일이다(김욱 역, 2000: 132). 방학 동안에 읽을 책을 목록으로 작성하고, 책을 읽을 때마다 지워 나가면서 내용을 간략히 정리해놓으면 나중에 상당한 도움이 된다. 특히 책을 통해서 자신의 사고나 가치관을 넓힘으로써 보고서 작성이나 면접 등에서 다른 사람과 차별화된 모습을 보일 수 있다.

6 방학을 잘 보내기 위한 제안

날짜의 흐름을 읽어라!

방학계획을 확실히 세워야 한다는 것은 이미 강조하였다. 방학 시작에서 끝까지 계획을 세워서 일을 추진하지만 간혹 방학이 어느 정도 지나가고 있는지를 생각하지 못하는 경우가 있다. 날짜의 흐름을 읽기 위해서 방학계획을 세울 때, 방학기간을 4분기로 구분을 하여 분기별로 자신의 목표를 확인하고, 수정하면서 방학을 짜임새 있게 보낸다. 이렇게 하면 방학을 네 번 맞이하는 느낌과 효과를 가질 수 있다.

교수님과의 커뮤니케이션은 꾸준히!

방학을 하는 동시에 많은 학생들은 교수님과의 연락을 끊는 경우가 많다. 하지만 방학이라고 해서 학교와 멀어지는 것이 아니다. 교수님과 전화 통화를 하는 것도 좋고, 방학 중에라도 학교에 갈 일이 있을 때 미리 연락을 하고 연구실로 찾아뵙는 것도 좋은 방법이다. 학기 중에 찾아뵙는 것보다 몇 배의 친밀감을 유지할 수 있다.

계획의 실천은 편안하게!

방학 중 예기치 못한 일 때문에 계획대로 실천하지 못하는 경우가 있다. 예를 들어, 독감에 걸렸다고 하자. 그 때문에 학원도 가지 못하고, 그날의 스케줄은 하나도 처리하지 못하게 되었다. 그렇다고 해서 조급해할 필요는 없다. 다음날부터 얼마든지 만회할 수 있다. '20%는 계획대로 되지 않는 것이 당연하지.'라고 생각해야 한다.

개학을 맞이할 준비도 필수!

방학이 끝날 때가 되면 개학할 준비를 해야 한다. 새 학기의 시작에 대한 대비를 하는 것이다. 우선 새 학기에 수강신청한 과목에 대한 수업계획서를 확인해 보는 것이다. 수업계획서는 새 학기 동안 하는 수업내용과 방법 및 성적평가기준을 확인하고, 수업의 방향과 방식을 예측할 수 있도록 하는 자료다. 새 학기의 계획이나 전략 등을 담긴 구상도를 로드맵 식으로 그려 보는 것도 필요하다.

Tip

효과적으로 방학을 보내는 방법

1. 방학계획은 방학하기 전에 세운다.
2. 방학 중 할 일의 우선순위를 정한다.
3. 방학 동안에도 시간관리는 계속된다. 자투리 시간도 중요하다!
4. 자신의 전공에 대한 적성을 진단해 본다.
5. 전공별 취업 및 진로를 위한 네트워크를 형성한다.
6. 전공기초, 자격증, 공모전 등에 도전한다.
7. 외국어학습을 위한 목표, 학습방법 등을 신중하게 생각한다.
8. 아르바이트 및 인턴십에 참여한다.
9. 다양한 봉사활동 및 취미활동을 함양한다.
10. 방학 중에도 교수님과의 커뮤니케이션을 꾸준히 한다.
11. 방학이 끝날 때 수강신청과목의 수업계획서를 미리 확인한다.

생각해 보기

1. 방학을 효과적으로 보내기 위한 방법은 무엇인가?
2. 이번 방학 중에 반드시 이루어야 할 목표와 우선순위를 정해 보자.
3. 방학 중 할 일에 대한 실천계획을 세워 보고 예상되는 결과를 생각해 보자.

학습전략 포트폴리오 16

또 다른 시작, 알찬 방학 설계하기

방학을 시작할 때의 각오와 방학이 끝날 때의 마음이 어땠는지를 생각해 보자. 그리고 머릿속에 그려 본 '나의 모습'에서 어떻게 방학을 보낼 것인지를 생각해 보자. 방학은 대학생활에 활력을 주기도 하지만 자칫 잘못하면 생활의 리듬을 잃어버릴 수도 있다.

대학생활에서 자신의 가치를 높이기 위해 방학이라는 시간이 필요하고, 그 방학을 어떻게 보내느냐에 따라 대학생활의 성패가 좌우될 수도 있다. 이제 막연히 시작하는 방학이 아니라 준비된 방학과 나의 방학으로 만드는 밀도 있는 작업을 지금 시작해 보자. 방학을 보내는 원칙을 정하고 이를 실천하면 자신을 한 단계 업그레이드하는 계기가 될 것이다.

1 방학을 맞이하는 원칙 세우기

그동안 자신이 방학 때 실행했던 방법들을 열거하고, 그 가운데 특히 효과적이었던 방법과 비효과적인 방법을 정리하고 그 이유를 설명해 보자.

효과적인 방법	
방법	이유

비효과적인 방법	
방법	이유

효과적인 방법과 비효과적인 방법을 통해서 이번 방학을 어떻게 보낼 것인지에 대한 원칙을 작성해 보자.

방학을 잘 보내기 위한 나의 원칙
1.
2.
3.
4.
5.

2 방학 중 할 일의 우선순위와 목표 정하기

이번 방학에 자신이 할 일이라고 생각하는 항목이 있으면 예시처럼 작성을 해 보라. 가급적 5~6개 정도의 할 일을 생각해 보자. 그런 다음 각 항목들을 중요성 정도에 따라 우선순위를 매긴다.

방학 중 나의 할 일		
항목	중요성 정도	우선순위
예) 취업에 필요한 전공지식을 쌓는다.		

이번 방학 때 할 일		
우선순위	항목	목표 기준치

3 방학 중 할 일의 실천계획 세우기

방학 중 할 일이 정해졌으면 그 일을 하기 위해 어떻게 할지 구체적인 실천계획을 세워 보자. 방학 중에 할 일을 실천하기 위해서 누구를(인맥 파악), 어떻게(접촉방법 결정), 언제(약속), 어디서(만남) 만나고, 예상되는 결과(사후분석)는 무엇인지 생각해 보자. 예를 들어, 인턴십이나 아르바이트 등 자신이 계획한 일을 하기 위해서 누구를 어떻게 만날 것인지부터 생각해 보자.

인맥 파악 → 접촉방법 결정 → 약속 확정 → 만남 → 사후분석

성공요인
• 적극적이고 긍정적인 마음을 가질 것 • 시작은 방학 하기 전부터 • 구체적인 실천계획은 새로운 출발을 하기 위한 준비과정

방학 중 할 일	인맥 파악	접촉방법
1.		
2.		
3.		
4.		
5.		

학습전략 부록

자기주도적 학습을 위한 이러닝 학습전략

정보통신기술의 발달로 인해 테크놀로지가 교육에 도입되면서 큰 변화가 나타나고 있다. 특히 최근 교육의 전 영역에 급격히 확산되고 있는 이러닝은 학습시간과 공간을 열린 개념으로 확장시키고 있다.

이처럼 이러닝이 사회적 흐름으로 자리매김하고 있지만, 모든 학습문제를 해결해 줄 수 있는 만병통치약은 아니다. 이러닝이 가진 교육적 가능성을 교육의 효과성과 동일시하여 무조건적으로 맹신하는 것도 바람직하지 않다. 그러나 이러닝은 면대면 교육을 보다 풍부하게 하고, 새로운 학습기회를 열어 줄 수 있는 또 다른 가능성을 가진 매체임에는 분명하다.

지식정보화사회에서 이러닝이 갖는 의미와 평생학습자로서 필요한 역량은 무엇인지 살펴보자.

1 이러닝이란?

이러닝(e-Learning)은 electronic-Learning의 약자로 인터넷 등의 정보통신기술을 활용하여 이루어지는 학습을 지칭한다. 이러닝은 고전적인 학습의 개념처럼 학교라고 하는 고정된 장소와 고정된 교사 그리고 고정된 학생을 중심으로 이루어지는 것이 아니라 인터넷을 이용하여 이루어지기 때문에 장소와 시간, 인적자원의 한계를 뛰어넘어서 이루어질 수 있다는 특징이 있다. 이에 따라 이러닝은 정보통신기술을 활용하여 언제(anytime), 어디서나(anywhere), 누구나(anyone) 수준별 맞춤형 학습을 할 수 있는 체제로 정의되고 있다(양혜경, 이경순, 2004).

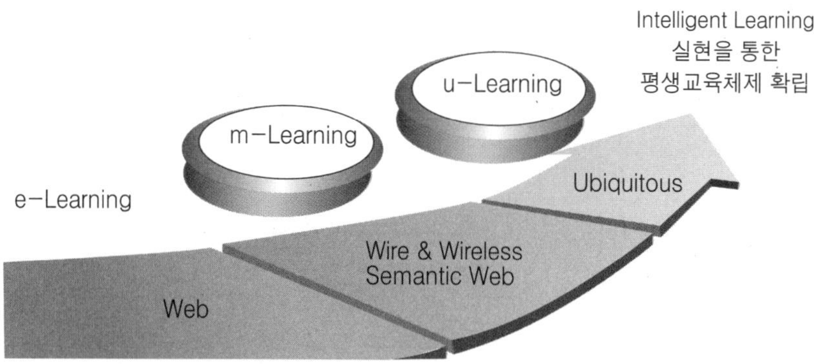

[그림 1] 이러닝 기술의 발전 동향

이러닝은 '학습선택권의 확장'과 '학습기회의 확대'를 통해 '열린 학습'을 지향하며, 기존 교육 패턴과는 전혀 다른 새로운 패러다임을 요구하고 있다. 유영만(2002)은 디지털 교육 패러다임의 특징을 전통적인 교육 패러다임과 비교하여 다음과 같이 제시하고 있다.

〈표 1〉 전통적인 교육 패러다임과 디지털 교육 패러다임의 비교

전통적인 교육 패러다임		디지털 교육 패러다임
• 시키고 받는 타율적 교육	⇨	• 스스로 하는 자기주도적 학습
• 골방교육		• 길거리 학습
• 가르치는 교수 중심		• 배우는 학생 중심
• 학생들의 집단특성 중심		• 학생들의 개별특성 중심
• 공급자 중심의 학습 서비스		• 교사/학생의 요구에 맞춘 학습 서비스
• 교육내용/방법의 획일화		• 학습내용/방법의 개별화, 다양화
• 노동집약적(강의 중심)		• 자원 중심(멀티미디어 활용)
• 대집단 중심 진도		• 개별 진도 및 소집단 프로젝트 중심
• 일방적인 의사전달		• 다양한 상호작용
• 교육시간 및 공간의 제약		• 교육시간 및 공간 초월
• 온 · 오프라인이 분리된 학습 서비스		• 온 · 오프라인이 통합된 학습 서비스

이러닝을 구현하기 위해서는 학습내용인 콘텐츠(contents), 이를 전달할 인프라(connectivity) 그리고 학습공동체(community)가 필요하다. 콘텐츠는 학습내용 또는 이를 지원하는 학습자원을 의미한다. 인프라는 학습자와 콘텐츠를 연결하는 데 필요한 각종 전달체제 및 이러닝 지원시스템을 의미한다. 여기에는 하드웨어 및 소프트웨어, 네트워크와 관련된 시스템 인프라, 이러닝 학습환경을 지원하는 이러닝 플랫폼, 이러닝 콘텐츠 개발을 지원하는 저작도구 등이 포함된다. 학습공동체는 학습을 위해 인프라와 콘텐츠를 기반으로 원활한 커뮤니케이션을 통해 협력하는 학습자, 교수자, 운영자로 이루어진 공동체를 의미한다.

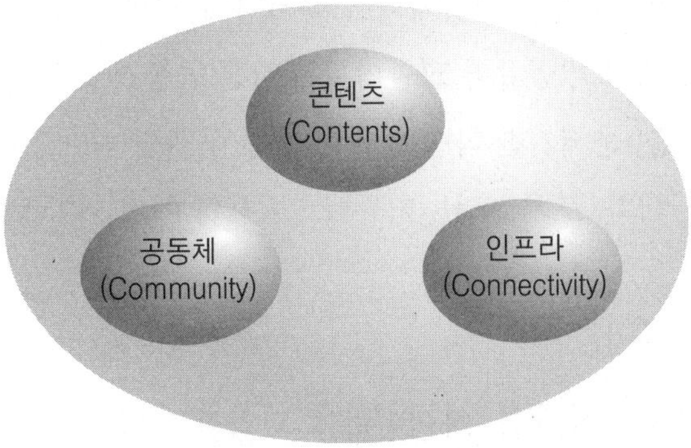

[그림 2] 이러닝의 구성요소

2 이러닝의 특성

이러닝의 중심적 개념은 '학습자 주도의 학습'이라는 점이다. 고전적 교육이 교사의 교수(teaching)행위에 초점을 두었다면, 이러닝은 교수보다는 학습(learning)에 초점을 둔다. 따라서 e-Teaching이 아니라 e-Learning인 것이다. 이러닝에서 'e'는 학습자 스스로 학습활동에 적극적으로 관여하는 과정(engagement)을 지칭하며, 학습결과를 스스로 표현(expression)할 수 있는 기회를 제공하고, 장려(encouraging)함으로써 재미있고 유익한 에듀테인먼트(education+entertainment)를 추구해 오프라인과 구분되는 독특한 학습경험(experience)를 제공하는 데 주력함을 의미한다(박미애, 2002). 전통적인 면대면의 교육이 교사가 제시하는 정보를 학생이 받아들이고 그 정보를 소유하는 데 강조점이 있다면, 이러닝은 자기주도적인 학습을 통해서 스스로 지식을 창출할 수 있는 능력을 배양시키는 데 강조점이 있다. 따라서 과거의 교육에서 교사가 지식의 전달자로서의 역할을 한다면 이러닝에서는 지식창출의 촉진자 역할을 하고, 과거의 교육에서 학생이 지식의 수용자 역할을 한다면 이러닝에서는 지식의 창출자 역할을 한다고 할 수 있다(이인숙, 2002; 임철일, 2003).

정보 및 자원의 공유

이러닝의 장점으로는 정보의 공유 및 이를 통한 다양한 사고의 배양과 양질의 학습에 있다. 사이버 공간은 학습자와 교수자가 최신의 정보에 접근할 수 있는 기회를 제공한다. 정보의 공유와 교환의 용이함은 공동작업을 촉진시켜 팀 과제, 프로젝트 기반 학습, 문제기반 학습 등을 손쉽게 구현해 줌으로써 사이버 공간은 아이디어의 협력, 대화, 토론, 교환, 커뮤니케이션의 매체 역할을 수행할 수 있다.

상호작용의 용이성

동시적 교류, 비동시적 교류, 하이퍼링크, 다양한 인터넷 도구와 저작도구, 교수설계 등을 통해 학습자와 학습자, 학습자와 교수자, 학습자와 학습내용 간의 상호작용이 용이하게 이루어질 수 있다. 상호작용의 용이성은 대화, 의사소통, 협상, 협력학습 등을 기반으로 하거나, 이를 향상시키는 교육을 가능하게 한다. 교수자는 학습의 촉진자로서 실시간과 비실시간 커뮤니케이션으로 학습을 지원하고, 피드백과 가이드를 제공할 수 있다.

학습자 중심 학습의 용이성

하이퍼텍스트 구조는 비선형적인 내용의 파악과 관련 자료로 신속하게 접근하는 것을 가능하게 하여, 학습자의 통제력을 한층 높여 주며, 손쉽게 소화할 수 있게 정보를 구성하고, 한층 신속하고 손쉬운 정보검색을 가능하게 한다. 호기심이 많은 학습자들에게는 높은 학습자 통제 부여가 학습에 대해 주인의식과 책임감을 가지고 참여하게 하는 반면에, 소극적인 학습자들은 오히려 훨씬 더 많은 교수적 지원이 필요할 수도 있다.

콘텐츠 개발과 유지의 용이성

자원을 빠르고 손쉽게 최신화하여 보관하며, 사용자들이 손쉽게 접근할 수 있게 해 주는 특성은 학습자들이 접하는 정보자원의 역동성을 보장해 준다. 사이버 공간은 교육과정의 개발과 유지의 용이성, 이를 통한 비용효과성을 한층 높여 준다.

3 이러닝 수업유형

면대면 수업유형만큼이나 이러닝 수업유형도 다양하게 제공되고 있다. 최근에는 드라마와 교육을 결합시켜 학습자의 몰입을 촉진하는 스토리텔링 기법을 비롯하여 게임, 시뮬레이션 등 다양한 수업형태들이 도입되고 있다. 여기서는 한국방송통신대학교의 사례를 중심으로 대표적인 몇 가지 이러닝 수업형태에 대해 살펴보기로 한다.

강의식 교수법

지식이나 기능을 교사 중심의 설명을 통해 학습자에게 전달하고 이해시키는 교수 방법이다. 이는 면대면 교수법 중 가장 일반적으로 사용되는 방법으로서, 이러닝 환경에서는 교수자의 동영상을 보거나 음성을 들으며 학습하는 형태로 이루어진다. 강의식을 중심으로 그 단점을 보완할 수 있는 다양한 방법, 즉 질의 응답, 토론, 사례분석 등의 방법을 병행하면 다른 어떤 교수법의 조합보다도 높은 교육효과를 가져올 수 있다.

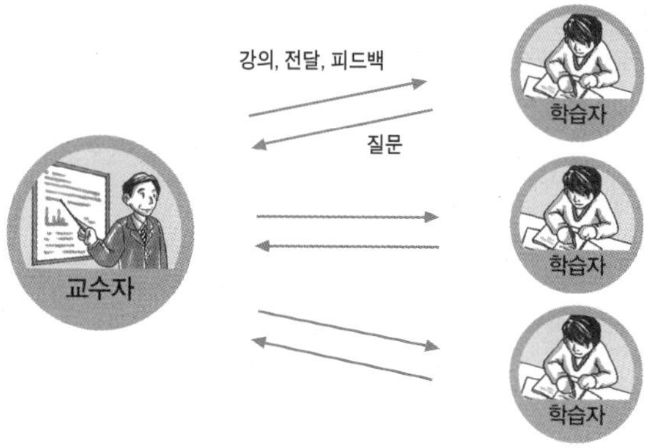

[그림 3] 강의식 수업모형

튜토리얼식 교수법

튜토리얼(tutorial) 교수법은 학습자가 전문가에 의해 상호작용이 가능하도록 개발된 교수자료를 이용하여 교수자의 직접적인 도움 없이 학습하는 방법이다. 거의 모든 교과내용을 가르치는 데 적절하다고 볼 수 있으며, 특히 사실적 지식의 제시, 법칙이나 원리학습, 문제해결학습 등에 적합하다.

[그림 4] 개별학습 수업모형

토론식 교수법

토론식은 학습자와 학습자, 교수자와 학습자가 정보나 아이디어, 의견 등을 나누기 위해 서로 이야기하거나 함께 문제를 해결해 나가는 방법이다. 학습자의 적극적인 참여와 역할을 강조하는 학습자 중심의 교수방법으로, 교사는 학습자들 간의 상호작용을 조정하고 유익한 정보를 제공해 주어야 한다.

[그림 5] 토론식 수업모형

문제해결 교수법

문제중심학습은 실제로 발생하는 문제와 상황을 중심으로 학습자들이 문제를 협력적이고 자기주도적으로 해결해 가는 과정을 통해 내용에 대한 학습, 비판적 사고력과 협력기능을 기르도록 하는 방법이다. 문제중심학습에서 교수자는 학습자가 비판적으로 사고하는 기술, 자기주도학습의 기술, 문제와의 관계에서 내용지식을 개발하도록 지원한다. 또한 학습자들이 무엇이 중요하고 그렇지 않은지에 대해 스스로 판단할 수 있도록 실제적인 문제해결상황을 반영하여 문제를 제시한다.

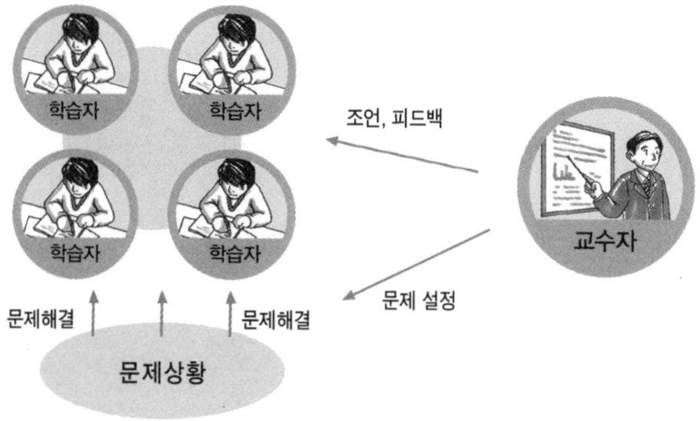

[그림 6] 문제중심학습 수업모형

자원기반 교수법

자원기반학습은 특별히 설계된 다양한 학습자원과 상호작용적인 매체, 공학기술이 통합된 학습환경 속에서 학습자 스스로 자원을 획득, 조직, 활용하여 주도적으로 학습활동에 참여할 수 있도록 하는 방법이다. 학습자는 자유롭게 자신의 속도에 맞추어 학습할 수 있으며, 자신의 관심과 능력에 따라 자원을 선택하고 활용할 수 있는 적극적인 참여자의 역할을 하게 된다.

[그림 7] 자원기반 수업모형

시뮬레이션

시뮬레이션은 시간적, 공간적, 경제적 제한으로 실제 조작해 볼 수 없는 상황을 컴퓨터상에서 실제와 유사한 경험을 갖도록 설계한 학습형태다. 시뮬레이션은 학습자가 주어진 원 교수자료를 토대로 하여 스스로 학습을 이끌어 가야 하기 때문에 학습자의 능동적인 참여를 촉진하는 동기, 흥미유발전략이 중시된다. 지적 영역보다는 심리, 운동적 영역의 능력을 학습하는 데 적합하다.

4 이러닝 학습전략

> 지난 12년 동안 너무나 익숙해져 있던 일방적 주입식 교육에서 학습자 주도의 이러닝 방식은 나에게 신선한 충격인 동시에 극복해야 할 커다란 낯설음으로 다가왔다. 오랫동안 자율적인 학습방식에 담을 쌓고 지낸 터라, 순수하게 내 학습의지에 따라 체계화된 교육계획에 의거, 온라인 수업을 듣고 이를 내 지식으로 습득해야 하는 이러닝은 그리 쉽지 않았다.
>
> -나를 변화시킨 이런 세상, e-learning 이야기 중에서-

학습전략은 공부할 사람이 공부할 내용을 머릿속에 받아들이고, 그것을 꺼내 쓰는 과정이 잘 돌아가도록 하고자 하는 방법으로, 어떤 전략을 선택하느냐에 따라 학습결과가 달라진다. 이러닝 학습전략이란 디지털 매체를 이용하여 효과적으로 그리고 효율적으로 학습하는 전략을 의미한다. 한국U러닝연합회는 효과적인 이러닝을 위한 학습전략으로 계획 수립, 시간관리, 자기화, 공유, 동기부여를 제시하고 있다.

계획을 세우자(Plan)

자신이 무엇을 할 것인가에 대한 목표를 세우고 이를 실행하기 위한 계획을 세운다.

- 꼭 배우고 싶은 것을 결정한다.
- 세부적인 활동내용을 계획한다.
- 기간별로 계획을 세운다.
- 계획서를 책상 앞에 붙여놓는다.

시간의 주인이 되자(Time)

한정된 시간을 효과적으로 쓰면서도 중요한 과제를 하기 위한 시간을 만들어 낸다.

- 나의 하루를 점검한다.
- 일주일 단위로 시간을 확보한다.
- 과제에 적합한 시간을 배정한다.
- 시간을 기록하고 평가한다.

내 것으로 만들자(Mine)

학습내용 정리방법을 이용하여 학습내용을 자신의 것으로 만든다.

- 기억하려고 주의를 집중한다.
- 중요한 것을 정리한다.
- 다양한 방법을 이용한다.
- 반복하고 연습한다.

서로 나누자(Share)

동료나 강사와 커뮤니케이션을 통하여 학습한 내용을 나눈다.

- 학습 사이트에 매일 방문한다.
- 게시판에 글을 남긴다.
- 적극적으로 답글을 한다.
- 적극적으로 질문한다.

스스로 즐기자(Enjoy)

자신감을 가지고 스스로 학습을 즐겁게 한다.

- 외적 동기요인을 설정한다.
- 자신감을 갖는다.

5 이러닝 학습자의 역할

원격교육이 원활히 운영되기 위해서는 학습활동의 주체인 학습자의 역할이 80%이상을 차지한다고 볼 수 있다(유평준, 2003). 온라인 학습과정에서 학습자가 성공적이냐 아니냐의 결정은 자기주도적으로 학습과정에 참여하려는 태도를 가지고 있느냐가 기타의 요인들, 즉 접근과 태도, 적성, 동기 등보다도 중요하다고 한다. 따라서 학습자는 주어진 내용을 흡수 · 정리하는 전통적인 역할에서 벗어나, 스스로 학습을 주도하고 학습내용을 탐색해 나가는 능동적이고 주체적인 학습주도자로서의 역할을 담당해야 한다.

기존의 오프라인 학습과 비교하였을 때 이러닝의 가장 큰 차이점은 학습에 대한 자율성이 학습자에게 주어지며, 자율성은 곧 학습에 대한 책임감을 수반한다는 점이다. 즉, 언제, 어디서, 무엇을 학습할 것인지에 대한 모든 권한이 학습자의 선택에 달려 있다는 점이다. 연구결과에 의하면, 자기주도적 학습에 실패한 학습자는 이러닝에서 실패할 가능성이 크며, 이는 곧 높은 중도탈락률의 원인이 된다고 한다.

〈표 2〉 이러닝 학습자의 역할, 주요 활동 및 부가 역량

<table>
<tr><th>역할</th><th>주요 활동</th><th>부가 역량</th></tr>
<tr><td>학습관리자로서의 역할</td><td>• 학습내용 및 각종 학습자원에 대한 학습 수행
• 과제물 및 평가 수행</td><td rowspan="2">• 시간관리능력
• 학습자원 관리능력
• 자신감, 주의집중, 긍정적 학습태도, 학습에 대한 책임감
• 사이버 공간에서의 의사소통 양식에 대한 이해
• 사이버 공간에서의 다양한 학습방법에 대한 이해
• 새로운 학습환경에 대한 적응력
• 온라인 커뮤니케이션 기술
• 사회성
• 정보처리능력
• 테크니컬 기술(예: 타이핑 기술)
• 테크놀로지에 대한 이해
• 네티켓에 대한 이해</td></tr>
<tr><td>학습촉진자로서의 역할</td><td>• 외부 학습자원 검색을 통한 학습주제에 대한 논의 및 토론문제 제기 등 학습에의 적극적 참여
• 학습일지 작성
• 성찰일지 작성
• 요약 및 정리
• 학습장애 시 도움 요청</td></tr>
</table>

성공적인 이러닝이 되기 위해서는 성공적인 학습자가 되기 위한 제반 방법들—학습자의 자기주도적인 시간관리, 목표 설정, 자기평가 등—에 대한 적절한 안배와 학습관리가 이루어져야 한다. 일례로, 학습자 자신의 학습규칙을 정하여 이를 준수하는 것도 한 가지 방법이 될 수 있다.

6 이러닝 학습자의 자기점검

자기평가란 학습자가 학습의 준비에서부터 학습결과의 평가에 이르는 전 과정에 걸쳐 자신의 학습상황이나 행동을 스스로 평가하여 바람직한 결과가 유지되고 발전될 수 있도록 학습방법을 개선하고 조정하는 일련의 과정이다. 학습자 스스로 하는 평가이며, 자신의 학습이나 행동을 평가하는 학습의 한 과정을 말한다.

자신이 올바른 자기주도적 학습자인지 다음의 체크리스트를 통해 스스로 점검해 보자(김지자, 1996).

점검내용	정말 그렇다	대체로 그렇다	보통이다	대체로 그렇지 않다	전혀 그렇지 않다
자기주도적 학습자 특성에 관한 문항					
1. 학습기회에 대한 개방성을 갖추고 있는가?					
2. 나는 효율적인 학습자라는 자아개념이 있는가?					
3. 학습에 대해 솔선수범하며 독립심을 갖추고 있는가?					
4. 자신의 학습에 대한 책임감을 갖추고 있는가?					
5. 학습에 대한 애정과 열정을 가지고 있는가?					
6. 미래지향적인 자기이해를 하고 있는가?					
7. 창의성을 갖추고 있는가?					
8. 기본학습능력과 함께 문제해결기능을 사용하는 능력을 갖추고 있는가?					

자기주도 학습능력에 관한 문항					
9. 어떤 것을 공부할 때 내가 잘 이해하고 있는지 아닌지 구분할 수 있는가?					
10. 나에게 필요한 공부를 언제 더 해야 하는지 잘 알고 있는가?					
11. 계획을 세워 공부하는 편인가?					
12. 내가 잘 모르는 것이 있으면 그것을 꼭 알아내려 하는가?					
13. 어떤 새로운 것을 공부할 때 여러 가지 방법을 찾는가?					
14. 혼자서는 무슨 일을 잘하지 못하는가?					
15. 아무리 어려운 문제라도 포기하지 않는 편인가?					
16. 공부하는 방법을 아는 것이 중요하다고 생각하는가?					
17. 혼자서도 공부를 잘할 수 있는가?					

Tip

어느 이러닝 학습자의 제언

이러닝은 반복학습이 가능하다는 강점을 가지고 있지만, 직접 강사와 면대면으로 학습하는 것보다는 집중력이 떨어질 수도 있다. 또한 많은 과정이 개설되어 있지만 내 입맛에 딱 맞는 이러닝 과정을 선택하기란 쉬운 일이 아니다. 이번 달에는 이 과정을 듣고 다음 달에는 이전 과정과 전혀 상관없는 과정을 들으면서 통일성 없이 과정을 선택하여 수강하게 되면, 정말 본인이 원하는 학습목표를 달성하거나 내용에 대한 깊이 있는 심화학습이 어려울 수 있다. 따라서 자신의 학습목표에 따라 제대로 공부하고 싶다면, 우선 자신이 공부하고 싶은 큰 범주의 테마를 설정하고, 그 테마 범위 내에서 매달 체계적으로 관련 이러닝 과정들을 수강해야 할 것이다. 이때 이러닝을 수강하기 전 6개월이면 6개월, 1년이면 1년, 목표기간을 구체적으로 정해놓고 수강할 과정들을 선택한다면 이러닝 학습활동에 대해 더욱 신중해질 것이라 믿는다.

–나를 변화시킨 이런 세상, e-learning 이야기 중에서–

Tip

이러닝 학습자의 시간관리

1. 한꺼번에 몰아서 하기보다는 매일 일정한 시간을 정해 학습한다.
2. 1주차 학습시간을 기록하여 전체적인 학습시간표를 짠다.
3. 새로 학습내용이 올라오는 날에 바로 학습한다.
4. 규칙적인 시간에 일정한 장소에서 학습한다.
5. 시간계획을 세울 때는 실제보다 넉넉하게 잡는다.
6. 한 번의 학습시간이 2시간을 넘지 않도록 한다.
7. 집중력이 최고로 발휘되는 황금시간대를 찾아 그 시간에 학습한다.
8. 이동 중이나 약속시간이 비는 경우 등 짧은 틈을 허비하지 않는다.
9. 시간을 구체적이고 세부적으로 계획한다.

출처: http://ecampus.knou.ac.kr

생각해 보기

1. 현재 자신의 자기주도적 학습능력을 향상시키기 위해 필요한 부분은 무엇인가?
2. 자격증, 외국어 등 자기 계발을 위해 필요한 영역의 이러닝 콘텐츠를 수강해 보자.
3. 수강한 이러닝 콘텐츠 및 사이트의 강점과 약점을 평가해 보자.

'디지털 증후군'… 24시간 로그인 '중독'에 빨리빨리 '조급증'

컴퓨터와 휴대전화로 대표되는 디지털 기기에 대한 의존이 심화되면서 현대인의 정신건강이 심각하게 위협받고 있다. 휴대전화가 없으면 불안감에 휩싸이고, 사이버 공간에 중독돼 컴퓨터 앞을 떠나지 못하는 사람들이 허다하다. 특히 속도를 중시하는 디지털 환경에 익숙해지면서 현대인의 조급증도 심화되고 있다.

- 디지털 중독증 = 대학생 박 모(여 · 23) 씨는 틈만 나면 포털사이트에 접속해 새로 나온 연예 뉴스를 읽는다. 박 씨는 '컴퓨터를 쓰다 보면 나도 모르게 포털에 접속해 뉴스를 읽고 있는 경우가 많다.'며, '가끔씩 인터넷을 할 수 없는 날이면 앞뒤가 꽉 막힌 느낌이 들어 불안하고 초조하다.'고 털어놨다.

  인터넷 미니홈피나 블로그에 빠져 사는 사람들이 부지기수고 인터넷 접속자 간의 대화에 몰두하는 '메신저 중독'도 이미 오래전부터 우려가 제기된 증상 중 하나다. 포털사이트에는 블로그의 방문자수 등을 높이기 위한 '낚시글' 역시 하루에 수백 건씩 오르내리면서 이 같은 증상을 심화시키고 있다.

  조숙행 고려대 안암병원 정신과 교수는 '과거에는 리포트를 내더라도 미리 꼼꼼하게 자료를 챙기는 등 생각할 시간이 많았지만, 요즘에는 다양한 정보를 워낙 쉽게 얻을 수 있다 보니 오히려 더 조급하게 생각한다.'고 지적했다. 신의진 세브란스병원 정신과 교수도 '디지털 기기를 접하는 시간이 늘고 여기에 익숙해지다 보면 디지털 세상을 일상과 혼동해 일상생활에서도 디지털 세상에서의 빠름을 추구하게 될 수도 있다.'고 말했다. 고영삼 인터넷중독예방상담센터장은 '컴퓨터 사용시간 등을 스스로 통제할 수 없다든지, 병적으로 집착하는 경우 중독을 의심하고 경계할 필요가 있다.'며, '만약 디지털 중독에 해당된다면 증세를 스스로 인정하고 도움을 요청하는 것이 가장 중요하다.'고 말했다.

—문화일보—

1 이러닝이 적합한가?

이러닝(e-Learning)은 기존의 면대면 강의와는 다른 특징을 가지고 있는 새로운 학습방법이다. 이러닝을 시작하기에 앞서 내가 이 수업방법에 적합한 능력을 갖추고 있는지 간단한 검사를 통해 점검해 보자.

나는 이러닝으로 이 교과목을 성공적으로 수강할 수 있을까?

1. 강의 수강에 대한 욕구
   ① 특정 목적을 위해 즉시 필요하다.
   ② 나중에 컴퓨터상에서 다른 강의로 대체할 수 있다.
   ③ 연기할 수 있다.

2. 내가 수업의 일부라는 느낌
   ① 내게는 특별히 중요하지 않다.
   ② 내게는 다소 중요하다.
   ③ 내게는 매우 중요하다.

3. 나의 생활 유형
   ① 정해진 시간에 앞서 일을 끝마치는 사람이다.
   ② 정시에 일을 끝마치도록 누군가 상기시켜 주어야 한다.
   ③ 끝까지 일을 미루거나 이를 완성하지 못한다.

4. 수업의 유용도
   ① 내게 거의 아무런 도움도 주지 못한다.
   ② 내게 도움이 되는 경우도 가끔 있다.
   ③ 내게 거의 언제나 도움을 준다.

5. 교수님이 나눠 주는 과제물 지침에 대한 반응
   ① 스스로 지침을 이해할 수 있다.
   ② 스스로 지침을 따라해 본 다음 도움을 요청한다.
   ③ 누군가 내게 지침을 설명해 주어야 한다.

6. 과제물에 대해 교수님의 조언을 필요로 하는 시기
   ① 수주 이내-내가 한 것을 검토한 후
   ② 수일 이내-내가 한 것을 잊어버리기 전
   ③ 당장-당장 조언해 주지 않으면 실망한다.

7. 원격학습에 투자할 수 있는 시간
① 강의실에서 수업 듣는 것 이상의 시간
② 강의실에서 수업을 듣는 것과 동일한 시간
③ 강의실에서 수업을 듣는 것보다 적은 시간

8. 정기적인 캠퍼스 방문
① 거의 힘들다. 수업시간에 여러 다른 일(업무, 가족, 개인용무 등)이 있다.
② 다소 힘들지만 일정을 조정하여 캠퍼스에 정기적으로 방문할 수 있다.
③ 언제든지 가능하다.

9. 교재 이해 정도
① 양호–도움이 없이도 교재를 이해하는 데 어려움이 없다.
② 평균–교재를 이해하는 데 도움이 필요할 경우도 가끔 있다.
③ 평균보다 느린 편이다.

10. 학습내용을 이해하는 데 도움이 필요한 경우
① 교수님에게 부담 없이 접근하여 내용을 분명히 이해하고 넘어간다.
② 교수님에게 접근하는 것이 부담스럽지만 결국은 그렇게 한다.
③ 교수님에게 접근하여 내용을 이해하지 못한다고 말하는 경우는 없다.

각 문항의 보기에서 ①을 선택한 경우 3점을, ②에 2점을, ③에 1점을 부여한다. 총점이 20점 이상 나올 경우 이러닝을 성공적으로 수강할 가능성이 매우 높다. 11~20점 사이라면 이러닝이 효과적일 수 있지만 이를 성공적으로 이끌기 위해서는 자신의 스케줄과 학습습관을 다소 조정하는 것이 바람직하다. 10점 또는 그 이하의 점수가 나올 경우에는 이러닝보다는 면대면 학습을 선택하는 것이 바람직하다.

출처: 노던 버지니아 커뮤니티 칼리지 평생학습연구소.

2 인터넷 중독: 예방과 치료

인터넷 중독(internet addiction)이란 "정보이용자가 지나치게 컴퓨터에 접속하여 일상생활에 심각한 사회적, 정신적, 육체적 및 금전적 '지장'을 받고 있는 상태"라고 정의된다. 즉, 지나친 인터넷 접속으로 인하여 의존성과 금단증상 등이 나타나 일상생활에 사회적, 정신적, 육체적 및 금전적 지장을 받고 있는 상태를 말한다.

인터넷 중독 자가진단검사를 통해 자신의 인터넷 사용 습관을 점검해 보자.

인터넷 중독 자가진단법[1)]

아래 문항을 자세히 읽어 본 후 현재 자신의 상태와 가장 근접하다고 생각하는 번호에 체크해 보자.

(1: 전혀 그렇지 않다 2: 조금 그렇다 3: 보통 그렇다 4: 자주 그렇다 5:항상 그렇다 0:해당사항 없다)

문항	1	2	3	4	5
1. 애초 마음먹은 것보다 더 오랫동안 인터넷을 사용한다.					
2. 인터넷 때문에 집안일을 소홀히 한 적이 있다.					
3. 가족, 친구들과 어울리는 것보다 인터넷이 더 즐겁다.					
4. 최근 새로 맺은 인간관계의 대부분은 인터넷을 통해 만난 사람들이다.					
5. 주위 사람들에게 인터넷을 너무 오래 한다고 자주 불평을 듣는다.					
6. 인터넷 때문에 성적이나 학교생활에 문제가 있다.					
7. 다른 할 일을 놔두고 먼저 전자우편을 확인한다.					
8. 인터넷 때문에 일의 생산성이나 창의성이 떨어진 적이 있다.					
9. 누가 인터넷에서 무엇을 했느냐는 질문에 사실을 숨기거나 얼버무린 적이 있다.					
10. 괴로운 일이 있을 때 인터넷으로 스스로 달래본 적이 있다.					
11. 다음 번 인터넷 접속 시기를 미리 정해놓는다.					
12. 인터넷이 없는 생활은 따분하고 공허하며 재미없을 것이라고 생각한다.					
13. 인터넷 사용 중 누군가 방해를 했을 때 소리를 지르거나 화를 낸 적이 있다.					
14. 밤 늦게까지 접속해 있느라 잠을 못 잔 적이 있다.					
15. 오프라인 상태에서 인터넷을 사용하는 상상을 해 본 적이 있다.					
16. 인터넷 사용 도중 '몇 분만 더'라고 말하며 시간을 허비한 적이 있다.					
17. 인터넷 사용시간을 줄이려고 노력했지만 실패한 적이 있다.					
18. 다른 사람에게 인터넷 사용시간을 숨기려 한 적이 있다.					
19. 가족, 친구들과 외출하려고 하기보다 인터넷 접속을 위해 집에 남은 적이 있다.					
20. 우울하고 긴장되었다가도 인터넷 접속 후 이런 감정들이 모두 사라진 적이 있다.					
총점					

1) 본 검사도구는 미국 피츠버그 대학교의 Kimberly S. Young 박사가 개발한 것으로 http://www.netaddiction.com에서 인용하였다. 이 사이트에서는 Cybersexual Addiction Quiz, Quiz for Obsessive Online Gambling, Quiz for Compulsive Online Gamers, Quiz for Online Auction Addiction, The Partner's Addiction Test, The Parent–Child Addiction Test 등의 검사도 함께 체험해 볼 수 있다.

- 20~49점: 평범한 인터넷 사용자. 때로는 오래 웹서핑을 하기도 하지만 현재는 인터넷 사용을 자신이 조절할 수 있는 상태
- 50~79점: 문제가 있는 사용자. 인터넷 때문에 문제가 있었던 적이 많은 상태. 이 같은 문제들이 실제 상황에서 어떤 영향을 미쳤는지 생각해 봐야 함
- 70~100점: 인터넷 때문에 중대한 문제가 발생하고 있는 심각한 사용자. 지금 당장 전문가의 도움을 받아야 함

인터넷 중독 예방

인터넷 중독의 예방과 대응방안으로 여러 학자들이 제안하는 보편적인 방법들을 소개하면 다음과 같다(Young, 2000).

첫째, 하루 중 컴퓨터를 켜고 끄는 시간을 일정하게 정하고 꼭 지키도록 노력한다. 뚜렷한 목적이 없는 웹서핑을 하지 말아야 하며, 자신에게 주어진 다른 일을 다 끝마친 후에 컴퓨터를 켜는 습관을 들이는 것이 좋다. 한 시간만 채팅하고 리포트를 쓰고 시험공부를 하겠다는 생각은 중독증상의 하나일 뿐이다.

둘째, 혼자서 컴퓨터를 사용하는 것을 피한다. 남에게 드러나지 않는다는 은밀성이 사이버중독증을 악화시키기 때문에 공개된 장소로 컴퓨터를 옮기는 것도 좋은 방법이다.

셋째, 오락과 휴식의 도구로서의 컴퓨터 사용을 줄인다. 컴퓨터 사용은 신체적, 정신적 긴장을 유발하고 또 하나의 스트레스가 되는 경우가 많으므로 과감하게 불필요한 게임 CD는 정리하고 게임 파일을 삭제하는 것이 좋다.

넷째, 신체적 활동을 하는 시간을 늘린다. 땀을 흘리는 적절한 운동을 규칙적으로 하고, 모니터 앞에서 식사를 하지 않으며, 바쁘더라도 컴퓨터를 끈 채로 끼니를 해결하는 습관을 들이는 것이 좋다.

다섯째, 사이버 공간이 아닌 현실 공간에서의 대인관계를 늘린다. PC방을 가더라도 동료, 연인과 같이 가고 혼자서는 절대 가지 않는다는 원칙을 만드는 것도 좋다.

여섯째, 대안활동을 찾는다. 단순히 컴퓨터를 사용하는 시간만을 줄이는 데 목적을 두게 되면 남는 시간에 할 일이 없어서 다시 인터넷을 하게 된다. 인터넷 사

용을 조절하기 원한다면 인터넷 말고 자신에게 즐거움을 주는 대안활동을 찾아서 즐기는 것도 좋다. 한두 가지 말고 가능한 한 여러 개가 좋다.

일곱째, 인터넷 중독 예방을 위한 소프트웨어를 사용한다. PC 사용 시간제한 장치 등의 소프트웨어를 사용하면 정해진 시간만큼만 인터넷을 사용할 수 있어 인터넷 중독을 어느 정도 예방할 수 있다.

인터넷 중독 상담과 치료

한국정보문화진흥원이 운영하는 인터넷중독예방상담센터(www.iapc.or.kr)를 방문하면 정보통신부, 한국정보문화진흥원, 서울대연구팀이 공동으로 개발한 인터넷중독 자가진단 프로그램을 무료로 이용할 수 있으며, 그 결과를 토대로 전문가의 상담과 안내를 받을 수 있다.

한국정보문화진흥원이 운영하는 인터넷중독예방상담센터(www.iapc.or.kr)를 방문하여 자가진단을 실시해 보자. Center for Internet Addiction(http://www.netaddiction.com/default.aspx)을 방문하여 각종 검사를 체험해 보자.

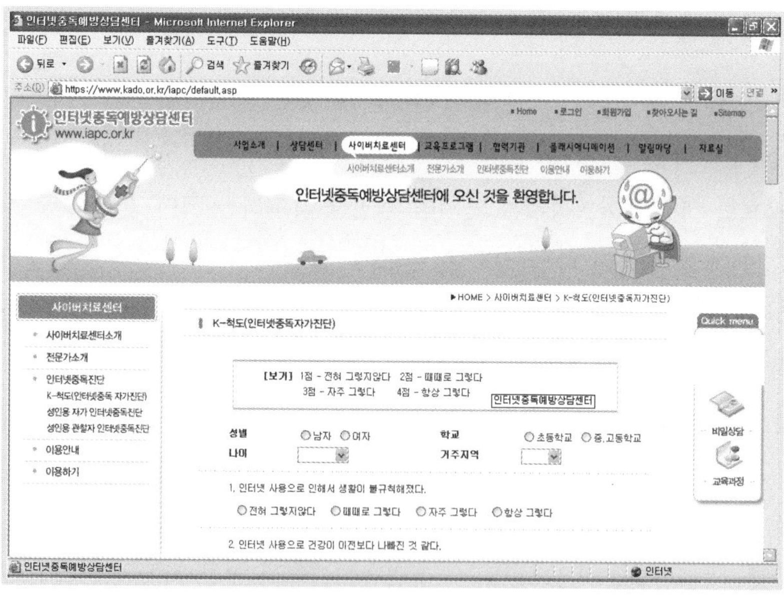

[그림 8] 인터넷중독예방상담센터의 자가진단 프로그램

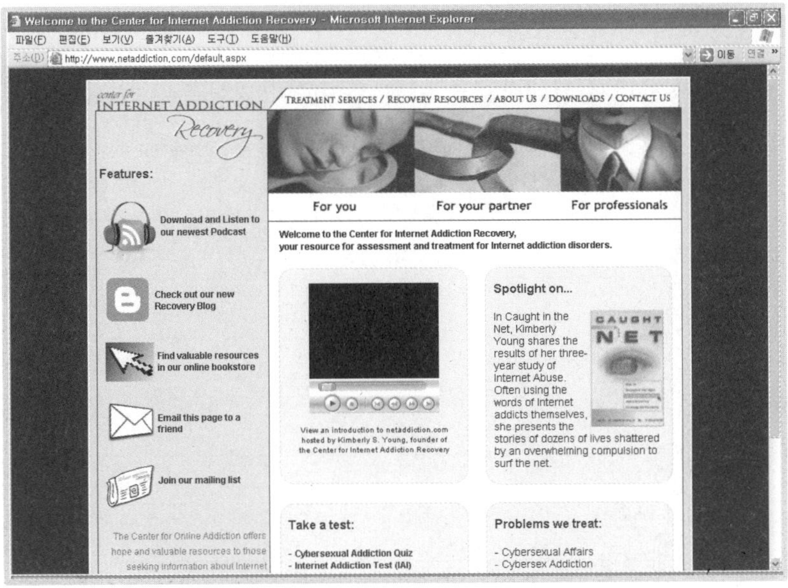

[그림 9] Center for Internet Addiction의 인터넷 중독 검사 도구

3 네티켓

네티켓(netiquette)은 네트워크(network)와 에티켓(etiquette)의 합성어로, 네티즌이 네트워크상에서 지켜야 할 상식적인 예절을 말한다. 미국 플로리다 대학교의 Virginia Shea 교수가 제시한 '네티켓의 핵심 원칙(The Core Rules of Netiquette)'은 세계적으로 유명하다. ① 인간임을 기억하자. ② 실제 생활에서 적용된 것처럼 똑같은 기준과 행동을 고수하자. ③ 현재 자신이 어떤 곳에 접속해 있는지 알고, 그곳 문화에 어울리게 행동하자. ④ 다른 사람의 시간을 존중하자. ⑤ 온라인상의 당신 자신을 거짓꾸밈으로 치장하지 말자. ⑥ 전문적인 지식을 공유하자. ⑦ 논쟁은 절제된 감정 아래 행하자. ⑧ 다른 사람의 사생활을 존중하자. ⑨ 당신의 권력을 남용하지 말자. ⑩ 다른 사람의 실수를 용서하자.

우리나라에서는 2000년 6월 15일 정보통신윤리위원회[2]에서 '네티즌 윤리강령'을 선포하였다.

네티켓 체험 사례 공유하기

인터넷을 사용하면서 상대방으로 인해 불쾌했던 경험들을 떠올려 보고, 바람직한 인터넷 문화 확산을 위해 변화되어야 할 사항들을 기록해 보자.

4 정보의 이용과 저작권

디지털 저작물은 그 복사가 용이할 뿐 아니라 복사의 질이 원본 못지않으며, 비용도 거의 들지 않는다. 뿐만 아니라 통신의 발달로 저작물은 신속히 국경을 초월하여 전달됨으로써 저작물의 불법복제는 걷잡을 수 없이 확대되고 있다. 기존의 저작권은 아날로그 시대의 산물로서 디지털 시대의 이와 같은 변화를 감당하기에는 역부족이다. 이리하여 세계지적재산권기구(WIPO)는 인터넷 등 컴퓨터 통신망을 이용하여 송신되는 저작물의 저작권을 보호하고 음악저작물 등에 대한 실연자(實演者)와 음반제작자의 인접 저작권의 보호를 규정하는 저작권조약을 체결하여 운영하고 있다.

네티즌들이 흔히 범하기 쉬운 저작권 침해는 복제권과 저작인격권이다. 복제권은 아날로그 자료나 디지털 자료를 디지털 방식으로 저장하는 것, 스캐닝하는

---

2) 정보통신윤리위원회(http://www.kiscom.or.kr)를 방문하면 네티즌 윤리강령뿐 아니라 '네티켓'과 관련된 다양한 자료를 찾아볼 수 있다.

것, 업로드, 다운로드, 전송받는 것 모두를 포함한다. 타인의 저작물을 허락 없이 통신망에 올리는 행위, 다운로드 받는 행위, 전송하는 행위는 저작자의 복제권을 위반하는 것이다. TV 방송의 정지화면을 캡처하여 스틸사진을 작성하는 경우에는 방송사업자의 저작인접권인 복제권을 침해하는 문제가 발생하며, 잡지에 실린 사진의 경우에도 엄연히 사진저작물로서 보호를 받기 때문에 저작권 침해에 해당된다. 따라서 저작자의 허락 없이 타인의 사이트에 올려진 자료를 자신의 블로그나 미니홈피로 옮겨서는 안 된다. 또한 저작자의 허락 없이 저작물을 수정 · 변경하는 것은 저작인격권 중 저작물의 내용 · 형식 및 제호의 동일성을 유지할 권리인 동일성 유지권을 침해할 소지가 많으므로 주의하여야 한다.

저작권 침해사례 조사

인터넷 검색 엔진을 활용하여 신문기사 가운데 디지털 저작물과 관련된 저작권 침해사례들을 조사해 보자.

디지털 워터마킹

디지털 워터마킹(digital watermarking) 기법은 디지털 콘텐츠에 워터마크(watermark)라고 하는 사용자의 ID(Identification)나 자신만의 정보를 삽입시킴으로써 불법적인 복제를 막고, 지적재산권 및 저작권을 보호하며, 소유권을 주장할 수 있는 근거를 제시할 수 있도록 하는 기술이다.

최근 컴퓨터와 네트워크의 발달과 함께 디지털 그림이나 음악, 비디오 등 디지털 콘텐츠의 불법적인 복제나 유통으로 인한 지적재산권문제가 크게 대두되고 있다.

디지털 콘텐츠의 불법복제와 유통은 저작자의 창작의욕을 상실시키며, 심각한 경제적 손실을 입히게 되는 매우 중요한 문제다. 따라서 소유권자의 동의가 없는 불법적 복제를 방지하고 소유권을 효과적으로 보호하기 위한 저작권 보호 기술이 요구되고 있다.

디지털 데이터를 보호하기 위한 기술로 암호화 기법이나 방화벽을 이용한 접근제어 기술이 많이 발전해 왔지만, 한 번 암호가 풀린 디지털 콘텐츠는 불법적으로 복사되고 배포될 수 있다. 또 접근이 허가된 사용자에 의해서도 디지털 콘텐츠는 악용될 수도 있다. 그러므로 최근 급속히 발전하고 있는 콘텐츠 시장과 전자상거래 등에서 이러한 기술을 이용하여 저작권과 소유권을 효과적으로 보호하기에 많은 어려움이 있다.

따라서 최근에는 디지털 콘텐츠 자체에 소유권 정보를 삽입하여 불법적인 복제나 배포를 막고, 효율적으로 저작권을 보호를 위한 기술인 디지털 워터마킹에 관심이 집중되고 있다.

디지털 워터마킹 기법은 저작권을 보호하기 위하여 고전적인 워터마킹의 개념을 그대로 디지털 데이터에 적용한 것이다. 최근에는 단순히 워터마크를 삽입시키는 방법에서 벗어나, 많은 기술적 방법을 이용한 강력한 워터마킹 기술이 연구되고 있다. 또한 암호화 기법과 워터마킹 기술들을 적절히 접목시켜 더욱 견고한 DRM(Digital Rights Management) 시스템도 개발되고 있다.

출처: www.watermarker.net

5 이러닝 체험하기

다양한 기관들이 무료로 이러닝 콘텐츠들을 제공하고 있다. 이 가운데 대학생들이 유용하게 활용할 수 있는 몇 개의 사이트를 소개하면 다음과 같다.

e러닝인력개발원

e러닝인력개발원(http://www.kendi.or.kr)은 한국U러닝연합회가 설립한 실무중심 e러닝 전문 양성기관이다. e러닝 기본 및 보수과정, e러닝 실무전문가 과정, 스토리텔링전문가 과정, 지식디자이너 양성 블랜디드 과정 외 e러닝 전문인력 양

성에 필요한 커리큘럼을 개발하여 운영하고 있다. 이 사이트에서는 이러닝을 효과적으로 학습하는 데 필요한 전략을 배울 수 있는 '효과적인 사이버 학습방법 및 전략' 과정을 무료로 체험해 볼 수 있다.

[그림 10] e러닝인력개발원 홈페이지

한국산업인력공단 학습미디어센터

한국산업인력공단 학습미디어센터(www.hrdm.or.kr)는 지식정보사회에서 근로자들의 직무능력 향상과 국민들의 평생능력 개발을 위해 다양한 이러닝 콘텐츠를 무료로 제공하고 있다. 콘텐츠는 서비스, 사무관리, 전문사무, 기계관리, 정보통신 영역으로 구분할 수 있으며, 이 가운데 셀프리더십, 셀프마케팅, 생애설계, 자기관리 등 대학생들에게 유익한 과정들도 다수 포함되어 있다.

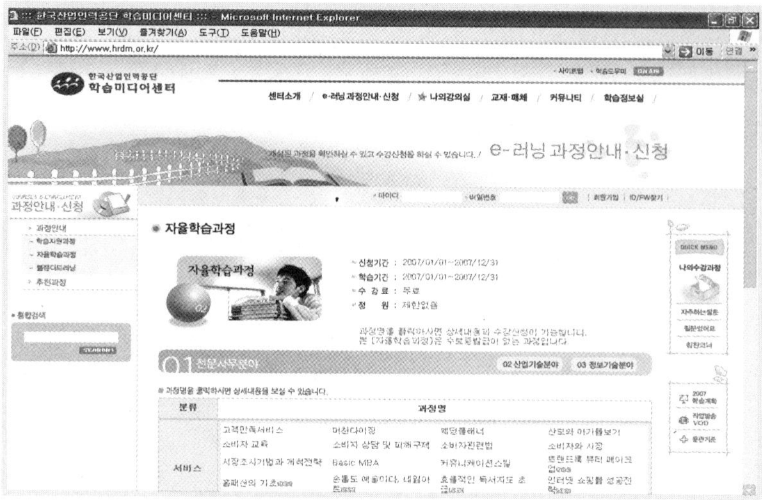

[그림 11] 한국산업인력공단 학습미디어센터의 과정안내 화면

EBS

EBS(www.ebs.co.kr)는 풍부한 방송 콘텐츠를 기반으로 VOD 방식으로 서비스를 제공하고 있다. 유아, 어린이, 청소년, 외국어, 직업, 교양/문화 등 다양한 콘텐츠를 제공하고 있으며, 수능 강의를 제공하는 EBSi, 외국어를 전문으로 하는 EBSlang, 영어 콘텐츠를 특성화한 EBSe 등의 사이트를 운영하고 있다.

[그림 12] EBS 외국어센터의 과정 안내 화면

배움나라

배움나라(www.estudy.or.kr)는 전 국민의 정보이용능력 향상을 위하여 정보통신부와 한국정보문화진흥원에서 운영하는 무료 온라인 교육시스템이다. 배움나라 사이트에서는 정보화 기초 및 활용 과정, 자격증 과정, 계층별 과정, 시·청각장애인교육 등 다양한 교육과정을 제공하고 있으며, 과정별 정원제 실시 및 매월 초 수강신청 즉시 학습, 교육과정별 전담 튜터를 통한 진도관리 및 질의응답 등 철저한 학습관리를 통해 양질의 교육 서비스를 제공하고 있다. 특히 '공개강좌'는 문제해결식 강좌로 별도의 수강신청 없이 언제든지 필요한 부분의 학습이 가능하도록 설계되어 있다.

[그림 13] 배움나라의 공개강좌 화면

평가하기

앞에서 안내된 사이트를 방문하여 콘텐츠를 체험해 보고 다음의 준거에 따라 각각의 콘텐츠를 평가해 보자.

- 본 과정은 학습자에 대한 정확한 분석과 선수지식을 파악하여 제작되었는가?

- 본 학습 콘텐츠는 프로그램의 목적과 학습자 특성에 적절한 설계전략을 사용하였는가?
- 본 과정의 학습 콘텐츠는 프로그램의 목적과 특성에 맞는 매체(이미지, 동영상, 텍스트 등)를 선정하였는가?
- 본 과정의 학습 콘텐츠는 학습자에게 주도권을 부여하고 능동적 참여를 유도하고 있는가?
- 본 과정의 학습 콘텐츠는 각종 메뉴, 버튼, 아이콘의 의미가 쉽고 명확하고, 일관되게 제시되어 있으며, 각종 그래픽과 텍스트의 배치 및 구성이 보기 좋은가?
- 학습내용은 목표에 맞게 구성되어 있는가?
- 학습내용의 난이도는 적절하며 보충 심화내용이 제시되어 있는가?
- 학습내용이 적절하게 배분되어 1학기와 1차시에 적합한 양의 내용이 제시되고 있는가?
- 교과의 내용은 최신의 내용을 포함하는가?

[총평]

참고문헌

강상대(2006). Learning Tips (6): A⁺ 노트 필기법. 단국대학교 교수학습개발센터.
강원대학교 교수학습개발원(2007). 학습전략과정 2-효율적인 시간관리방법.
고봉익(2006). 최고의 학습전략 플래닝. 씨앗을 뿌리는 사람.
김경인 역(2005). 시간관리의 기술. 시아출판사.
김경희(1998). 열린사회를 위한 자기주도적 학습. 교육월보 201, 32-35.
김광수 외 4인(2003). 대학생과 리더십. 학지사.
김기정(1999). 대학에서의 효과적인 학습기술. 동문사.
김동섭 외(1994). 학습전략, 이렇게 세워라. 미담.
김동환(2003). 다니엘 학습법. 규장.
김만권 외(2001). U & I 학습유형검사. 연우심리연구소.
김봉환, 김병석, 정철영(2006). 학교진로상담(2판). 학지사.
김석수(2006). 좋은 리포트 어떻게 쓸 것인가? 경북대학교 교수학습센터 공부법 특강 시리즈 자료집.
김송은(2006). 공부 잘하고 싶으면 혼자서 공부해라. 한스미디어.
김영순(2004). 나를 변화시킨 이런 세상, e-learning 이야기. 크레듀.
김영채(1998). 사고력: 이론, 개발과 수업. 교육과학사.
김욱 역(2000). Campus Life. 윤북클럽.
김원(2002). 성공적인 대학원 생활과 프로의 길. 생능출판사.
김은경 외 3인(2004). 준비하며 시작하는 대학 1학년. 문음사.
김은영(2006). 대학생 동기조절 훈련 프로그램의 개발 및 효과. 서울여자대학교 대학원 박사학위논문.
김은정(2007) 효과적인 프레젠테이션 워크숍 자료집. 서울대학교 교수학습개발센터.
김정선 역(2004). 시험에 강한 공부방법. 지상사.
김정호(2005). 스트레스는 나의 스승이다. 아름다운 인연.
김종래(2002). CEO 칭기스칸. 삼성경제연구소.
김주영(2003). 공부기술 업그레이드. 글로세움.
김지자 외(1996). 초등학교 교사를 위한 자기주도학습 준비도 측정도구의 개발과 활용 방안. 사회교육학연구, 2(1), 1-25.
김현수 역(2000). 인터넷 중독증. 나눔의집.
김형순(2006). 영어논문작성법 워크숍 자료집. 서울대학교 교수학습개발센터.
김혜숙 외 5인(2002). 인간관계론. 양서원.
김효숙(2004). Teaching Tips (1): 동기를 유발하는 가르침. 장신대학교 교수학습개발원.

대구가톨릭대학교 교수학습개발센터(2008). 학습전략과 진로탐색, 37-51.
문단영(2003). 말 못하는 영어는 가짜 영어다. 중앙 M&B.
민경배(2005). 영상학습 혁명. 예문.
박문태 외 5인(2004). 건강한 인간관계. 울산대학교 출판부.
박미애(2002). 이러닝 세상의 오아시스를 찾아라. 마이크로소프트웨어, 2002년 9월호, 204-216.
박용헌(1988). 성취인의 심리. 배영사.
백영균(1999). 웹 기반 수업의 설계. 양서원.
변광호, 장현갑(2005). 스트레스와 심신의학. 학지사.
변영계, 강태용(2003). 학습기술: 공부를 잘하는 방법. 학지사.
부산대학교 교수학습지원센터(2008). PNU 성공학습을 위한 Up-Grade 학습가이드, 84-90.
서강대학교 교수학습센터(2007). 강의와 학습 포트폴리오 연계하기. Newsletter, 2(4), 2-3.
서울대학교 교수학습개발센터(2009). 학습법 가이드, 36-45.
설기문(2002). 인간관계와 정신건강. 학지사.
설지인 외(2003). 공부가 된다. 북하우스.
손연아(2006). 대학 신입생을 위한 A+ 학습전략. 단국대학교 교수학습개발센터.
손연아(2009). 성공적인 대학생활을 위한 학습 길잡이(2판). 단국대학교 교육개발인증원.
송재희(2003). 몸이 즐거운 학습법. 숨비소리.
순천향대학교 교수학습개발센터(2004). 성공적인 학습전략을 위한 Learnig Tips.
신종호 역(2004). 성공적인 대학생활: 학습과 시험전략. 시그마프레스.
안미란 역(2005). 전략적 공부기술. 들녘미디어.
양창삼(2005). 인간관계의 이해. 창지사.
양혜경, 이경순(2004). 이러닝의 이해. KERIS 이슈리포트, 04-01.
연세대학교 출판부(2001). 보람 있는 대학생활. 연세대학교출판부.
울산대학교 교수학습개발원(2007). 학습의 유용한 도구 Learning Portfolio. News Letter, 5, 2-3.
원동연(2003). 5차원 전면교육 학습법. 김영사.
유대식(2004). 영어논문작성법 워크숍 자료집. 서울대학교 교수학습개발센터.
유성은(2006). 시간관리와 자아실현. 중앙경제평론사.
유영만(2002). e세상 e러닝. 한언.
유평준(2003). 원격교육에서 운영의 중요성과 교수자, 운영자, 학습자의 역할에 대한 논의. 원격교육연구, 3(1), 161-178.

이남규 역(2002). 하버드 수재 1,600명의 공부법(Richard J. Light 저). 월간조선사.
이동재(2003). 우리가 공부를 잘 할 수 있는 30가지 방법. 우리문화사.
이석열(2001). 봉사활동 형태에 따른 대학 사회봉사 활동 실태 연구. 교육발전논총, 22(2), 119-140.
이원법 외(2002). 공부가 쉬워지는 오행학습법. 김영사.
이은성(2003). 생 공부비법. 가림출판사.
이은화(2006). 시험치기전략. 부산대학교 교수학습지원센터.
이은화(2007). 리포트작성전략. 부산대학교 교수학습지원센터.
이인숙(2002). 이러닝: 사이버공간의 새로운 패러다임. 문음사.
이재창 외(1998). 인간관계론. 문음사.
이지은(2008). 학습 이력 및 경력 관리를 위한 학습 포트폴리오 활용 노하우. 순천향대학교 학습법 특강 자료.
이해각(2009). 학생 포트폴리오 작성 가이드. 순천향대학교 공학혁신센터.
이현우, 장경숙, 홍영기(2001). 성공적인 대학생활의 길라잡이. 한국문화사.
임성룡(2003). 시스템 학습법. 참벗.
임철일(2003). 원격교육과 사이버교육 활용의 이해. 교육과학사.
전명남(2004). 학습전략 업그레이드. 연세대학교 출판부.
전성연, 최병연 공역(2006). 학습동기. 학지사.
정혜선(2003). 효과적인 프레젠테이션 워크숍 자료집. 서울대학교 교수학습개발센터.
정혜선(2005). 강사, 퍼실리테이터로 거듭나라. 시그마프레스.
조승연(2003). 공부기술. 중앙 M&B.
조용개(2006). 학습동기 유발을 위한 Excellent Teaching Guide 74. 순천향대학교.
조용개(2007). A+ 시험관리전략 워크숍 자료집. 강원대학교 교수학습개발원.
차갑부(1997). 열린사회의 평생교육. 양서원.
차윤정(2007). 인문사회계열 대학원생을 위한 논문작성법 워크숍 자료집. 부산대학교 교수학습지원센터.
최미나, 노혜란, 김명숙(2005). 대학교육에서의 e-교수학습 포트폴리오 개념적 프레임웍 개발. 교육정보미디어연구, 11(2), 147-165.
최세민 역(2004). 유쾌한 스트레스. 예민.
최애경(2006). 성공적인 커리어를 위한 인간관계의 이해와 실천. 청람.
최정원, 이영호(2006). 학습동기 향상 전략. 학지사.
최정원, 이영호(2006). 학습치료 프로그램. 학지사.
콘텐츠미디어(2003). e러닝 지도실무. 콘텐츠미디어.
포항공과대학교 대학교육개발센터(2001). 학습안내서(1권: 수업 · 자기 계발). 도서출판 세

림기획.
한순미 역(2003). 학습의 기술-대학에서의 공부전략. 학지사.
한혜민(2002). 천재는 없다. 행복한 책읽기.
한희진 역(2003). 울트라 초강력 학습법 111가지(볼프강 엔드레스 저). 넥서스 BOOKS.
황병철(2003). 자기만의 공부법을 터득하라. 도원미디어.

Browne, M. N., & Keeley, S. (2001). *Asking the right questions: A guide to critical thinking* (6th ed.). Upper Saddle River, NJ: Prentice-Hall.
Christina, L., & Daphne, P. (2003). *The write right guide* (5th ed.). 싱가포르 국립대학 출판부.
Eileen, T. (2002). *The Student's Guide to exam success.* PA: Open University Press.
Felder, R. M. (1993). Reaching the Second Tier: Learning and Teaching Styles in College Science Education. *Journal of College Science Teaching, 23,* 286-290.
Guglielmino, P. J., & Guglielmino, L. M. (1992). "The Self-directed learner: a valued human resource of the 21st. Century" *Sundridge Park Management Review, 5*(4), 32-39.
Jeremy, C. (1998). *Effective Presentations.* Oxford University Press.
Karen, K. (1997). *How to give a terrific presentation.* American management Association.
Phil, R. (2002). *How to get a good degree.* PA: Open University Press.
Rakes, G. C. (1996). Using the internet as a tool in a resource-based learning environment. *Educational Technology, 36*(5), 52-56.

참고자료

강원대학교 교수학습개발원(2007). 새내기 학습 길잡이.
계명대학교 교수학습지원센터(2005). Campus Life.
남서울대학교 교육개발센터(2006). 겨울방학 알차게 보내기.
단국대학교 교수학습개발센터(2005). 학습 업그레이드 가이드북.
단국대학교 교수학습개발센터(2005). Learing Tips: A+ 보고서 작성하기.
서강대학교 교수학습센터(2007). 성공적인 대학생활을 위한 학습법 가이드북.
서울대학교 교수학습개발센터(2004). 영어논문작성법.

서울대학교 교수학습개발센터(2005). 학습법 가이드.
서울대학교 교수학습개발센터(2006). 영어논문작성법.
서울여자대학교 교수학습지원실(2004). Learning Tips-주의집중력 향상시키는 법.
서울여자대학교 교수학습지원실(2006). Learning Tips-학습동기관리.
순천향대학교 교수학습개발센터(2004). 성공적인 학습전략을 위한 Learning Tips.
순천향대학교 교수학습개발센터(2005). 리포트 작성하기.
순천향대학교 교수학습개발센터(2005). A^{+} Learning Point Calendar.
순천향대학교 교수학습개발센터(2006). Excellent Learning Calendar.
연세대학교 교육개발센터(2005). Learning Tips.
영산대학교 교육개발센터(2006). Learning Tips.
이화여자대학교 교수학습센터(2006). 신입생 학습 가이드.
이화여자대학교 교수학습센터(2004). ECTL 학습자 가이드북.
인제대학교 교수학습개발센터(2005). 효과적인 학습을 위한 Tips.
포항공과대학교 대학교육개발센터(2001). 학습 안내서.
한림대학교 교육개발센터(2005). 교수-학습 가이드북 I , e-Learning 전략 속으로.
한림대학교 교육개발센터(2006). 교수-학습 가이드북 III, 학습전략의 노하우.
문화일보(2007. 4. 7.). '디지털 증후군'… 24시간 로그인 '중독'에 빨리빨리 '조급증.'
문화일보(2007. 1. 29.). '실패에 대한 변명은 패자의 습관'.

참고사이트

〈국내 참고 CTL〉

강원대학교 교수학습개발원 http://itl.kangwon.ac.kr
계명대학교 교수학습지원센터 http://ctl.kmu.ac.kr
건국대학교 교수학습지원센터 http://ctl.konkuk.ac.kr
경희대학교 교수학습지원센터 http://ctl.khu.ac.kr
국민대학교 교수학습지원센터 http://ctl.kookmin.ac.kr
남서울대학교 교육개발센터 http://ctl.nsu.ac.kr
단국대학교 교육개발인증원 http://daced.dankook.ac.kr
목포대학교 교수학습지원센터 http://ctl.mokpo.ac.kr
서강대학교 교수학습센터 http://sgctl.sogang.ac.kr
서울대학교 교수학습개발센터 http://ctl.snu.ac.kr
순천향대학교 교수학습개발센터 http://hompy.sch.ac.kr/ctl

연세대학교 교육개발센터 http://www2.yonsei.ac.kr/ctl
이화여자대학교 교수학습센터 http://ewha.bizkr.co.kr
조선대학교 교수학습센터 http://ctl.chosun.ac.kr
한서대학교 교수학습개발센터 http://www.hsctl.or.kr

〈외국 참고 CTL〉
http://cstl.syr.edu
http://bokcenter.fas.harvard.edu/icb/icb.do
http://ctl.stanford.edu
http://web.mit.edu/tll
http://web.princeton.edu/sites/mcgraw
http://www.uic.edu/depts/counselctr/ace/practic1.htm

〈기타 참고 사이트〉
e러닝인력개발원 www.kendi.or.kr
EBS 교육방송 www.ebs.co.kr
겟티이미지 www.gettyimages.com
곰스쿨 www.gomschool.com
네이버 사전 http://terms.naver.com/item.php?d1id=7&docid=591
산업인력공단 학습미디어센터 www.hrdm.or.kr
크리스탈그래픽스 www.crystalpraphics.com
파워포인트백그라운즈 www.powerpointbackgrounds.com
파워피티 www.powerpt.co.kr
프레젠테이션스닷컴 www.presentaions.com
프레젠테이션온라인 www.presentersonline.com
프레젠테이션프로 www.presentaionpro.com
피티라인 www.ptline.com
한국방송통신대학교 http://ecampus.knou.ac.kr
한국정보문화진흥원 인터넷중독상담센터 www.iapc.or.kr
Center for Internet Addiction www.netaddiction.com
http://www.collegeboard.com/student/plan/college-success/index.htlm
http://www.dictionary.com
http://www.writingcommission.org
Klaus-Peter Wild 교수의 홈페이지 http://www-campus.uni-r.de/edul/index.php?option = com_frontpage&Itemid = 1
Study Guides and Strategies http://www.studygs.net

집필자 소개

조용개
경북대학교 대학원 교육학박사(교육공학)
전) University of North Texas 객원연구원
순천향대학교 교수학습개발센터 전임연구원
강원대학교 교수학습개발원 전임연구원
대구가톨릭대학교 교수학습개발센터 연구교수
현) 계명대학교 교수학습지원센터 연구교수
대학교육개발전문가협의회 회장

〈주요 저서 및 논문〉
교육실습과 수업시연을 위한 예비교사 교수전략 (대구가톨릭대학교 출판부, 2010)
성공적인 수업을 위한 교수전략(공저, 학지사, 2009)
티칭 포트폴리오 개발을 통한 수업의 효과성 탐색 등

손연아
단국대학교 대학원 교육학박사(과학교육)
전) University of Hawaii, CRDG(Curriculum Research & Development Group), Post-Doc.
한국교육개발원 교육기관평가연구실 부연구위원
한국교원대학교 과학교육연구소 학술연구교수
단국대학교 교육개발인증원 연구교수
현) 단국대학교 사범대학 과학교육과 조교수
한국생물교육학회/한국환경교육학회 이사

〈주요 저서〉
성공적인 대학생활을 위한 학습길잡이(2판, 단국대학교 교육개발인증원, 2009)
성공적인 수업을 위한 교수전략(공저, 학지사, 2009)
환경교육 교수학습론(공저, 교육과학사, 2007) 등

이석열
충남대학교 대학원 교육학박사(교육행정)
전) 한국대학교육협의회 선임연구원
현) 남서울대학교 교양과정부 교수
남서울대학교 교육개발센터 소장

〈주요 저서〉
교사교육론(공저, 태영출판사, 2009)
교육행정 및 교육경영(4판, 공저, 학지사, 2009)
미국의 최우수 학교 블루리본 스쿨(공저, 학지사, 2009) 등

이은화
부산대학교 대학원 교육학박사(교육과정 및 교육방법)
전) 부산대학교 교수학습지원센터 연구교수
현) 신라대학교 교육학과 조교수
대학교육개발전문가협의회 수석부회장

〈주요 저서 및 논문〉
성공적인 수업을 위한 교수전략(공저, 학지사, 2009)
질적 연구실천방법(공저, 교육과학사, 2009)
대학 교수자의 수업전문성 향상을 목적으로 하는 e-티칭 포트폴리오의 구성요소 탐색 등

이희원
서울대학교 대학원 교육학박사(생물교육)
전) 한국과학기술원 유전공학센터 연구원
현) 서울대학교 교수학습개발센터 연구교수
한국생물교육학회 이사

〈주요 저 · 역서 및 논문〉
대학의 교수학습 패러다임 변화-Teaching for quality learning at university(공역, 경북대학교 출판부, 2007)
성공적인 대학공부를 위한 가이드-Learn How to Learn 1, 2(공저, 들린아침, 2005, 2006)
대학 강의 질 개선을 위한 강의 평가 문항 분석 등

장상필
한양대학교 대학원 교육학박사(교육공학)
전) 한림대학교 교육개발센터 연구교수
한국이러닝기업연합회 사무국장
현) 숙명여자대학교 원격대학원 겸임교수

〈주요 저서 및 역서〉
학습과 수행을 위한 그래픽스 개발(공저, 아카데미프레스, 2010)
블로그 활용 수업의 실제(공저, 교육과학사, 2008)
교수설계이론의 탐구(공역, 원미사, 2002) 등

대학생활을 위한
학습전략 포트폴리오

2010년 8월 10일 1판 1쇄 발행
2017년 4월 20일 1판 6쇄 발행

집필자 • 조용개 · 손연아 · 이석열 · 이은화 · 이희원 · 장상필
펴낸이 • 김 진 환
펴낸곳 • (주) 학지사
04031 서울특별시 마포구 양화로 15길 20 마인드월드빌딩 5층
대표전화 • 02) 330-5114 팩스 • 02) 324-2345
등록번호 • 제313-2006-000265호
홈페이지 • http://www.hakjisa.co.kr
페이스북 • https://www.facebook.com/hakjisabook

ISBN 978-89-6330-382-6 93370

정가 **16,000**원